DES BÊTES EN SOULIERS

ISBN: 978-2-3225-5465-2

Édition : BoD • Books on Demand GmbH, In de Tarpen 42, 22848 Norderstedt (Allemagne)
Impression : Libri Plureos GmbH, Friedensallee 273, 22763 Hamburg (Allemagne)
Dépôt légal : septembre 2024

DES BÊTES EN SOULIERS

JEAN JIHEF

SOMMAIRE

PREMIÈRE PARTIE

ILS ÉTAIENT AIMABLES ET CHARMANTS

SECONDE PARTIE

LE MUR DU SILENCE SE FISSURE

TROISIÈME PARTIE

LE PROCÈS

QUATRIÈME PARTIE

LA CONTRE-ENQUÊTE

I. Une justice incomplète
II. L'os est de taille
III. Des gouttes de vérité ?

CINQUIÈME PARTIE

QUE S'EST-IL PASSÉ À LURS ?

I. La vérité se trouve à la Grand-Terre
II. La mort d'Elizabeth, cœur du mystère
III. Les possibles scénarios

Avant-propos

Septembre 2023. Les lieux de la tragédie de Lurs ont bien changé. D'importants travaux sont en cours au niveau du pont enjambant la voie ferrée. L'endroit où la petite Elizabeth fut découverte n'existe plus. Le petit mémorial lui rendant hommage a bien souffert des années passées sous les aléas de la météo. Le champ accueille pieds de vigne et abricotiers à la place de la luzerne. La route a été élargie, effaçant la présence du puisard. Le mûrier a été coupé et la végétation estompe maintenant les repères. Le temps efface peu à peu les traces du carnage de toute une famille Anglaise, les Drummond, une nuit du 04 au 05 août 1952.

Il est encore possible de se projeter sur l'emplacement du corps de Sir Jack, mais plus difficilement sur celui de son épouse, Lady Anne. La Grand-Terre n'a plus rien d'une ferme. Joliment rénovée, elle est le témoin silencieux d'une circulation assez dense passant chaque jour devant ses murs. Combien d'automobilistes se souviennent ou connaissent l'Affaire Dominici ?

Je ne suis ni expert, ni affirme détenir la vérité. D'ailleurs, qui peut prétendre la connaître ? Bien des zones d'ombres demeurent plus de soixante-dix ans après les faits. Bien des ouvrages ont été publiés concernant ce triple meurtre. La télévision, le théâtre, le cinéma, et même la bande dessinée s'en sont emparés. Alors me direz-vous, que venez-vous faire ici à votre tour? Cette affaire très particulière est un véritable labyrinthe qui ne ressemble à aucune autre connue. De par ce livre, je souhaite seulement tirer sur un fil et tenter de démêler un peu plus l'écheveau de cette tuerie qui suscite toujours un fort intérêt.

Ne comptez pas trouver dans cet ouvrage du sensationnel ni de grands mystères, et encore moins d'explications romanesques ou dignes de films d'espionnage. Je ne me donne pas le droit de juger, ni d'excuser et encore moins d'accuser, mais seulement de tenter de comprendre. J'essaie simplement de m'en tenir, autant que possible, aux éléments connus et avérés.

Personne n'est tenu de suivre ma vision des choses. Mon opinion n'est pas une preuve. Je n'ai pas d'à priori, ni d'intime conviction, ni de thèse à démontrer ou à défendre. Je ne révélerai pas une vérité que je ne connais pas. Je me limite à creuser ce qui peut l'être, à partir d'un examen attentif des différentes sources, en conservant celles qui sont solides et en rejetant celles qui seraient inexactes.

A ce jour, l'implication des habitants de la Grand-Terre ne fait aucun doute. L'ordre de participation et leur degré de gravité dans l'exécution de ce triple crime n'ont pu être définis avec certitude. Gardons juste à l'esprit que tous s'accusèrent entre eux, sans jamais désigner personne d'autre. Qui a tué ? Pourquoi ? Comment ? Qui a fait quoi ? Il n'est pas stupide d'écrire que ces questions n'ont pas encore trouvé de réponses satisfaisantes.

"Personne ne doute plus que c'est à la Grand'Terre ou dans ses proches environs que se trouve la clé de l'énigme. Sorti de là, le désaccord commence."
(J.M. Théolleyre, 26 novembre 1954)

PREMIÈRE PARTIE

ILS ÉTAIENT AIMABLES ET CHARMANTS

I. UN MATIN D'ÉTÉ 1952

La Provence, au début des années 1950, est un pays sauvage dessiné par des montagnes et des collines de couleur bistre. Les Basses-Alpes, nom du département en ce milieu du XXème siècle, sont déshéritées et isolées. Des routes étroites et rarement goudronnées fendent de vastes espaces silencieux et immobiles. Pour se croiser, une des deux voitures doit souvent ralentir pour laisser passer l'autre.

Sur d'imposants et solides rochers se dressent des villages écrasés par un ciel souvent bleu. Le vent, sans relâche, ballait des rues vides, et la poussière ronge lentement les pierres comme de l'eau. La nature est rude, primitive et exubérante. On est très loin des cartes postales idylliques de la Côte d'Azur, envahie par des touristes profitant des récents congés payés.

Les habitants, d'un naturel taiseux, ont le visage buriné par les caprices des saisons subis pendant toute une vie. Les caractères sont bien trempés, bourrus et méfiants. Les défiances et les préjugés contre ceux que l'on considère comme des étrangers sont difficiles à vaincre.

Chacun vit pour soi-même. Les voisins restent parfois des semaines sans s'adresser la parole. Les silences sont pesants. Des membres d'une même famille peuvent se côtoyer en vase clos pendant toute une vie sans jamais exprimer un sentiment. La tendresse est un mot que l'on connait mais que l'on ne pratique pas. On n'échange jamais une idée. On la garde. Le Ministre de la Police de Napoléon 1er, Joseph Fouché, qui fut sénateur d'Aix et marié en secondes noces à une Aixoise, écrira : « *tout le monde y a des idées, et ce ne sont jamais les idées de tout le monde.* »

Tout s'obtient à la force du poignet et au mérite. On vit de troupeaux, de ruchers, de lavanderaies, de contemplation. Cette vie solitaire est une suite de combats entre l'homme et la nature. N'ayant de contact avec personne, chacun est obligé de tout apprendre seul, de tout essayer, de tout commencer de rien, de se faire sa propre opinion sur tout.

Lurs est un village au sommet d'une colline, entouré de vignes et d'un bois de pins qui coupe une falaise. Seuls des chemins caillouteux permettent de l'atteindre. Pour s'y rendre, il faut un motif sérieux ou le désir d'admirer de haut le cours tumultueux de la Durance.

C'est dans ce contexte que le 01er août 1952, après avoir quitté Digne, les Drummond, de nationalité Anglaise, mettent le cap vers Villefranche-sur-Mer où les Marrian, leurs amis, ont loué une villa, « Le Beau Cyprès ». Monsieur Marrian est un ancien camarade de faculté de Jack Drummond. Il n'a pas atteint sa notoriété mais il enseigne à Edimbourg et ils sont toujours restés en bons rapports. Il a donc invité Sir Jack et ses proches à le rejoindre sur la Côte.

Jack Drummond est un imminent spécialiste de la diététique et de la nutrition. Membre de l'Académie des Sciences du Royaume-Uni, on lui avait confié différents postes en Grande-Bretagne avant la guerre. En 1918, il reçoit le diplôme de Docteur ès Sciences de l'Université de Londres. L'année suivante, il intègre l'University College de cette même ville, devient titulaire d'une chaire de biochimie et rencontre Anne Wilbraham, qu'il épousera en 1940.

Lady Anne Drummond
Née le 09 décembre 1904 à Belmont

A écrit avec son mari « The Englishem Food » (l'Alimentation de l'Anglais), ouvrage très connu Outre-Manche. (©D. R.)

Sir Jack Drummond
Né le 12 janvier 1891 à Leicester

Ce savant est un homme vigoureux à la chevelure blond-roux un peu dégarnie. Son visage est bien rempli et orné d'une fine moustache. On sait, par des proches du couple, qu'il se consacre pendant son temps libre à l'aquarelle.

Sir Jack Drummond est un homme affable parlant à n'importe qui, riche ou pauvre, sans faire aucune distinction. Cependant, quand il est dans son droit, il n'aime pas qu'on lui tienne tête et, dans ce cas, il peut se montrer vif. (©D. R.)

Dès le début des hostilités du second conflit mondial, il est appelé au ministère du ravitaillement. C'est à ce titre qu'il met au point la formule d'un potage nutritif, le « Blitz-Broth », distribué dans les abris londoniens, qui permit aux habitants de la capitale de soutenir les nombreux bombardements. La population fut soumise à un régime fait de pain noir, de harengs, de légumes crus et d'œufs.

Il lance aussi une campagne pour rendre les jus de fruits obligatoires dans les écoles, organise de fond en comble le système de ravitaillement des cantines scolaires, concevant celui-ci à base de vitamines. On peut dire que Jack Drummond fut l'organisateur de la santé. Il fut anobli en 1944.

Il mit également au point des préparations et régimes culinaires que pouvaient absorber à leur sortie des camps de concentration les prisonniers. Ainsi, il sauva des tas de gens revenant de l'enfer nazi. Ce fut un bienfaiteur de l'humanité à ce niveau.

Nommé en 1946 membre honoraire de l'Académie des Sciences de New-York, il dirige les laboratoires de la plus grande entreprise pharmaceutique, les établissements Boots, en même temps qu'il collabore à de nombreuses publications scientifiques.

Il s'établit dans une petite ville proche de Nottingham, Nuthall. Sa demeure, la Spencer House, est une large villa à deux étages dans un parc. Sir Jack a eu récemment une légère attaque. C'est pour s'en remettre qu'il est parti pour la France.

Elizabeth Drummond
Née le 22 mars 1942 à Marylebone

C'est une enfant bien constituée, alerte, intelligente et sachant ce qu'elle veut. Faible en mathématiques, elle adore par contre la lecture, la géographie et la poésie où le sens des mots est très important pour elle. Malgré son jeune âge, elle maîtrise le Français. Elle est folle de son poney prénommé Toosie (ou Frisky selon les sources). (©D. R.)

Les Drummond sont arrivés en fin d'après-midi à Villefranche. Sir Jack prévient son ami que le 04 août, il se rendrait à Digne avec femme et enfant pour assister à une « charlottade », sorte de corrida au cours de laquelle l'animal n'est pas blessé. Ensuite, ils camperaient sans doute en chemin. Un tel mode de voyage ne plaît pas outre mesure à Sir Jack qui ne déteste pas son confort, mais sa fille en a envie. Il cède et emporte deux lits de camp pour lui faire plaisir. Ils en profiteront pour descendre la vallée de la Durance que l'on dit fort belle.

Jusqu'à cette date, les Drummond et les Marrian ne se quittent pas. Elizabeth s'entend très bien avec les filles du couple ami, Valérie et Jacqueline, la première ayant son âge. Elizabeth achète une paire de lunettes noires en sa compagnie. De même, Valérie lui prête un maillot de bain.

Le 04, comme prévu, la famille Drummond passe la journée à Digne où ils assistent à la « charlottade » et à la fête annuelle de la lavande. Sir Drummond croque les scènes taurines qu'il a sous les yeux (témoin : Madame Dol, 39 ans), car il possède dans ses bagages une boîte d'aquarelle. Madame Dol ajoutera que Sir Drummond l'a dérangée vers la fin du spectacle pour gagner la sortie. Selon un témoin de 52 ans, directeur local EDF, à un moment donné, Sir Jack renvoie dans l'arène un ballon venu s'échouer parmi les spectateurs.

Ils s'attardent plus longtemps que prévu. Il se fait tard. Ils ne peuvent pas faire une longue route avant de trouver un emplacement agréable et ils n'ont guère de temps avant la nuit pour faire leur choix. Sir Jack veut être de retour chez ses amis le lendemain pour le déjeuner.

La propriétaire du bar « La Taverne » remarque la famille Drummond sur sa terrasse entre 18h30 et 19h00, un peu avant la fin du spectacle taurin. Mais elle n'assiste pas à leur départ, "la foule ayant peu après envahi le Boulevard Gassendi". La réceptionniste du « Grand Hôtel », Jeannine Roland, 20 ans, aperçoit une voiture Hillman, garée tout près de son lieu de travail, « qui s'en allait ». Il est 19h00 ou 19h15.

Peu avant 20h00, la petite famille gare leur break Hillman vert amande, de type canadienne immatriculée N.N.K. 686 GB, au bord de la RN 96, sur un petit accotement triangulaire qu'un gros mûrier recouvre de son ombre. L'endroit n'est pas idéal. Isolé, il est situé entre la nationale et une ligne de chemin de fer. La Durance coule tout près, et non loin de là, se dresse une ferme : la Grand-Terre.

Ils sont à mi-chemin entre deux communes : La Brillanne et Peyruis. Un côté de la route, sur environ dix kilomètres, est bordé par une colline au sommet de laquelle se dressent le village de Lurs et le monastère de Ganagobie. L'autre côté est parallèle à la voie du chemin de fer qui va de Digne à Nice et au lit de la Durance.

Mais pourquoi choisir un endroit aussi inconfortable pour passer la nuit ? Le site présente un renfoncement ainsi qu'un pont pour aller à la Durance, plus une ferme toute proche. Après tout, pourquoi aller voir plus loin s'il y a mieux ? Ce lieu n'est pas plus laid qu'un autre. De plus, il n'est pas gênant de s'arrêter à cet endroit compte tenu de la faible circulation, car peu de gens aux débuts des années 50 possède une voiture. Voilà des conditions réunies pour une halte de quelques heures.

Malgré leur situation sociale, il n'y a rien d'anormal à ce qu'ils aient choisi de camper sur le bord d'une route. A leur arrivée le 27 juillet à Dunkerque, ils ont dormi deux fois dans leur voiture. Une première fois dans cette même ville à cause d'un retard de débarquement et faute d'hôtel. Une seconde fois à Domrémy d'où Elizabeth écrit à sa grand-mère une carte postale :

« Mamy, je m'amuse beaucoup. Voici l'endroit où est née Jeanne d'Arc, Domrémy. Nous avons eu 7 heures de retard sur le bateau et nous avons dormi dans la voiture. J'ai été quatrième aux examens. Je vous envoie.... votre petite Elizabeth.»

N'oublions pas que les Anglais ont inventé le camping. Ne les jugeons pas à travers notre vision contemporaine, notre esprit Français et nos mœurs actuelles. Gardons à l'esprit le contexte des années 50 : la clé des maisons était sous le paillasson, les autos qui dormaient dans la rue n'avaient pas besoin d'être verrouillées... La petite famille pouvait donc s'attendre à être tranquille pendant ces quelques heures de repos.

Les Drummond, des gens qui ont su restés simples, avaient une philosophie de la vie en plein-air et un rapport avec la nature bien différente de la nôtre. Avec leur mentalité Anglo-Saxonne, ils respectaient la nature plus que nous et possédaient un civisme plus développé. Sans oublier leur esprit d'aventure d'insulaires, habitués à prospecter le monde.

Le 31 juillet par exemple, ils prirent du repos à Digne dans un modeste hôtel et choisirent une chambre bon marché. La logique pour eux est de manger et de dormir sobrement durant leur séjour. Même la villa louée par leurs amis est une modeste maison en bordure d'une petite route. Radinerie ou souci de tenir un budget serré ? Dans tous les cas, ils étaient du genre à regarder à la dépense, l'argent devant être utilisé soigneusement pour la nourriture et les autres nécessités :

« *Le jeudi 31 juillet 1952, entre 18h00 et 18h30, j'ai réceptionné à l'Hôtel la famille Drummond. Ils ont demandé une chambre bon marché à un lit, dans laquelle nous avons placé un divan pour la fillette* » (Jeannine Roland, 11 octobre 1952, D 111).

Bien sûr, Sir Jack et sa femme préféreraient un bon lit dans une chambre, mais cette halte sous les étoiles est un sacrifice consenti à leur fille Elizabeth. Vers 20h15, Monsieur Pin, demeurant à Apt, voit les Drummond en train de manger (GN Apt, 24 septembre 1952). A 20h30, Mme Christianini, domicilié à Marseille, voit Elizabeth secouer une nappe (B 9, GN Marseille-Nord, 17 août

1952). Pourtant, aucune trace de restes de nourriture issue d'un éventuel pique-nique ne sera retrouvée, ni boîtes de conserve, ni déchets. De plus, la mallette à pique-nique n'a pas semblé avoir été utilisée.

Une dizaine de minutes plus tard, soit vers 20h40, la mère et la fille se préparent pour aller dormir. Elles se seraient déshabillées aux yeux de tous ? L'heure d'été n'existait pas à cette époque. Dès lors, pour se faire une idée précise de l'état de nébulosité à ce moment, l'horaire le plus juste est 21h40. A cette heure-ci, l'obscurité est plutôt avancée. Elles ne se livrent donc pas à une exhibition en pleine lumière. Lady Anne enfile une robe à fleurs, sa fille un pyjama. Vers 21h00, ils sont tous les trois couchés. Et ce soir-là, la lune compense en partie la nuit tombante, la pleine lune étant prévu le soir suivant.

Le lendemain matin, vers 06h00, Jean-Marie Olivier rentre chez lui à moto après son travail de nuit à l'usine. A la sortie d'un virage, il aperçoit, un peu plus loin, l'arrière d'une voiture immobilisée sur le côté gauche. Le voilà maintenant à hauteur du véhicule. Soudain, une silhouette surgit sur sa gauche et lui fait signe de s'arrêter. Le jeune ouvrier freine brusquement et stoppe quelques mètres plus loin. Il est rejoint par Gustave Dominici, l'un des habitants de la Grand-Terre, ferme toute proche. Ce dernier, très agité, lui demande de prévenir les gendarmes : il a entendu des coups de feu dans la nuit et a découvert un cadavre. Jean-Marie Olivier s'exécute et alerte la gendarmerie d'Oraison, commune où il vit.

A 06h30, la gendarmerie de Forcalquier, commandée par le capitaine Henri Albert, est avertie par leurs collègues d'Oraison. Les gendarmes Bouchier et Romanet sont dépêchés sur place. Sur le trajet, ils sont arrêtés par Aimé Perrin, époux d'une fille

Dominici, qui allait les prévenir du crime à la demande d'Yvette Dominici, sa belle-sœur, inquiète de ne pas les voir arriver.

Vers 07h00, Faustin Roure, brigadier-chef de la gare de Lurs, constate que l'éboulement sur la voie ferrée est sérieux mais pas catastrophique. Le train prévu à 08h00 passera sans encombre. Gustave Dominici, qui l'avait prévenu la veille au soir, a dégagé les rails. Roure remonte en direction du chemin pierreux qui mène à la route nationale 96. Il passe par le pont qui enjambe la voie ferrée, et aperçoit Clovis Dominici, frère aîné de Gustave, et Marcel Boyer, autre cheminot et beau-frère de Clovis. Ce dernier désigne un point de la tête à son chef :

« Tu as vu ? »

Le corps d'une enfant repose dans l'herbe sèche. Jusqu'à alors, le responsable SNCF n'avait rien remarqué. Clovis n'a pas l'air surpris de cette découverte. De son côté, Marcel Boyer est gêné. Il a la désagréable impression que son beau-frère savait où gisait la fillette car il s'est dirigé directement vers ce lieu.

« Elle est morte » affirme Clovis.

Roure ne semble pas étonné et ne demande à Clovis ni comment il a trouvé le cadavre, ni comment il sait qu'elle est morte. Pourtant, il découvre un drame qu'il est censé ignorer. Les trois hommes s'avancent légèrement en direction du corps.

« Elle est morte » répète Clovis.

D'où tient–il cette certitude en restant à l'écart du corps ? Veut-il empêcher les autres de s'approcher ?

Finalement, ils font demi-tour et remontent en silence en direction de la route. Ils aperçoivent un lit de camp posé parallèlement au bord de la chaussée et sous lequel dépassent deux pieds. Puis ils constatent la présence d'une troisième victime enroulée dans une couverture, au bord du talus, côté Durance. Aucun d'entre eux ne touche à quoi que ce soit. Ils se dirigent vers la ferme de la Grand-Terre où les rejoint un autre cheminot, Monsieur Drac.

Les gendarmes Bouchier Raymond et Romanet Louis arrivent sur les lieux vers 07h15. Les deux militaires descendent de leur moto et constatent la présence d'un lit de camp retourné, les pieds en l'air, sur le bord de la route, du côté opposé à celui de la voiture. Il recouvre le cadavre d'un homme, entre deux genêts, légèrement recroquevillé, couché sur son côté droit. Il fallait s'accroupir pour l'apercevoir. Il a été touché par deux impacts de balle. Sa main droite présente une plaie, entre le pouce et l'index, provoquée par un arrachement de la peau. La victime est sommairement vêtue d'un maillot de corps blanc sans manches, d'un foulard de couleur, d'un pantalon de pyjama bleu ciel, de chaussettes claires et de chaussures blanches de tennis.

Ils tournent ensuite autour de la voiture stationnée sur un espace aménagé pour permettre aux Ponts et Chaussées d'y déposer du gravier. C'est à ce moment que le gendarme Bouchier aperçoit une forme sous une couverture, et constate qu'il s'agit du cadavre d'une femme. Lady Drummond est étendue à cinq mètres environ du côté gauche du véhicule, en position oblique par rapport à celui-ci, le corps recouvert par une couverture d'où seules les jambes dépassent. Un siège de la voiture se trouve placé contre sa jambe gauche. Vêtue d'un tricot de peau blanc, d'une culotte, d'un soutien-gorge et d'une robe rouge clair à motifs imprimés, elle repose la face contre le sol. Elle a reçu plusieurs balles, principalement dans la région du cœur, et une autre blessure est apparente sur le bras droit, au-dessus du coude, la seule que les gendarmes aperçoivent sur le moment.

Il est environ 07h45. A la Grand-Terre, Gustave a expliqué aux cheminots que des coups de feu ont été tirés dans la nuit et comment il a trouvé la fillette au matin. Il prétend ignorer l'existence d'autres cadavres. Gaston, son père, vient de rentrer ses chèvres. Il apprend qu'un crime a été commis au bout du champ. Faustin Roure remarque que le vieil homme paraît très étonné. On échange un moment sur cette découverte macabre, puis les cheminots partent à leur travail. Tous, ou Clovis est-il resté auprès de son frère un peu plus longtemps ?

Gustave Dominici rejoint les gendarmes. Il les conduits jusqu'au cadavre de la fillette dont les militaires ignoraient la présence. Elizabeth gît au-delà de la voie ferrée, au flanc du talus descendant vers la Durance, à soixante-dix-sept mètres de la voiture. Son corps est orienté dans le prolongement de l'axe du pont qui surplombe la voie ferrée et à quinze mètres de la sortie de celui-ci. Elle se trouve sur le dos, la tête orientée vers le haut du talus et les pieds en direction de la rivière. Les jambes sont un peu infléchies, le bras droit allongé le long du corps tandis que la main gauche repose sur l'aine gauche. Des coups lui ont été portés par un lourd objet contondant qui lui a fracassé le crâne. Deux plaies sont visibles sur toute la largeur du front et le visage est maculé de sang. La fillette est vêtue d'un pyjama bleu et ses pieds sont nus.

Au final, trois corps sont découverts. Pendant que Romanet rend compte à ses supérieurs de la situation par téléphone depuis chez un particulier, Bouchier, resté sur place, est chargé de préserver la scène du crime.

Le docteur Dragon, du village tout proche d'Oraison, vient examiner les corps. Il arrive à 08h30 et se met aussitôt au travail. Le maire de Lurs est également présent, ainsi que le capitaine Albert avec deux autres gendarmes, Messieurs Rebaudo et Crespy. Le procureur de la République de Digne, Monsieur Sabatier arrivera vers 09h30 en compagnie du juge d'instruction Périès et de son greffier.

Le docteur Dragon, après examens des victimes, livrent ses premières conclusions. L'homme a été abattu après une brève lutte. Une blessure à la main indique qu'il a essayé de se défendre. Sur son corps, deux traces de balles : l'une entrée à la base de l'omoplate gauche, l'autre à trois centimètres au-dessus du mamelon droit.

La femme a été tuée à bout portant alors qu'elle était couchée. Elle porte une blessure en dessous du sein gauche. La balle est sortie au-dessus et en arrière du sein droit, brisant l'humérus droit. Le cœur et les poumons ont été lésés. Un second coup de feu a frappé à deux centimètres de la base de l'omoplate droite.

Le docteur Dragon note que si la rigidité cadavérique a fait son effet pour les époux Drummond, le corps de la fillette est encore souple, ce qui donne à penser qu'elle est morte plusieurs heures après ses parents. De plus, il observe que ses pieds nus sont propres et ne portent aucune coupure, ni aucune écorchure. Le crâne a été défoncé par un instrument dont on s'est servi avec une grande violence. La région frontale est écrasée de même que l'orbite droite. La région mastoïdienne est également atteinte. Les nombreuses fractures du crâne donnent au toucher la sensation de « mobiliser un sac de noix ».

De leur côté, les gendarmes poursuivent leurs investigations. A l'arrière de la voiture, et à six mètres quarante de celle-ci, se dresse un puisard, regard d'écoulement des eaux maçonné de forme carrée. Les gendarmes constatent l'existence de plusieurs taches de sang imprégnées sur le gravier et en travers de la route. Elles partent du puisard et, s'amenuisant, rejoignent le corps de Jack Drummond qui se trouve de l'autre côté. D'autres taches de sang sont relevées, toujours à hauteur du puisard, près d'un chêne. En revanche, aucune trace de sang n'a été notée sur le sentier, entre la voiture et le corps de l'enfant, sous lequel une importante flaque de sang semble confirmer que la petite fille a été tuée sur place. Aucune trace de lutte n'a été observée, soit autour de la voiture, soit près des victimes.

L'avant de la voiture est à une dizaine de mètres d'un gros mûrier. Les deux portières de côté du véhicule sont fermées à clef, tandis que la portière arrière est simplement poussée avec la clef sur la poignée. Sur la carrosserie, pas de traces de balle. Il est noté seulement sur le pare chocs arrière un lambeau de chair qui y est collé. Aucune empreinte de doigts n'est relevée.

Il règne, aussi bien à l'intérieur qu'à l'extérieur de l'Hillman, un grand désordre. Les objets épars dans et autour de la voiture sont les suivants: une valise en osier fermée, un pantalon gris, une pantoufle noire, un sac de voyage, une veste, un lit de camp sur lequel sont posées des couvertures, un sac de plage et une serviette, deux coussins, une bouteille, un chapeau en toile blanche pour enfant, un cahier dont l'écriture «*semble Anglaise*». Quelques pièces de monnaie sont éparpillées sur le plancher.

L'inventaire des objets se poursuit avec deux alliances en métal blanc, dont l'une avec brillants appartenant à Lady Drummond, une bague et une montre de marque « Colix » propriété de Jack Drummond, et une montre de marque « Nivada » avec bracelet en cuir que portait la petite Elizabeth. Un billet de cinq mille francs, plié en quatre, est trouvé dans un petit carnet posé sur l'un des sièges, trois billets de banque de dix shillings enfermés dans un sac contenu dans une valise et deux carnets de traveller chèques, l'un au nom de Lady Drummond composé de cinq chèques de cinq livres chacun, et l'autre au nom de Miss Elizabeth Drummond de trois chèques de cinq livres chacun également. La piste du meurtre avec pour mobile le vol peut être écarté.

A quelques mètres du véhicule, sur un petit sentier allant rejoindre le chemin menant au pont, les gendarmes notent un coussin sous lequel se trouve « *une paire de chaussures de plage de diverses nuances* ». Les militaires retrouvent également près du puisard une cartouche légèrement cabossée et une douille. A hauteur de la tête de Lady Drummond, sont encore découverts une cartouche et une douille. Les premiers pas de l'enquête sont encourageants. Il est décidé de lâcher un chien issu d'un équipage de la gendarmerie, mais cette initiative ne donnera rien.

Gustave Dominici attire l'attention des gendarmes vers des traces de pas qui vont dans deux sens opposés près du corps de la fillette. Il insiste à plusieurs reprises pour qu'elles soient bien prises en compte. Elles semblent avoir été faites par des chaussures à semelle de crêpe avec trois trous au talon et cinq à la semelle. Le sol sablonneux permet d'avoir des empreintes très nettes. Aucune trace de coupure ou d'usure n'est apparente. Les mesures établissent qu'il s'agit d'une pointure 42 et demie. Les gendarmes les protègent avec des branchages pour un futur moulage.

Gustave est auditionné à 08h00 sur les lieux mêmes du crime. Le 04 août fut une journée animée pour les Dominici. Autorisé ce jour-là à puiser l'eau dans la Durance pour irriguer ses cultures, Gustave a déversé trop d'eau sur ses champs à tel point qu'un petit glissement de terrain s'est produit, recouvrant une partie de la voie ferrée.

C'est là une source de préoccupation pour la famille qui serait tenue pour responsable d'une éventuelle perturbation des communications ferroviaires et soumise à une forte amende. En effet, selon le règlement, quiconque occasionne par sa faute un retard est redevable d'une amende basée sur les minutes perdues par le convoi.

Gustave Dominici
Né le 15 août 1919 à Digne-Les-Bains

Il est l'avant-dernier des enfants Dominici, et le seul à être resté à la ferme. C'est un solide gaillard aux cheveux noirs et bouclés, le visage fortement taillé, les pommettes charnues, le regard sombre. Il est marié à Yvette avec qui il a eu un fils, Alain, âgé de dix mois. (© D. R.)

Il remarqua la présence des campeurs en allant inspecter les dégâts dû à l'éboulement vers 20h30. Ils étaient en train de se changer pour la nuit. Il fut frappé par le fait que les femmes ne paraissaient pas gênées de se déshabiller en public.

Rentré à la ferme, il avait aussitôt pris sa moto pour se rendre à Peyruis prévenir le brigadier poseur de la SNCF, Monsieur Roure. Il se coucha vers 22h00 dans la chambre qu'il partageait avec sa femme Yvette, et dont la fenêtre s'ouvre en direction des lieux du crime.

Vers 23h30, il avait été réveillé une première fois par les passagers d'un side-car qui parlaient une langue étrangère, puis à 01h00 du matin par plusieurs détonations. Il ne se leva pas et, par la suite, n'a plus rien entendu.

Ce matin, vers 05h30, il se rendit à nouveau sur la voie ferrée en suivant le même chemin que la veille pour examiner l'éboulement. Il passa à côté du campement des Anglais sans rien remarqué d'anormal. Après avoir franchi le pont, il vit le corps de la fillette gisant ensanglantée sur la pente du talus qui surplombe la Durance. Effrayé, il était aussitôt remonté vers la route en courant, sans s'arrêter au campement, pour appeler à l'aide. Il fit stopper le motocycliste Olivier pour lui demander de prévenir les gendarmes. En attendant l'arrivée de ceux-ci, il rentra chez lui. Il affirme n'avoir pas vu les autres cadavres.

De son côté, le capitaine Albert protège du mieux qu'il le peut, mais de plus en plus difficilement, l'étroit triangle de gravier envahi par les curieux. C'est rapidement la pagaille. Des dizaines de personnes vont et viennent entre la Hillman et les endroits où ont été découverts les cadavres. Le gendarme remarque une bicyclette posée contre le mûrier. Elle n'était pas là à son arrivée. Il consulte la plaque d'identité : Gustave Dominici. Il lui semble étrange que le jeune fermier ait utilisé son engin pour franchir les cent-soixante-cinq mètres qui séparent la ferme du lieu du crime. Le gendarme Bouchier a vu arriver à bicyclette Roger Perrin, neveu de Gustave, quelques minutes auparavant.

Puis Gaston Dominici s'approche, s'aidant d'une canne, vêtu d'un pantalon de velours à grosses côtes et d'une chemise bleue sombre à rayures, une ceinture de flanelle solidement ajustée faisant plusieurs fois le tour de la taille, un chapeau à large bord sur la tête.

Il est né dans la loge du palais de justice de Digne. La mère de Gaston, Clémence, était une domestique Calabraise, fille de l'un des nombreux manœuvres Italiens qui avaient émigré pour venir travailler en France. Enfant naturel, Gaston fut placé à l'Assistance Publique à l'âge de 10 ans. Il suivit un début de scolarité, mais se fit bientôt la réputation d'un garçon frustre et querelleur. Il savait à peine lire quand il commença à travailler comme berger.

En 1898, il fut incorporé au 7ème Régiment des Cuirassiers à Lyon. Son service militaire fut la seule période aventureuse loin de ses coteaux provençaux. Il en revint avec des tatouages sur la poitrine et les avant-bras, et rapporta un clairon avec lequel il lui arriverait de perturber la tranquillité des environs de la Grand-Terre.

Gaston Dominici
Né le 23 janvier 1877 à Digne-Les-Bains

Gaston ressemble à tous ces vieux paysans de ces terres pauvres. Vieil homme digne aux traits burinés, c'est une figure typique des vieilles illustrations de nos campagnes. Avec sa moustache blanche et drue, son visage bien rempli, ses pommettes qui se plissent volontiers, ses sourcils fournis toujours noirs malgré l'âge, il donne une impression de confiance et de solidité.

Il tient le rôle du patriarche chez les Dominici. Robuste vieillard de 75 ans, il vit à la Grand-Terre avec sa femme Marie depuis 1932. Doté d'un caractère bourru et sanguin, il est souvent décrit comme brutal, sujet à de terribles accès de colère et solitaire. Il peut être aussi généreux jusqu'à employer l'expression de «maison ouverte», de « maison du bon Dieu ». Il ne parle pas un Français pur mais un Provençal coloré, capable de placer sur son visage, selon les circonstances, un masque grimaçant ou souriant. (© D. R.)

Rendu à la vie civile en 1901, Gaston regagna sa région natale pour s'installer à Brunet, petit village en décrépitude enfoncé dans les sombres bois de la vallée de l'Asse. Il y reprit son travail de berger, et deux ans plus tard, épousa Marie Delphine Germain. Celle-ci était alors enceinte d'un autre homme, mais en dépit de ces débuts peu propices, cette union s'épanouit, et la famille ne tarda pas à s'agrandir.

Lorsqu'il quitta Brunet en 1910, Gaston était déjà père de quatre enfants. Son nouveau lieu de vie était encore plus isolé que Brunet. Ganagobie, perché sur un plateau surplombant la Durance, est un lieu de beauté et de solitude envahi par les chardons, le thym et les broussailles. Mais Gaston travailla dur et força l'admiration du père Lorenzi, moine du prieuré tout proche.

En 1915, la famille Dominici déménagea à la Serre, ferme située sur la route de Digne. Deux ans plus tard, Gaston attira pour la première fois l'attention du public : s'étant trouvé face à face avec un fugitif armé dans les bois de Peyruis, il était parvenu à maîtriser le bandit, bien que celui-ci lui eût tiré dessus. Cet acte de courage et de civisme lui avait valu un diplôme décerné par le Ministère de l'Intérieur et une lettre de félicitations de la part du Préfet. Très fier, Gaston avait fait encadrer ces documents qui figurent en bonne place sur un mur de sa maison.

Finalement, en 1932, la famille s'installa dans la ferme de la Grand-Terre. Cette acquisition marqua un tournant dans la vie des Dominici. Si cette bande de terre ingrate située entre une route nationale et une voie ferrée paraissait peu réjouissante, au moins appartenait-elle à Gaston, ce qui était plus qu'un fils d'immigré sans le sou aurait pu espérer lors de son départ dans la vie. La Grand-Terre fut acquise pour la somme de 10 000 francs. Les bâtiments nécessitaient d'importants travaux de rénovation avant d'être habitables, mais Gaston ne manquait pas de main-d'œuvre pour l'aider.

Elle est dite grande parce que c'est une des rares fermes cultivables et fertiles d'un territoire qui ne comporte que maquis, landes, bois touffus et limons de la Durance. On y entre par une allée qui débouche sur une cour de terre battue. Une porte étroite et basse donne accès à la cuisine. Elle ne fait guère impression, mais pour le vieux Dominici, elle symbolise la réussite de toute une vie. Cinq membres de la famille y vivent: Gaston et sa femme Marie, l'un de leurs fils, Gustave, ainsi que la femme et le bébé de ce dernier.

Gaston consacra ses terres essentiellement à la culture de la luzerne, mais y fit aussi pousser des oliviers, des arbres fruitiers et de la vigne. Il continua aussi d'élever des chèvres et des moutons.

La ferme de la Grand-Terre est un bâtiment d'un jaune sale posé sur un ruban de terre situé entre la route nationale et la voie ferrée, qu'enjambe à cet endroit un pont qui permet d'atteindre la rive droite de la Durance.
Le corps de bâtiment est sans grâce. La façade sur la route ne comprend aucune fenêtre. Ce lieu tourne résolument le dos aux passants. (© René HenryCorbis)

Tout le monde s'accorde à dire que Gaston a travaillé son content. Cette ferme ne ressemblait certes pas à une mine d'or, mais elle était rentable.

La famille Dominici bénéficie d'une bonne réputation. Les gens du pays viennent acheter leur production, notamment « *leurs bons abricots* ». Ce sont des paysans des Basses-Alpes comme il y en a des centaines, ni plus ni moins rustres que les autres.

Les enfants grandirent puis, les uns après les autres, quittèrent la ferme mais demeurèrent dans le voisinage. Les liens familiaux demeuraient forts. Il est à noter que tous les neuf enfants furent élevés dans l'honneur et le sens du travail honnête. Aucun ne fut un délinquant, et ce malgré le peu de moyens dont les parents disposaient. Ce n'est pas tout le monde qui élève ses enfants ainsi cadrés aujourd'hui.

Accompagné de son petit-fils Roger Perrin, Gaston déambule maintenant sur la scène du crime. En revenant du talus, il demande au gendarme Bouchier la permission de prendre une couverture pour couvrir le corps de la fillette car « *le soleil y tape dessus et les fourmis lui courent sur le visage.* »

Roger Perrin dit Zézé
Né le 27 février 1936 à Lurs

Né à la Grand-Terre, le petit-fils de Gaston est âgé de 16 ans au moment des faits. Il est de petite taille, le visage rond, toujours rieur. Crâne sans cervelle, boule de muscles sans cesse en mouvement, sa tête et ses jambes sont animées par un moteur incohérent et insaisissable. Il est capable de raconter n'importe quoi, comme ça, pour le plaisir, par farce. Mais, dans son cas, cela semble résulter davantage de la pathologie que d'un désir de détourner sans cesse la vérité. (© AGIP Bridgeman Images)

Après avoir recouvert la petite fille d'une couverture pour la protéger, il discute avec les nombreux curieux qui commencent à s'amasser autour du lieu du drame. A tous il répète qu'il ne sait rien, pas plus que son fils. Ils ont entendu des coups de feu, mais ce n'est pas un évènement dans ce coin où le braconnage est répandu. Les chiens ont aboyé, mais là encore, ce n'était pas suffisant pour se lever.

En cette fin de matinée, les magistrats, élus, gendarmes et autres autorités attendent les fonctionnaires du SRPJ de Marseille. Les lieux du crime sont perdus dans la campagne. Il a fallu des heures avant que le Commissaire Sébeille, chargé de l'enquête, ne parvienne enfin sur les lieux du drame à 13h30, horaire noté par le juge Périès dans son procès-verbal de transport. De nombreux témoins affirmeront que cette arrivée a été plus tardive, plutôt vers 16h30.

Les premiers instants d'une enquête sont capitaux. A trop prendre du retard, la vérité se détruit d'elle-même sans espoir de la voir éclater un jour. Les lieux d'une affaire criminelle doivent être maintenus en l'état. Il est déterminant de préserver les traces et indices qui pourront être exploités pour des constations indispensables et décisives à la réussite de l'enquête.

Et le commissaire Sébeille va perdre de précieuses heures dans la matinée du 05 août. Ce n'est que vers midi qu'il réunit son équipe : les inspecteurs Girolami, Ranchin, Tardieu et Culioli. Dans un premier temps, ils doivent traverser tout Marseille pour faire le plein de leur traction-avant. A cette époque, une voiture de police ne peut pas se ravitailler en carburant dans une station quelconque. Elle doit obligatoirement se rendre dans un parc militaire. A 12h15 seulement ils prennent la direction des Basses-Alpes.

Le commissaire Edmond Sébeille a hérité son amour du travail policier de son père qu'il admire. Il a déjà derrière lui une brillante carrière. Après avoir servi dans l'armée de l'Air, il est entré dans la police de Montpellier, puis est affecté à Paris. Il est nommé commissaire de police à Aix, et enfin détaché à la 9ème brigade de Marseille où il se distinguera lors de la guerre des gangs de cette même ville. Toutefois, le drame de Lurs est un tout autre défi.

Il sait pertinemment que c'est dans les heures suivant le crime que se gagne ou se perd la course poursuite lancée contre l'assassin. Il ne fait aucun doute que la valeur des indices relevés sur les lieux des crimes fut sérieusement diminuée par l'arrivée tardive des enquêteurs.

Edmond Sébeille
Né en 1908

Méridional au teint brun, de taille moyenne, il est volontiers souriant, tirant sans cesse sur un fume-cigare qui, en l'espace de quelques mois, deviendra aussi célèbre que la pipe de Maigret.
Il est d'une ténacité peu commune et d'une patience que rien ne rebute avec une conscience professionnelle poussée à l'extrême et un amour de son métier qui ne se démentira jamais. (© D. R.)

La nouvelle de la tragédie s'étant répandue comme une traînée de poudre, curieux et journalistes ne tardèrent pas à affluer. Les empreintes de pieds autour des corps furent effacées, les biens des victimes manipulés et examinés sans précautions, notamment par les envoyés spéciaux de la presse locale qui avaient fouillé la voiture des Drummond à la recherche d'informations au sujet des victimes. Les heures perdues permirent aux suspects potentiels de consulter d'autres personnes, de se bâtir des alibis et de façonner leur version des évènements de manière à égarer la police.

A son arrivée, la première décision du commissaire est de faire évacuer la foule de curieux, non sans heurts. Puis il fait tracer un plan des lieux et décide de se rendre à la Grand-Terre où résident les témoins les plus proches. Il constate que l'une des fenêtres s'ouvre face aux lieux du crime. C'est la chambre de Gustave et Yvette. Mais la vue est en partie masquée à la fois par un verger s'étendant de la ferme jusqu'au sentier conduisant à la voie ferrée, et par le toit avancé d'un hangar. Il faut monter au deuxième étage dans une chambre désaffectée, située au-dessus de celle des jeunes époux, pour avoir une vue dégagée.

A cet instant, Gaston Dominici et son fils ont l'attitude de ceux qui n'ont rien à se reprocher. Malgré cette posture, ne ressentent-ils pas l'angoisse des affrontements à venir ? Ne redoutent-ils pas les questions qu'on va leur poser, les précisions qu'on leur réclamera, les pièges que l'on ne manquera pas de leur tendre ?

A l'entrée de la cour de la ferme, l'un des inspecteurs, Charles Girolami, a l'œil attiré par un pantalon qui sèche sur un fil de fer en face de la porte de la cuisine. Le vêtement est encore très humide, donc fraîchement lavé. Il apprend que la fille aînée de Gaston s'occupe de la lessive. Elle vient chercher le linge toutes les semaines et le lave chez elle. Girolami fait remarquer au vieux Gaston que sa fille lave le linge et le ramène mouillé pour le faire sécher à la ferme, ce à quoi le vieux répond ironiquement par la négative : le linge est rapporté sec et repassé.

Gustave et Gaston nient que le pantalon leur appartient. Le fils précise qu'il ne porte que des pantalons bleus et son père en velours. Par conséquent, il a vu le vêtement et est même capable d'en préciser l'étoffe. Girolami fait part de sa découverte à Sébeille qui lui conseille plutôt sèchement de s'occuper d'autres choses.

La police n'emporta pas ce vêtement pour le faire analyser afin de déceler d'éventuelles traces de sang. Il aurait été intéressant de savoir à qui appartenait ce pantalon et pourquoi l'on a manqué à la règle de confier à la fille ainée de la famille le soin de la lessive. Etait-il urgent à ce point de faire disparaitre taches et souillures au cours d'une telle journée d'agitation ? Si oui, pourquoi ? Ces questions resteront sans réponse.

Il est évident aujourd'hui que le commissaire Sébeille n'a pas prêté une oreille assez attentive à l'inspecteur Girolami. Cet élément, recueilli et analysé, aurait alimenté l'enquête et aurait au moins mis en difficulté un suspect.

Une autre observation est réalisée le même jour. Un deuxième pantalon, de couleur bleue, a été vu séchant derrière les volets entrebâillés de la chambre de Gustave et Yvette. Cette coïncidence de deux opérations de lavage simultanées au cours de cette funèbre journée ne peut laisser indifférent.

Le docteur Dragon vient de terminer un premier examen des victimes. Il se rend à la Grand-Terre pour se laver les mains salies par le sang et la poussière. Gaston est présent et accueille le médecin de manière plutôt fraiche, malgré que tous deux se connaissent depuis très longtemps :

« Tiens, qu'est-ce que tu viens faire ?

- Je viens vous demander de l'eau.

- De l'eau, de l'eau…

- Quoi ? Je ne vous demande pas l'impossible ! Vous en avez de l'eau !

- De l'eau, de l'eau… »

Gaston rentre puis revient avec une puisette à la main:

« J'ai ce plat mais c'est celui qui sert à faire boire le cheval. Et quand les bêtes sentent le sang, elles ne boivent plus. »

Agacé, le docteur se lave finalement les mains à la pompe. Le vieil homme ne parle pas, ne regarde pas le médecin, le laissant partir sans un mot. Le docteur Dragon quitte la Grand-Terre, intrigué par la réticence de Gaston à lui fournir de l'eau.

La voiture-laboratoire de l'Identité Judiciaire arrive et les policiers s'emploient à relever les empreintes laissées sur la voiture. Gustave s'approche et informe les enquêteurs qu'ils trouveront peut-être ses empreintes sur la portière arrière : un gendarme ne pouvant pas sortir, la serrure étant coincée, il l'a aidé. Le commissaire juge cette intervention bizarre. Par la suite, cet incident fut vivement contesté par les gendarmes. En effet, aucun d'entre eux n'a eu besoin de l'assistance de Gustave pour sortir de l'Hillmann où ils s'étaient introduits pour dresser l'inventaire des objets.

Pour les traces de pas vers le sentier, le photographe les examine longuement puis conclut qu'elles sont inutilisables. Des photographies sont prises, dont les taches de sang en travers de la route, mais pas celle près du puisard. Comment interpréter cette tache de sang qui s'étale vers le puisard, définie par quelques-uns, dont le docteur Dragon, comme mare de sang et qui n'a pas été photographiée ? Pourquoi n'a-t-elle pas attiré davantage l'attention, et pourquoi elle n'a pas été décrite comme telle ? Sur le plan des lieux établi par la gendarmerie, une tache plus large est dessinée devant le puisard, mais sans que l'on puisse parler de mare de sang. Il est surtout regrettable qu'aucun prélèvement de ce sang n'ait été réalisé. Il aurait permis de définir à qui il fallait l'attribuer après comparaison avec celui des victimes.

Un écrit du juge Périès nous éclaire sur le fait qu'un lien soit fait entre les taches de sang à l'arrière du véhicule, près du puisard, et celles qui sont en travers de la route qui conduisent vers le cadavre de Sir Drummond. Le magistrat suppose « *que l'homme, après avoir été atteint par les projectiles, a pu traverser la chaussée avant de s'écrouler à l'endroit où il a été découvert. Les taches de sang partant d'un point, que l'on peut situer à six mètres en arrière de la voiture, se retrouvent sur toute la largeur de la chaussée en direction du cadavre.* »

Au cours de l'après-midi, un éclat de crosse d'une arme est retrouvé sous la nuque de la fillette au moment où son cadavre est enlevé pour être conduit à l'hôpital de Forcalquier aux fins d'autopsie.

Pendant ce temps, les inspecteurs Ranchin et Culioli explorent les bords de la Durance, fouillant les trous d'eau et les bras morts dans l'espoir de retrouver l'arme du crime. Ranchin trouve, près d'une charogne de mouton, une crosse brisée. Les deux hommes remontent lentement le lit de la rivière en luttant contre le courant. A une trentaine de mètres dans le milieu du bras de la Durance, immergé dans la vase à soixante-quinze centimètres de profondeur, ils trouvent le canon de l'arme, à la hauteur exacte de l'endroit où a été découverte la fillette.

De retour sur la terre ferme, Ranchin s'emploie à raccorder les deux morceaux qui s'ajustent exactement. L'éclat de bois découvert à l'emplacement de la nuque de la fillette s'applique parfaitement à la crosse. Une partie du fût est encore accrochée à la partie métallique. Le chargeur est encore en place, vide. Aucune cartouche n'est engagée dans le canon. Aussitôt après avoir assommé l'enfant, l'assassin s'est débarrassé de cette arme qui lui brûlait les doigts.

Cette carabine à répétition, de marque Rock-Ola, porte les inscriptions sur la partie métallique US Carabine, cal. 30 KI, ROCK-OLA N°1.702.864, et sur la crosse, deux bouches à feu entrecroisées dans un cercle, surmontées d'un rectangle dans lequel sont marquées les lettres majuscules RMC. Ces lettres sont reproduites dans l'évidement du passage de la courroie.

Visiblement, elle était déjà en piteux état avant le triple meurtre, et avait été réparée tant bien que mal. Démunie de bretelle et du garde-main supérieur, elle est rafistolée avec un collier en aluminium muni d'une vis avec écrou pour maintenir le canon plaqué sur le fût. Un fil de fer, genre élément de câble de frein de vélo, relie l'anneau grenadière, dont une partie manque, à un des trous de la bague.

En raison de son séjour dans l'eau, aucune empreinte ne peut être relevée sur cette carabine dont la découverte constitue le premier élément de l'enquête. Mais le commissaire ne vérifia pas les conclusions des spécialistes de l'Identité Judiciaire à qui l'arme fut remise. Dans tous les cas, ceci n'est pas mentionné dans le procès-verbal de constatations du 05 août.

Les policiers tiennent là l'arme du crime, les expertises du professeur Olivier le confirmeront par la suite. Sa découverte fait naître les plus grands espoirs. Comme il s'en ouvrit dans une confiance excessive aux journalistes, le commissaire comptait régler cette affaire en quelques jours. Le tireur connaissait mal le fonctionnement de cette arme automatique. En effet, il a tiré coup par coup, réarmant à chaque fois comme pour un fusil ordinaire alors que cette manipulation était inutile. En procédant ainsi, il éjectait une douille non percutée, ce qui explique la présence de deux d'entre elles sur le terrain. Cette maladresse pourrait être un trait distinctif de l'assassin.

Une information est ouverte contre X pour assassinat et vol. Une commission rogatoire est aussitôt délivrée par le juge Périès au commissaire Sébeille et à son équipe. Le déroulement du drame commence à s'éclaircir pour le policier : les victimes sont réveillées par un ou plusieurs individus rôdant autour de la voiture. La fillette, qui dort à l'intérieur, crie et ses parents qui sont allongés sur des lits de camp à l'extérieur viennent à son secours. Le porteur de l'arme menace alors Sir Jack Drummond qui essaie de fuir mais est atteint dans le dos. Il s'affaisse devant le pare-chocs arrière auquel il s'agrippe. Puis il trouve la force de traverser la route où il tombe. Aussitôt après, l'agresseur tire sur la femme qui est foudroyée sur place. C'est alors qu'il s'élance à la poursuite de la petite fille qui s'enfuit au hasard. Il la rejoint sur le talus près de la Durance et, comme il n'a plus de cartouches, il lui frappe la tête de la crosse de son arme avec une telle force qu'il brise la carabine. Il se débarrasse ensuite de celle-ci dans la rivière.

Mais un point chiffonne le commissaire. Pourquoi la petite fille a-t-elle fui vers la Durance au lieu de se précipiter vers la ferme voisine où elle pouvait espérer trouver du secours ? Quel que soit le mobile du crime, la mort de la fillette n'a eu pour but que de faire disparaitre un témoin gênant.

Au moment où le policier s'apprête à quitter les lieux, Gaston Dominici s'approche de lui. Ils font quelques pas ensemble et tout près du mûrier, le vieux lâche :

« Té, la femme est tombée là. Elle n'a pas souffert. »

Les yeux du commissaire traduisent l'étonnement. Mais Gaston n'en est pas troublé et ne laisse pas le policier l'interrompre :

« Je dis ça, enfin je le suppose. Avec ce qu'elle a reçu. »

En sait-il davantage ? Faut-il sauter sur l'occasion et l'obliger à s'expliquer en le pressant de questions ? Certes, on peut profiter d'une petite phrase pour mettre quelqu'un en difficulté, mais l'offensive tournera court si l'enquêteur n'a pas dans son sac arguments, témoignages, constatations dont l'autre n'a pas saisi la portée ou qu'il ne connait pas. Or, le commissaire a son bagage vide. Avant que les deux hommes se séparent, Gaston affirme au commissaire que c'est lui qui a trouvé sous la tête de la fillette l'éclat de bois et l'a remis aux gendarmes. Ceci n'est pas le geste d'un homme qui craint la vérité.

L'autopsie des victimes est pratiquées par les docteurs en médecine Girard et Nalin après que les corps furent enlevés des lieux du crime à 16h00. Reposant à la morgue, les dépouilles des Drummond sont reconnues par Monsieur Marrian, ami de la famille, accompagné de Monsieur Batman, consul de Grande-Bretagne à Marseille.

Jack Drummond, atteint de deux balles mortelles entrées dans le dos, était debout lorsqu'il reçut la première balle et toujours debout, mais légèrement incliné, à la deuxième balle. Quant à la main blessée, elle portait trois plaies transversales intéressant les parties molles. La vessie était vide.

Lady Anne Drummond, atteinte de trois balles entrées dans la poitrine et l'épaule gauche, devait être couchée ou le buste légèrement soulevé lorsqu'elle a été blessée. Son agresseur devait se trouver sur son côté droit, plus en arrière d'elle, lorsqu'il a tiré les coups de feu. Aucun signe de viol.

Elizabeth a tout le visage, ainsi qu'une partie du crâne et des cheveux, couverts de sang coagulé. Du sang liquide s'écoule par le nez et la bouche dès qu'on déplace la petite victime. Le corps porte des traces de blessures uniquement localisées au crâne, qui paraît déformé, et à la face.

Deux des blessures sont situées au niveau des arcades sourcilières droite et gauche. Elles s'étendent l'une et l'autre sur une longueur de cinq centimètres. Les plaies symétriques de part et d'autre de la suture médio-frontale ont été produites par des coups appliqués au moins à deux reprises, avec une extrême violence par un agresseur très robuste.

Tout comme sa mère, la petite fille ne portait pas de trace de viol. Elle devait être allongée sur le sol lorsqu'elle a été frappée. Ces plaies sont dues à l'application d'un corps contondant, allongé et régulier (crosse de fusil, barre de fer ou gros manche d'outil). La mort a été la conséquence d'un grand traumatisme crânien, du choc et de l'hémorragie qui en ont résulté.

Selon les constatations des docteurs Girard et Nalin, la rigidité cadavérique des trois victimes a atteint le même point. On peut donc penser qu'elles ont été tuées en même temps et que leur décès a été à peu près simultané, bien que pour l'enfant les médecins n'excluent pas un certain temps de coma.

Ils se trouvent alors en contradiction avec leur confrère, le docteur Dragon. Le matin, en effet, il a noté une large différence de rigidité entre les parents et la fillette. Mais ce dernier n'a pas encore établi son rapport et ses collègues n'ont donc pas encore pu prendre connaissance de ses conclusions.

Les autres parties du corps de la fillette : cou, thorax, membres, ne portent ni ecchymoses ni traces de violence. A l'exception de l'oreille droite qui porte à la partie supérieure de son pavillon une plaie contuse, sanguinolente, avec perte de substance cutanée et cartilagineuse. Cette plaie mesure un centimètre de longueur et un centimètre de profondeur. En arrière de celle-ci se trouve une excoriation de la région mastoïdienne. Cette plaie peut être due soit à l'application d'un corps contondant, soit à une balle de gros calibre.

Deux balles pour Sir Jack, trois pour son épouse, plus une qui s'est écrasée sur le parapet et dont on avait trouvé la trace, cela fait six cartouches tirées. Or, quatre douilles ont été découvertes dont deux non percutées. Il en manque donc quatre. Que sont-elles devenues ? Qui les a ramassées ?

Dans le village de Nuthall où se trouve la maison de la famille Drummond, on ne parle que de l'affreuse nouvelle. La directrice de l'école que fréquentait la petite fille a déclaré, très émue, qu'elle avait reçu une carte d'Elizabeth il y a quelques jours à peine. La fillette lui faisait part de tout le plaisir qu'elle éprouvait en vacances. La mère de Lady Anne, en apprenant la nouvelle, fit une attaque.

II. LES DOMINICI SOUPÇONNÉS

Dès les premières heures, la famille Dominici se trouve placée dans le viseur des enquêteurs. Les meurtres se sont produits à proximité de leur ferme, et l'un de ses habitants a donné l'alerte. Gaston Dominici et son fils Gustave n'ont cessé d'emboiter le pas aux gendarmes dès le début de l'enquête. Le patriarche n'hésita pas à dispenser ses conseils, allant jusqu'à couvrir le corps de la fillette pour la protéger des fourmis et du soleil. Leurs témoignages vont assurément présenter un intérêt vital.

Le vieux fermier s'était levé un peu plus tôt, vers 05h00, mais il avait conduit ses chèvres dans la direction opposée à la voiture des Anglais et n'avait donc appris la nouvelle du drame qu'à son retour, vers 08h00, par son fils Gustave. Tiens, ce n'est plus par sa belle-fille Yvette ? Il précise que des coups de feu ont été tirés à 01h10 et déclare avoir vu la voiture et ses occupants le 04 août vers 19h30 ou 20h00, au moment où il rentrait ses chèvres. Ils étaient déjà à l'emplacement où ils devaient être découverts. Il ne leur a pas adressé la parole. Vers 23h00, il a également été réveillé par un étranger appelant de la cour de sa ferme et il ne s'est pas levé au moment où il a entendu les coups de feu. Aucun cri ne lui est parvenu.

Il affirme également qu'au moment où il a recouvert le corps de la fillette, il a découvert sous la tête de l'enfant un petit morceau de bois, et a pensé immédiatement qu'il s'agissait d'un morceau de crosse qu'il a remis aux gendarmes. Pourtant, si le gendarme Bouchier confirme bien que Gaston Dominici a bien pris une couverture pour recouvrir le corps de la fillette, à aucun moment il ne fait état de la remise d'un morceau de bois.

Au cours de son entretien avec le patriarche, un point interpelle le commissaire Sébeille : une famille s'installe sur un terrain enclavé de sa propriété, et il ne leur adresse pas la parole ? Durant toute la conversation, Gaston garde un visage qui respire l'innocence et le détachement. Ses gestes sont lents et paisibles. Un regard vif perce entre ses paupières demies-closes.

Sébeille continue ensuite avec Gustave. Il est l'un des premiers suspects. Le commissaire est persuadé qu'il connait la vérité et qu'il est le plus vulnérable. Le fermier répète ses déclarations de la veille et ajoute que la carabine Rock-Ola lui est totalement inconnue.

En résumé, aucun des deux hommes n'a parlé aux Anglais, et tous deux nient le fait qu'ils soient venus à la ferme pour demander de l'eau. Ils se sont couchés à peu près aux mêmes heures que les Drummond, mais ont été réveillés vers 23h00 par le bruit d'une moto qui s'est arrêtée devant la ferme. Un homme a crié dans leur cour, mais comme il s'exprimait dans une langue étrangère, ils n'ont pas compris le sens de ses paroles. Faute de réponse, l'inconnu est parti. Deux heures plus tard, une série de coups de feu a retenti. Il n'y a pas eu de cris mais les chiens se sont mis à beaucoup aboyer. Aucun des occupants de la ferme n'est sorti pour déterminer l'origine de ces détonations.

Bien que concordants dans l'ensemble, les récits des deux hommes comprennent un certain nombre de détails curieux. Les coups de feu ne sont pas étonnants dans la région car le braconnage est une pratique courante. Mais comment se peut-il que l'on ait massacré toute une famille sans que les Dominici aient entendu un cri ? Se peut-il aussi qu'ils aient vécu à l'écart des évènements de la nuit du 04 au 05 août, pétrifiés de terreur, ou simplement indifférents au sort d'autrui ?

Par ailleurs, la logique de Gustave laisse perplexe : il prétend qu'après avoir entendu les coups de feu, il a eu trop peur pour regarder par la fenêtre. Il a pourtant affirmé avoir pensé que les responsables étaient des braconniers. Quant à sa découverte matinale, elle s'est faite par hasard sans qu'il ne montre beaucoup de curiosité. Il est passé près d'une voiture abandonnée autour de laquelle régnait le plus grand désordre, puis découvre une fillette inanimée, et son détachement est admirable.

Sébeille trouve surprenant que Gustave n'est pas tout de suite parti à la recherche des parents de la fillette pour les informer de son atroce découverte. De plus, il est étonnant qu'il ait été le premier à découvrir le corps d'Elizabeth, dans la mesure où celui-ci n'était pas sur le trajet direct entre la ferme et l'éboulement. Pour voir le cadavre, Gustave a dû faire un détour. Il lui était facile, de l'extrémité du pont de pierre, de se rendre compte de l'évolution de l'éboulement. De là, il lui était impossible d'apercevoir le corps.

Le policier propose alors à Gustave de refaire le trajet qu'il a parcouru la matinée du 05 août. En compagnie de Ranchin et Girolami, ils prennent la direction de la Durance, longent la route nationale puis s'engagent sur le chemin. En arrivant au pont de pierre, Gustave franchit le tournant non en le prenant à la corde comme il aurait dû le faire normalement, mais en suivant le sentier côté talus.

C'est ainsi, assure-t-il, qu'il a pu voir le corps tandis que s'il avait progressé logiquement, le haut du talus le lui aurait caché. Gustave a-t-il calculé ses mouvements de façon à ne pas être contredit ? Encore une fois, du pont, on peut aisément voir l'éboulement. Quel besoin avait-il de poursuivre son chemin de manière à pouvoir jeter un œil jusqu'aux bords de la Durance ? Les questions brûlent les lèvres du commissaire. Cette incohérence mérite explication et justification :

« Et si la petite avait été vivante ? »

Seuls les grillons alentours répondent. Sébeille insiste :

« Tu n'as pas pensé aux parents ? »

Toujours pas de réponse.

« Tu pouvais remonter à la voiture, les prévenir, voir ce qu'ils étaient devenus ? »

Gustave se décide enfin à desserrer les dents :

« J'ai pensé que c'étaient les parents qui l'avaient tuée. On a déjà vu des choses comme ça non ? »

C'est sûr, on a vu de tout... et entendu de tout !

Sébeille quitte la Grand-Terre avec dans l'esprit un Gustave devenu témoin n°1 et un grand nombre d'invraisemblances et de contradictions comme par exemple ce fameux motocycliste qui, à 23h30, serait entré dans la cour. Selon Gustave, personne ne s'est mis à la fenêtre, alors que son père prétend le contraire. Gaston affirme avoir vu l'homme tandis que le fils assure qu'il n'a pas aperçu ce dernier. C'est pourtant Gustave qui parle du side-car. Il lui aurait donc fallu se pencher au-dehors pour distinguer le véhicule.

Pourquoi faire entrer cette anecdote dans leur récit ? Il est étonnant l'insistance avec laquelle les Dominici en parlent, comme si pour eux c'était l'évènement capital de la nuit du 04 au 05 août 1952. C'est un fait banal, mais les Dominici y attachent une grande importance. Il semble que leur souci premier est de faire comprendre aux enquêteurs que ce soir-là circulait des gens bizarres sur la route de Digne à Marseille.

Mais un autre membre de la famille attire l'attention de Sébeille : Clovis Dominici.

Clovis Dominici
Né le 25 juin 1905 à Brunet

Fils ainé de Gaston, les rapports entre son père et lui se sont dégradés depuis qu'il a quitté la ferme pour aller travailler aux chemins de fer.
Epaules carrées, bien planté, il est le seul à avoir le courage d'affronter le vieillard, servant souvent de bouclier protecteur entre son père et son frère Gustave. Il passe pour être l'homme fort de la famille, peut-être pas le plus intelligent mais certainement le plus solide. (© Paris Match)

La carabine, au premier jour de l'enquête, lui fut montrée. A sa vue, il fut pris d'un tel saisissement qu'il s'agenouilla tout en se mordant les lèvres et en ouvrant de grands yeux. Il resta muet pendant de longues secondes. Comportement pour le moins bizarre, et on peut s'étonner que Sébeille, qui l'avait noté, n'ait pas cru devoir l'exploiter immédiatement.

Quelle déduction pouvait-il tirer de ce comportement ? La certitude que Clovis avait déjà vu cette arme et qu'il en connaissait le propriétaire ? Mais il ne tenta rien et ne songea pas à exploiter immédiatement le désarroi de Clovis. C'est une des erreurs commises par le commissaire dans cette affaire. Il reconnaîtra dans un rapport qu'il n'a pas insisté parce que « *nous n'étions qu'au premier jour de l'enquête, et que, ne le connaissant pas, nous n'étions pas à même d'interpréter exactement son comportement.* »

Après ce moment de faiblesse, Clovis se reprit, redevint normal et assura aux enquêteurs qu'il n'avait jamais vu cette carabine. Et il repartit vers son travail en emportant avec lui les confidences qu'il pouvait faire. L'occasion d'éclaircir l'affaire rapidement a-t-elle été manquée ? L'émotion de Clovis aurait peut-être permis, avec un interrogatoire poussé, d'arracher un aveu ou de faire exploser les défenses des autres membres de la famille ? Des questions auxquelles il n'est pas simple de répondre.

Néanmoins, il est certain qu'une telle chance ne se reproduira pas. Il ne s'agit pas d'accabler ni d'excuser le commissaire Sébeille, mais de le comprendre. Il est facile de critiquer ou de réécrire l'histoire. Il n'est ni un improvisateur, ni un esprit embrayant sur l'immédiat. Il n'aime pas forcer la mécanique, préférant réfléchir et s'entourer de précautions. Il échafaude des pièges, prépare ses assauts et ne pratique guère la politique du contre.

Et il apparut rapidement à Sébeille qu'il n'obtiendrait pas d'arrestation immédiate dans un pays reculé où les Dominici trônent comme exemple de la réussite de pauvres parmi les pauvres. Le policier comprend mal les réactions des Dominici et des gens du pays. Il n'est pas habitué au laconisme des paysans et des villageois guère enclins à aider un « estranger », et n'apprécie guère leur apparente absence d'émotions. Comme il ne parle pas le dialecte local, la communication en est sérieusement gênée. Les interrogatoires sont pénibles, remplis de longs silences et du sentiment que quelque chose d'important est dissimulé.

Dans un passé récent, les habitants ont appris à se taire à la vie à la mort, à se protéger mutuellement et agir de conserve face aux Allemands. Leur devise est simple : rien vu, rien entendu et rien dit. De même, les activités néfastes de certains maquis sont peut-être pour quelque-chose dans l'établissement du fameux mur du silence ou du mensonge que l'on oppose aux enquêteurs. Ils se taisent comme presque tous ceux qui savent, car ce mur du silence, cimenté par le sang d'innombrables victimes, ne date pas d'août 1952, mais d'août 1944, peu après la libération.

Tous les faits commis à cette époque-là, même les plus odieux, ne tombent pratiquement jamais sous le coup de la loi. La population de Peyruis, Lurs, Oraison, Forcalquier, La Brillanne, n'ose toujours pas parler à voix haute de ce qu'elle a vu et de ce qu'elle a subi. Rares sont les foyers où l'on n'a pas un secret à cacher. L'affaire Drummond s'est produite simplement dans un pays où il s'est passé déjà trop de choses abominables.

Pendant la guerre, la vallée de la Durance fut un puissant bastion de la résistance. Cette période a été marquée par de nombreux meurtres. Certains relevaient de l'épuration, d'autres étaient des règlements d'anciens comptes. Ce fut une époque où les passions se donnèrent libre cours. Gustave aurait participé à certaines de ces affaires, mais rien ne sera prouvé le concernant. Que des suppositions, des murmures.

Les policiers sont obligés de tenir compte de ce climat. Ils étudient des dossiers dont la plupart sont restés sans réponse. Mais toujours ce silence, cette prudence des témoins, ces visages qui se ferment dès que l'on pose une question. Ceux qui consentent à parler ne vont jamais au bout de leurs confidences. Sébeille n'hésite pas rencontrer d'anciens résistants. Il ressort de ces entretiens que, sous le couvert de la résistance, des bandes se sont constituées, pillant, rançonnant, mettant à sac, assassinant des victimes qui n'avaient qu'un tort : posséder des bijoux ou de l'or.

Divers trésors sont cachés ici ou là : reliques de parachutage qui ont été détournés, livres sterling ou faux billets de banque Français qui ont été imprimés à Londres mais que la banque de France rembourse… Et tout cela attire les convoitises. Les coups de feu, qui réveillent parfois fermiers et villageois, ne sont pas tous destinés à un gibier à poils ou à plumes. De brefs combats ont opposé parfois les chercheurs de trésors à leurs propriétaires.

Personne ne signale ces évènements aux autorités. Nul n'y a intérêt. Les Drummond se sont-ils retrouvés en face d'un ou plusieurs de ces individus à la recherche de fortune et à la détente facile ? L'explication n'est pas invraisemblable. On peut imaginer que Jack Drummond, nullement informé de ce climat particulier, croit avoir en face de lui un bandit qui n'en veut qu'à son argent. C'est la bagarre et le crime.

Personne ne tient à ce que le commissaire aille très loin dans ce champ de mines où se côtoient le meilleur et le pire. De tous côtés, on le dissuade de creuser davantage. Le malaise est réel. A cette époque, les collabos qui ont réussi à passer entre les mailles de la justice relèvent la tête. Et il y a encore une autre raison à la solidarité des gens du pays : ils sont tous plus ou moins ou parents ou amis et se rendent de petits ou grands services par une sorte de troc de leurs compétences mutuelles, aux champs comme au village. Difficile dans ce cas de dire du mal du voisin.

Pourtant, la déclaration d'un témoin, Monsieur Lucien Duc, négociant à La Roche de Rame, intéresse vivement les enquêteurs. La nuit du 04 au 05 août, aux environs de 00h30, accompagné de son frère Georges, il est au volant de son camion lorsqu'il remarque « *une voiture qui était stationnée en dehors de la route* ». Son camion est équipé d'un éclairage classique mais il a fait ajouter un phare longue portée. Il allume ce dernier lorsqu'il aperçoit la Hillman.

Il passe devant le véhicule et, une centaine de mètres plus loin, voit un homme qui a l'air surpris par son arrivée. L'inconnu se plaque alors au garde-à-vous contre un buisson. Le chauffeur a eu le temps de remarquer que l'individu « *était de forte corpulence, avoir une taille de 1m80 et pouvant dépasser les 80 kg* ». Monsieur Duc estime que l'homme aperçut « *pouvait avoir une quarantaine d'années* » ainsi qu'« *une abondante chevelure* » et « *être vêtu d'un pantalon long de couleur foncée, en bras de chemise couleur foncée, nu-tête. »*

A 01h45, Monsieur Conil et son passager ont aperçu une silhouette en mouvement au même endroit. Deux heures plus tard, un autre camionneur, Monsieur Blanc, a remarqué un lit de camp sur le bord de la route et une couverture fixée à la fenêtre de la voiture, observation non dénuée d'intérêt, puisque ces deux objets allaient être retrouvés sur les corps des parents. L'état du campement aurait été modifié durant la nuit ?

Les témoignages apportés par le docteur Morin méritent que l'on s'y attarde un peu. Il est entendu une première fois le 06 août, à son initiative, par un inspecteur de la 9ème brigade mobile de Nice. Il explique que l'année précédente, il est allé camper fin août avec sa femme au bord d'un champ de betteraves près de la Durance. Au matin, il a vu un homme dans le champ qui les observait. Il s'agissait de Gustave Dominici qui leur a proposé de changer d'emplacement, leur disant qu'ils seraient mieux ailleurs. Il les a alors conduits de l'autre côté du petit pont surplombant la voie de chemin de fer où ils sont restés deux ou trois jours. Gustave leur avait dit qu'à la ferme il y avait du lait, du fromage et du vin. Le docteur a été un peu étonné par le comportement de Gustave. A la réflexion, il s'est demandé le but poursuivi par Gustave en le faisant installer près de chez lui. Les quelques francs qu'il a dépensés en achats à la ferme lui paraissait un but bien mince par rapport à l'intérêt particulier qu'il lui a manifesté. Il ajoute que, se trouvant à la Grand-Terre, les Dominici lui ont fait voir des armes. Il n'est pas très précis et parle de fusils, dont un aurait une réparation à la hausse. Le docteur Morin sera réentendu le 17 octobre. A quelques mots près, il reprendra la même audition.

L'après-midi du 07 août est marqué par les obsèques de la famille Drummond qui sera enterrée à Forcalquier. La ville a payé la concession à perpétuité. Les Drummond n'avaient que peu de famille. Personne n'a réclamé les corps ou accepter de payer pour leur transfert. Les cercueils sont disposés dans trois corbillards. C'est au pas lent des chevaux que la famille Anglaise se rend à sa dernière demeure. Les commerçants ont baissé leurs rideaux et les drapeaux sont en berne. L'abattement est général, l'émotion immense. Ces trois Britanniques reposeront à jamais en terre Française, comme tous les soldats Anglais qui y laissèrent leur vie lors des deux conflits mondiaux. Tristesse et recueillement accompagnent Elizabeth qui dormira pour toujours entre ses parents. Sur la dalle de leur tombe, on peut lire :

« Ils étaient aimables et charmants dans la vie, ils ne furent point séparés dans la mort. »

Les enquêteurs reviennent à la Grand-Terre pour entendre à nouveau Gustave. On leur répond qu'il est malade et couché. Sébeille le trouve dans son lit. Il claque des dents. La fièvre sans doute. Gustave tend au policier un certificat médical signé par le docteur Nalin de Forcalquier. Sébeille en est persuadé, le jeune fermier cherche à fuir les questions. Il en sait plus qu'il le prétend, et il craint de ne pas être assez fort pour le cacher.

Avant de quitter la ferme, les forces de l'ordre procèdent à une perquisition, suivis pas à pas par Yvette et Gaston. Pendant une heure, ils fouillent la ferme et les dépendances. Ils montent au deuxième étage et constatent qu'à ce niveau, ils ont une vue dégagée sur les lieux du crime. C'est le seul fruit de cette opération. Aucun objet, aucun document, aucune arme ou munition ne sont découverts.

Mais les policiers n'ont pas pensé à saisir des chaussures dont les traces correspondraient à celles que les gendarmes ont relevées, des vêtements dont les taches pourraient être du sang séché. Lacune ou négligence ? Dans tous les cas, ces oublis ont peut-être influencé de façon définitive le cours de l'enquête.

Il est 00h30 en cette nuit du 07 au 08 août. Deux hommes sont à proximité de la Grand-Terre : Monsieur Léon Espariat, maire de Forcalquier, et le capitaine Albert qui est convaincu qu'une enquête est avant tout l'accumulation de petits faits qui semblent au départ n'avoir aucune importance. Et plusieurs points le chiffonnent.

Dans un premier temps, en circulant dans la cour de la ferme, il remarque que les chiens n'aboient pas. Surprenant, car Gaston a déclaré qu'il avait été réveillé par les aboiements avant que les coups de feu ne soient tirés. Des bruits à cent-soixante-cinq mètres auraient provoqué une réaction que le passage du gendarme dans la cour de la ferme ne suffit pas à reproduire ? Curieux…

Ensuite, Yvette a déclaré au gendarme, au cours d'une conversation, qu'elle avait entendu les coups de feu au moment où, comme chaque nuit, elle nourrissait son enfant. Entre 00h45 et 01h30 aucun mouvement dans la chambre de Gustave et Yvette. Elle ne s'est pas levée pour donner la tétée à son fils Alain. Un bébé de dix mois a-t-il encore besoin de biberon la nuit ? Normalement, dès quatre à six mois, voire dès trois mois pour certains, les nourrissons peuvent passer la nuit sans prendre le sein ou le biberon, car leur rythme de sommeil et de veille est désormais bien établi.

La fenêtre de la chambre des jeunes époux ne s'est pas éclairée et est restée close. A cause d'une température nocturne ne nécessitant pas son ouverture ou tout simplement par un besoin de tranquillité suite aux évènements récents ? Il s'agit d'un point de détail qui ne suffit pas pour bâtir une thèse ou même s'engager sur une piste, mais c'est tout de même troublant.

Un point d'impact est repéré sur le pont, comme une trace d'éclatement de la pierre pouvant provenir d'une balle. Cet impact est-il dû à un tir intervenu durant la nuit du crime ? La balle a-t-elle atteint le pont après avoir traversé le corps d'une des victimes ou bien était-elle destinée à quelqu'un qui s'enfuyait sur le chemin ? C'est un indice précieux.

Devenu le témoin n°1, Gustave arrive le lendemain à la mairie de Peyruis. Sébeille peut se montrer ferme avec lui. Sa santé n'exige aucune précaution : son certificat médical était dû à une certaine complaisance du docteur Nalin. Gustave Dominici est un personnage fruste, mal dégrossi, du muscle mais peu de tête, mais qu'il ne faut pas considérer comme un demeuré. Les enquêteurs savent qu'il leur faudra beaucoup de temps et de patience pour le manœuvrer. Mais ils sont sûrs d'y parvenir.

En attendant l'arrivée de Gustave, Sébeille repense à ce que Faustin Roure lui a déclaré la veille :

« Il est fort possible que je lui ai dit (à Gustave) de jeter un coup d'œil à l'éboulement, mais là, je ne puis être affirmatif. J'avais l'intention d'aller voir moi-même si la micheline pouvait passer. »

Cette réponse assez vague ne permet pas de savoir si Gustave ou d'autres ont pu se rendre à l'éboulement dans la soirée, ou au matin, pour vérifier sa stabilité.

Dès le début de son audition, Gustave répète ses précédentes déclarations. Mais plusieurs points, liés au comportement du jeune fermier, dérangent le commissaire. Non seulement il avait découvert le cadavre de la fillette dans des conditions curieuses après un détour qui ne s'imposait pas, mais auparavant, il est passé près de la voiture sans s'arrêter. Pourtant Gustave a affirmé, deux jours plus tôt au policier, que les coups de feu de la nuit ont entraîné chez lui l'idée d'une agression commise contre les campeurs. Et il passe imperturbable devant le campement, ne cherchant pas à en savoir davantage. Cette absence de curiosité pique le commissaire.

Après que Gustave soit revenu sur la découverte d'Elizabeth, il ajoute que la vue du cadavre l'a complètement bouleversé, qu'il est parti immédiatement en courant sans s'arrêter et sans essayer de découvrir les deux autres personnes. Il n'avait qu'une idée, celle de stopper le premier véhicule qui passerait afin d'alerter la gendarmerie.

« Et ni toi, ni ta femme n'ont entendu de cris avant, pendant ou après les coups de feu ? demande Sébeille.

- Non. Nous n'avons rien entendu.

- Pas de bruits de pas ou de moteur ?

- Rien de tout cela.

- J'ai du mal à comprendre Gustave. Tu as déclaré que vous avez dormi avec la fenêtre ouverte, et tu n'as pas eu la curiosité de te lever pour tenter de voir quelque chose ?

- J'ai pensé que quelqu'un d'autre pouvait être aux abords de la ferme en train de surveiller et qu'il pouvait très bien me tirer dessus.

- Très bien. Et les Anglais ? Ils ne sont pas venus à la Grand-Terre pour demander de l'eau ou l'autorisation de camper ?

- Non. Ils ne sont pas venus à la ferme dans la soirée. »

L'audition a duré quatre heures. Sébeille fait raccompagner Gustave chez lui. Un article dans le Monde, paru le 11 août, ne manquera pas de surprendre le commissaire. Pour la première fois, un membre des Dominici était aux prises avec la police, non plus à la ferme, mais dans un bâtiment officiel. Maître de Moro-Giafferi, président de la Commission de la Justice à l'Assemblée Nationale, protesta auprès du Garde des Sceaux, via un courrier, contre les conditions dans lesquelles Gustave Dominici a été interrogé et qu'il qualifie d'inadmissibles.

Durant la même journée, les gendarmes Romanet et Bouchier rendent visite à Jean-Marie Olivier, 27 ans, à Oraison. Le premier témoin de l'affaire va être enfin auditionné. La déposition de celui-ci fait sursauter les deux gendarmes :

« J'ai vu un homme que je n'ai pas reconnu qui sortait de derrière une voiture immatriculée en Grande-Bretagne et en stationnement sur le bord de la route. »

Le 05 août au matin, après son poste de nuit, il rentre chez lui sur sa moto vers 05h30. Sitôt après le virage, il aperçoit une voiture sur le gravier, mais n'y prête pas attention. Mais en passant à sa hauteur, un homme apparaît brusquement. Il freine aussitôt mais ne stoppe que trente mètres plus loin. Puis comme Gustave lui demande, il va prévenir les gendarmes. Pour Jean-Marie Olivier, si Gustave se trouvait à l'endroit qu'il a indiqué aux policiers, il l'aurait vu dès le tournant, et il n'aurait pas été surpris à sa vue. Mais Gustave a déclaré qu'après la découverte du corps d'Elizabeth, il était reparti en courant, n'avait pas été voir du côté de la Hillman, n'ayant pour seule préoccupation que de faire prévenir la gendarmerie. Logiquement, il a donc remonté le chemin depuis le pont jusqu'à la route nationale pour donner l'alerte.

La petite phrase de Jean-Marie Olivier n'est pas anodine. Si Gustave se trouvait bien derrière la voiture, c'est qu'il avait décidé de s'y rendre, au minimum pour examiner les lieux et s'assurer de la présence des parents de la petite fille. Mais alors, pourquoi l'avoir caché ?

Les gendarmes en rendent compte au capitaine Albert qui envoie une voiture à Oraison pour qu'on ramène le témoin sur les lieux du crime. Il prévient également son commandant de compagnie qui le rejoint sur place vers 10h30.

Les militaires organisent un embryon de reconstitution. La voiture du commandant prend la place de la voiture Hillman et on prête une moto de la gendarmerie à Jean-Marie Olivier pour reconstituer la scène. Ce dernier répète les propos qu'il a tenus devant les gendarmes Romanet et Bouchier. Le jeune homme désigne l'emplacement où se trouvait Gustave puis l'endroit où il s'est arrêté. L'expérience confirme exactement sa déposition.

L'arme découverte est le centre de l'affaire. Elle va parler, Sébeille en est convaincu. Pour lui, le meurtrier est sans nul doute un habitant des environs. L'état de cette carabine et la façon dont elle a été remise en état indiquent qu'elle doit appartenir à quelqu'un de la région. En la présentant un peu partout, les enquêteurs sont persuadés que quelqu'un la reconnaîtra, ce qui permettra l'arrestation du coupable dans la foulée.

Mais c'était mal comprendre les mentalités locales. La réserve paysanne ne s'accommode pas de marchandages. L'instinct de dissimulation et de protection est le plus fort. Les policiers ont beau s'activer, ils ne parviennent pas à découvrir l'indice qui leur ouvrirait la voie vers le coupable.

Sébeille est persuadé qu'il se trouve face à une conspiration du silence. Un climat d'hostilité est manifeste à son égard ainsi qu'à celui de ses hommes. La plupart des habitants se renferment sur eux-mêmes et les réponses aux questions ne sont données qu'avec réticence. Cette affaire, enveloppée d'une atmosphère empoisonnée, ne permet pas aux policiers d'agir avec l'aisance qui aurait été, dans un tel dossier, souhaitable.

La carabine fut montrée à tous les résidents des villages voisins, à d'anciens maquisards ou résistants. Aucun ne reconnut cette arme. Jamais elle n'avait été vue. Pourtant, trois carabines semblables à la Rock-Ola allaient être déposées anonymement quelques temps plus tard à la gendarmerie de Forcalquier.

Le 09 août, Sébeille rend visite à Roger Roche, qui reprend la déclaration qu'il a déjà faite aux gendarmes :

« Environ dix minutes après être sorti dehors, j'ai entendu distinctement des coups de feu provenant de l'autre côté de la Durance. Je me souviens avoir compté quatre détonations assez sèches et, pour cette raison, avoir pensé qu'il ne s'agissait pas d'un fusil de chasse.

- Avez-vous entendu des cris ? interroge Sébeille

- Il m'a semblé, et je crois me rappeler en avoir entendu entre la seconde et la troisième détonation. Je n'ai pas entendu de bruit de moteur de voiture ou de moto. La nuit, on entend très bien les voitures qui passent. »

Monsieur Roche a « *entendu distinctement des coups de feu provenant de l'autre côté de la Durance* », soit à une distance de deux kilomètres de son domicile. Cela tranche avec l'imprécision de Gaston, réveillé par les mêmes détonations à travers la fenêtre ouverte de sa chambre, et séparées de celles-ci par cent-soixante-cinq mètres.

Les enquêteurs écoutent, interrogent bon nombre de témoins, radiesthésistes, mages ou devins. Rien de très passionnant. Les policiers rassemblent les dépositions, les exploitent en les comparant ou en les opposant, tentent de monter le film de cette nuit tragique. Les procès-verbaux s'accumulent. Aucune piste, aucun soupçon ne naissent. Les portes se ferment, les solutions s'écartent.

La presse Française s'empare de l'affaire pour l'ajouter dans la polémique autour de la guerre froide qui sévit alors. Le Figaro et les journaux communistes s'écharpent par articles interposés, le premier supposant possible la culpabilité d'un résistant ayant participé à des exécutions sommaires pendant la libération, les seconds s'indignant de ces accusations et décrivant le journal de droite de « *traitres* ».

Au moindre soupçon, une campagne naît et se développe aussitôt. Sébeille doit progresser sur la pointe des pieds. On l'invite à ne jamais considérer le passé des individus qu'il interroge, à oublier ce qu'ils ont pu faire durant la libération. De tous côtés, on lui demande de la prudence. Qu'il ne fasse rien que l'on puisse tourner comme argument politique. Qu'il n'agisse avec les Dominici qu'avec la plus grande précaution. D'ailleurs, Sébeille n'obtient que des affirmations vagues ou accusations qu'aucun indice n'appuie.

Jean-Pierre Chabrol reprend une hypothèse largement diffusée dans la presse communiste et reprise par d'autres journaux : le meurtre ne serait qu'un épisode de la guerre secrète. Les imaginations se déchainent. Toute une fable est construite : Jack Drummond serait un espion de grande envergure que des agents ennemis ont finalement abattu la nuit du 04 au 05 août 1952, profitant de ce camping improvisé après l'avoir suivi à travers toute la France.

Selon les penchants politiques de chacun, les assassins seraient Américains, Russes ou Allemands. La carrière de Sir Drummond prête il est vrai à la légende, puisqu'il a joué un rôle important dans l'économie de guerre de la Grande-Bretagne. Mais l'alimentation rationnelle n'a pas grand-chose à voir avec l'espionnage. Aucun élément sérieux ne vient étayer cette explication. Le seul indice sur lequel on pourrait construire ce scénario est une photo de Sir Jack avec des officiers Allemands lors d'une mission qu'il effectua aux Pays-Bas à la fin de la guerre pour alimenter des populations en grandes difficultés.

Pourquoi les services Britanniques auraient-ils attendu 1952 pour régler un différend ? Comment savoir que les Drummond allaient s'arrêter là pour passer la nuit ? Et enfin, pourquoi un tueur professionnel aurait-il utilisé une vieille pétoire rafistolée et serait-il resté sur place pour ramasser les douilles ? Les réponses à ces simples questions sont toujours attendues.

Cependant, les policiers ne peuvent s'empêcher de noter que se présentent à la Grand-Terre des visiteurs inattendus : les dirigeants locaux du parti communiste, les conseillers municipaux de Lurs qui tous, plus ou moins, sont attachés à cette formation. Et tout ce petit monde s'enferme dans la cuisine et rien ne filtre de ces entretiens. Les rumeurs les plus folles courent, renforcées par l'attitude du parti communiste local qui conserve une grande affluence dans le secteur.

La Marseillaise, organe du parti communiste, puis l'Humanité, son organe national, apportent leur soutien aux Dominici et critiquent avec agressivité l'enquête conduite par Sébeille en l'accusant de mener campagne contre eux à cause de leurs sympathies politiques ou de chercher des boucs émissaires afin de détourner l'attention des manquements de la police. Cette presse se mit à le surnommer par dérision « Le Maigret de Marseille » ou « Commissaire Tournenrond ».

L'Humanité prend fait et cause pour Gustave : il est « *lavé de tout soupçon* » et sa famille « *jouit d'une excellente réputation* ». Ceci est repris avec insistance, comme si ces journaux voulaient indiquer aux policiers qu'il n'est pas question de toucher aux Dominici : cette famille doit être à l'abri de toute suspicion. Pierre Scize résumera la situation en écrivant que l'Humanité avait « *couvert la Grand-Terre de son bouclier et de son glaive, de sa faucille et de son marteau.* »

Divers articles de cette même presse communiste, pleins de sous-entendus, d'allusions au rôle trouble des Drummond durant la guerre, sont à l'origine de diverses rumeurs. Une des plus répandue étant que Sir Jack serait venu en France pour demander des comptes ou récupérer de l'argent qui avait été parachuté dans le maquis interallié de Ganagobie.

La presse n'hésite pas à employer tous les moyens pour vendre du papier. Dès le 09 août, France-Soir, sous la signature de Jacques Chapus, publie la transcription, annoncée comme telle, du journal intime de la petite Elizabeth Drummond. Il s'agit en réalité d'un récit imaginaire créé par le journaliste où il retrace quelques impressions des derniers jours de l'enfant. Publier dans un grand quotidien un récit mensonger, en le présentant comme authentique, d'une petite fille victime d'une mort brutale, est indigne, pour ne pas dire plus.

Tout au long de l'enquête, les journaux firent leurs manchettes sur les Dominici. La couverture médiatique ne laisse aucun répit aux policiers. L'intrusion déplacée de cette presse est à l'origine de nombreux retards apportés à l'enquête. Dès qu'il s'approche de la Grand-Terre, le commissaire Sébeille est entouré d'une nuée de journalistes. Il ne peut être tenu pour responsable du mur du silence dressé autour de l'affaire. La presse se fait un devoir de rapporter que le meurtrier est protégé par « le code du maquis ». Pourtant, cela ne rend pas pleinement compte de l'opposition acharnée rencontrée par Sébeille dans la communauté locale.

Les journalistes guettent le moindre déplacement des enquêteurs. Il leur faut chaque jour remplir les colonnes de leurs journaux car le grand public se passionne pour ce fait divers. Ils sont comme un boulet que traîne Sébeille tant bien que mal. Il doit parfois employer la force pour les maintenir à distance. L'un d'eux ira jusqu'à s'enfermer dans un placard pour suivre un interrogatoire. C'est leur métier d'être indiscret. Ils sont payés pour ça et le lecteur doit être informé, peu importe la manière.

Un journalisme moderne et rapide est né à Lurs, s'appuyant sur les nouveaux moyens de communication : le bélinographe pour les photos, et surtout le téléphone pour dicter les papiers. Du coup, la mentalité des journalistes changent. Ils se lancent dans la chasse au scoop, aux révélations hasardeuses ou approximatives, méprisant l'exactitude des informations, leur vérification et leur recoupement. Qu'importe, il faut balancer au plus vite un papier pour griller le confrère.

La presse Anglaise se montre elle aussi virulente à l'encontre des enquêteurs, appuyant sur leur impuissance à fournir une piste sérieuse. Certaines de ces critiques ne sont pas dénuées de fondement comme les empreintes de pas sur les lieux du crime non protégées, aucune recherche effectuée sur d'éventuelles empreintes digitales sur la carabine... Les journalistes Britanniques estiment que l'on a accordé trop d'importance aux aspects psychologiques de l'affaire, avançant que les longs rapports psychiatriques ne permettent guère de mieux comprendre les faits. L'une des critiques les plus souvent émises concernent l'absence de coopération entre les polices Française et Anglaise.

Ils s'indignent également de voir apparaître sur les lieux des astrologues et autres voyants. L'un d'eux a quand même rendu un fier service au commissaire en découvrant par hasard la balle qui a ricoché sur le parapet du petit pont en y laissant un impact remarqué par un agent des Ponts et Chaussées. L'extralucide avait tout simplement marché dessus. Elle se trouvait à une centaine de mètre du pont. L'assassin aurait tiré sur l'enfant pour stopper sa fuite et aurait donc manqué sa cible ?

Le contraste entre l'esprit de coopération manifesté par les personnes étrangères de passage dans le secteur et le caractère évasif des réponses des gens du cru était net. On tenta de remédier à cela en offrant des récompenses. Deux journaux, l'un Français (le Samedi Soir), l'autre Anglais (le Sunday Dispatch), offrirent à eux deux un million de francs à qui fournirait des renseignements utiles. Sébeille est convaincu que ces récompenses vont éveiller la cupidité des paysans.

Les enquêteurs furent effectivement assaillis de témoignages venant d'automobilistes qui avaient remarqué quelqu'un ou quelque chose en passant devant les lieux du crime. Reste à savoir qui, même si les regards se font insistants du côté de la Grand-Terre.

Le 12 août, Sébeille auditionne Clovis qui se borne à répéter ce qu'il a constaté le matin du 05 août. C'est lui qui a signalé à Gustave qu'il y avait un autre cadavre, et insiste sur le fait que son frère, selon ses dires, ne s'est pas approché de la voiture. Il n'échappe pas au commissaire que la famille Dominici maintient avec insistance que Gustave, remontant du fossé de la Durance, ne s'est pas approché du véhicule. Pourquoi souligner avec obstination un comportement anormal, contraire à toute logique ? La réaction instinctive est de courir prévenir les parents que leur enfant gît un peu plus loin.

Sébeille lui présente ensuite, de manière officielle, la carabine Rock-Ola. Sans surprise, Clovis affirme qu'il ne connait pas cette arme, qu'elle ne lui appartient pas, et qu'il ne l'a jamais vue dans les mains de quiconque. Cette réaction peut surprendre par rapport à celle qu'il avait eue une semaine plus tôt.

Le lendemain, les auditions se poursuivent pour, entre autres, recueillir les déclarations des membres de la famille Dominici. C'est Gaston qui répond le premier aux questions du gendarme Romanet. Il reprend le propos qu'il a déjà tenu devant Sébeille et confirme avoir entendu quatre coups de feu provenant de la

Durance mais, qu'en raison d'un léger vent sud-nord, il n'avait pu se rendre compte exactement d'où provenaient ces tirs. En revenant sur la découverte du drame, un changement s'opère. Lors de sa première audition, le vieux fermier avait dit qu'il avait été informé par son fils. Maintenant, c'est sa belle-fille Yvette et sa femme Marie qui lui ont appris la nouvelle. Ce n'est pas la même chose, mais le gendarme ne reprend pas Gaston sur ce point particulier.

Gustave succède à son père. Son audition n'amène rien de nouveau, sinon qu'il déclare avoir arrêté Olivier dès qu'il a pu, mais il ajoute qu'il n'était plus à la hauteur du chemin. Il avait parcouru plusieurs mètres en direction de sa maison.

Arrive enfin la première audition d'Yvette Dominici, huit jours après la découverte des corps. Une attente bien longue pour recevoir la version des faits d'une personne présente à la Grand-Terre durant la nuit des crimes et femme de Gustave Dominici, personnage retenant l'attention des enquêteurs.

Le gendarme Romanet s'attend à ce que le récit de la jeune femme ressemble à celui de son mari et de son beau-père. De sa famille, elle a l'entêtement tenace. Il ne faut pas compter sur elle pour baisser les yeux. Pas sotte du tout, ayant le jugement froid et sans bienveillance, comment a-t-elle pu se laisser séduire par Gustave, beaucoup plus fruste ?

C'est sous son influence que Gustave a annoncé à son père que désormais la Grand-Terre serait coupée en deux et que l'on irait jusqu'à faire cuisine à part. Il a fallu à Yvette une certaine obstination pour obtenir ce résultat. Gustave n'osait pas l'imposer à son père qui a finalement cédé. C'était ça ou le départ du couple. Or, le vieux avait besoin de Gustave, les derniers bras capables de garder sa valeur aux terres.

C'est en soupant vers 21h00 qu'elle a appris de la bouche de son mari, que des campeurs étaient au bout de leur vigne avec leur voiture. Elle raconte aussi le passage du side-car vers 23h30. Yvette avance qu'elle fut ensuite réveillée par les mouvements de son enfant. Peu après, elle a entendu claquer cinq ou six coups de feu provenant des environs de la ferme, sans pouvoir dire la distance ni le lieu exact. Elle n'a entendu aucun cri, aucun appel. Personne ne s'est levé. Une demi-heure plus tard environ, elle a fait téter son fils, et le couple s'est rendormi.

Ils se sont levés à 05h30. Gustave est parti pour se rendre compte de l'état de l'éboulement. Il n'a fait aucune allusion aux coups de feu nocturnes et, au bout d'un moment, elle l'a vu revenir en courant. Il lui a fait part de sa découverte de la fillette sur le talus de la Durance, et précise qu'il avait fait prévenir la gendarmerie. Puis Gustave est retourné vers le mûrier pour prendre le signalement de la voiture au cas où elle viendrait à démarrer. A démarrer ? Etonnante idée. A cet instant, les époux semblent n'avoir plus de doute sur la destination des coups de feu de la nuit. Les campeurs étaient bien concernés puisqu'ils jugent bon de surveiller leur voiture.

Le gendarme se pose alors une question : comment les deux époux ont-ils pu de leur lit si bien savoir ce qui se passait ? La déclaration de la jeune femme se répercute avec celle de son mari quelques temps auparavant : la fillette aurait peut-être été tuée par ses parents. Mais sur quels indices se fondent-ils pour imaginer une telle version ? Ont-ils vu les Drummond la veille au soir ? Les parents ont-ils semblé capables d'un tel acte ? Ont-ils assisté à une scène de violences ou de menaces dont la petite fille a été la victime ? Yvette fuit le débat. Elle n'a aucune idée sur le crime. Pour preuve, lorsqu'on lui demande si elle a fait le rapprochement entre les détonations de la nuit et les victimes découvertes au matin, elle se contente de répondre :

« Nous n'avons pas approfondi la chose. »

Elle ne reconnait pas, elle non plus, la carabine lorsqu'on la lui présente.

Il reste à entendre Marie Dominici, 74 ans, épouse de Gaston qu'il a surnommée « La sardine ». Personne ne sait pourquoi son mari l'a affublé de ce surnom. Mariée d'urgence à Gaston pour avoir été mise enceinte par un autre, et sans autre horizon si elle ne trouvait pas un mari que celui de devenir fille-mère avec ce que cela engendrait de terrible à cette époque. Ce fut Gaston l'homme providentiel, à son insu. Sa vie de femme soumise et humiliée démarrait, Gaston ne lui pardonnant jamais cette première paternité dont il n'était pas le géniteur. Il est plutôt bourru avec elle. L'a-t-il souvent menacé ou battu ?

Pourtant, huit enfants allaient suivre. Tous survécurent, ce qui était au début du XXème siècle exceptionnel. Neuf enfants et des travaux champêtres sous tous les temps sur des terres arides et ingrates. Neuf enfants à nourrir au quotidien sans frigo, sans congélateur ni l'hygiène moderne. Elle réussit à faire bouillir la marmite du mieux qu'elle put. Neuf enfants accouchés dans des conditions qui seraient inacceptables aujourd'hui. Neuf enfants élevés et non laissés à eux-mêmes dans la rue, le tout sans allocations familiales. Neuf enfants plus un mari tyrannique, de l'eau à aller chercher à la citerne en toute saison, sans compter le linge à laver à la main. Cette femme, qui a subi les pires outrages, travaillait encore aux champs à plus de 70 ans.

Marie Dominici
Née en 1879

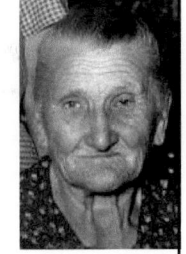

C'est une petite femme avec un visage où les rides sont si nombreuses qu'elles font ressortir deux grands yeux largement ouverts. Elle parle peu, par phrases courtes, mais le plus souvent par « oui » ou « non ». Elle traine en silence sa frêle silhouette à l'intérieur de l'enceinte de la Grand-Terre dont elle ne sort pratiquement jamais.
Pour son mari, c'est une épouse modèle : muette, docile, vêtue de noir ou de couleurs sombres, un fichu sur la tête, perdant à sa toilette le moins de temps possible, ne dépensant rien ou presque pour s'embellir.
(© D. R.)

Elle s'est couchée vers 22h00. Une heure et demie plus tard, elle a « *entendu parler, sans savoir de quoi ou de qui il s'agissait* ». Elle n'a pas entendu de coups de feu tirés au cours de la nuit. Elle n'a également entendu aucun cri ni bruit suspect. Au matin, elle était couchée lorsque Gustave s'est levé pour se rendre à l'éboulement. Elle ne peut donc pas dire par quel chemin il est passé. C'est à 06h00 que son fils l'a informée de la découverte de la petite fille. Tout comme sa belle-fille, elle n'a pas remarqué la famille Drummond.

On peut se demander pourquoi les habitants de la Grand-Terre se donnent tant de mal pour offrir un récit cohérent et unanime des incidents de la nuit tragique.

De son côté, le journaliste Jacques Chapus tente une reconstitution avec une petite fille du même âge qu'Elizabeth. Ils sont à l'endroit exact où était garée l'Hillmann. Devant eux, le chemin rocailleux qui conduit au pont, l'enfoncement de la voie ferrée puis le versant de la Durance. Au top départ du journaliste, la petite fille s'élance, pieds nus, en direction du talus et stoppe sa course à l'endroit où gisait le corps d'Elizabeth. Elle a mis vingt-cinq secondes pour parcourir la distance. Les pieds de la petite fille ne portent aucune écorchure mais seulement des rougeurs. Le but de cette expérience est de connaître le temps que la petite victime a mis pour fuir depuis la voiture jusqu'au talus, et vérifier si elle avait pu se blesser aux pieds.

Il faut néanmoins tenir compte qu'Elizabeth fuyait de nuit et était poussée en avant par la panique. Les chemins de Provence ne sont pas un tapis mousseux. Les pierres et les herbes dures auraient dû abîmer la plante des pieds de la petite Anglaise qui fuyait devant un assassin en pleine nuit, et non de jour sous le regard inoffensif d'un journaliste. La différence est capitale. De plus, les herbes agressives avaient disparu avec le piétinement du sol, tassé et égalisé par de multitudes allées et venues.

Sébeille rejoint Jacques Chapus vers minuit. Les deux hommes restent sur place pendant près de trois heures. Ils constatent dans un premier temps que la circulation est peu dense. Il se peut donc que le meurtrier soit resté assez longtemps sur les lieux du crime, se cachant au moment où des phares balayaient les arbres proches. Dans un second temps, à aucun moment les lumières de la chambre d'Yvette ne s'allument. La nuit du crime est-elle donc la seule où le petit Alain aurait pris une tétée aux environs de 01h00 ? Le 06 août déjà, le capitaine Albert avait fait ce constat. Si le couple ne dormait pas le 05 août, c'était pour une autre raison. Mais laquelle ?

Aucune piste ne permettait de préciser l'identité du propriétaire de l'arme du crime, malgré le fait que le collier qui a permis le « rafistolage » de la carabine présente pour les enquêteurs un intérêt manifeste. Le 22 août, Sébeille rencontre un photograveur nommé Emile Nicolas qui vend, entre autres, des plaques d'identité pour les bicyclettes. Il lui en est présenté une au nom de Gilbert Dominici, fils de Clovis, qui a été prélevée sur son vélo. L'artisan reconnaît bien l'exemplaire qu'il a gravé et se souvient même du jeune homme qui lui avait passé la commande. Néanmoins, il n'a vendu que la plaque, le collier ayant permis la réparation de la carabine ne provient pas de sa marchandise. Le fils de Clovis confirmera avoir acheté la plaque au marché d'Apt, mais il ne reconnaît pas le collier ayant servi à réparer la carabine.

La déposition d'un certain Aristide Panayotou, commerçant d'origine Grecque, ne manque pas d'intéresser le commissaire Constant. Il affirme avoir vu le crime de Lurs. Venant de Grenoble d'où il était parti vers 22h30, il regagnait Marseille lorsque, après avoir dépassé Digne puis un autre village, son véhicule est tombé en panne d'éclairage. Il était selon lui, 01h10. Monsieur Panayotou aurait donc mis plus de 02h30 pour parcourir 110 kilomètres ?

Il s'arrête juste avant un virage et répare rapidement le défaut, puis il s'écarte pour satisfaire un besoin naturel. C'est à ce moment qu'il entend des cris horribles, suivi de coups de feu. Il se cache derrière son véhicule, et aperçoit un homme grand qui traverse la route en titubant et s'effondre sur le talus.

Paniqué, il remonte dans sa voiture et prend la fuite. Un second homme est alors apparu, qui semblait tenir un objet dans sa main gauche, le bras replié à hauteur du manche. Le poing droit était fermé sur quelque chose. L'inconnu s'est penché sur le corps allongé, puis a retraversé la route et a disparu. L'homme était grand, tête nue, pommettes osseuses, cheveux un peu ébouriffés, vêtu de sombre mais pas de veste, un pantalon bâillant à la ceinture.

Le témoin a cru à une bagarre entre clochards. Mais dans ce cas, pourquoi n'être pas intervenu ? Il ajoute s'être arrêté avant un virage. Comment aurait-il pu voir la scène ? De même, il fournit une somme de détails importante pour un homme effrayé par une scène située à une centaine de mètres et éclairée par la lune. Les policiers s'étonnent qu'il ait pu, en pleine nuit, distinguer les traits d'un visage, car au contraire de Monsieur Duc, ses phares étaient éteints puisqu'il venait de tomber en panne d'éclairage. Grâce à cet incident, le meurtrier ne l'a pas vu. Mais comment le commerçant a-t-il eu, de son côté, une vision aussi précise de la scène ?

Constant le soumet à un interrogatoire intense. Il le met face à ces contradictions. Peu à peu, Panayotou se trouble, bafouille. Constant a demandé à un psychiatre, le professeur Olivier, d'assister à une partie de l'interrogatoire. Pour ce dernier, Panayotou est un imposteur qui ne jouit pas de toutes ses facultés.

La semaine suivante, Panayotou est prié d'accompagner les policiers. Une contradiction de taille surprend les enquêteurs : le commerçant déclare maintenant que la nuit du 04 au 05 août, il allait de Marseille à Grenoble ! Il était à 23h00 dans un bar à Marseille lorsque brusquement, sans véritable motif, il décide de partir pour Grenoble. Il ne prévient personne, ni sa femme, ni son associé. Il dit avoir reçu une lettre d'une vieille amie qui habite dans l'Isère. Quand ? Au mois de juin. Et c'est le 04 août, en pleine nuit, qu'il prend la route ? Totalement incohérent !

Sébeille reste perplexe. Le commerçant est-il le type même du faux témoin ? Mais quel est son intérêt du moment qu'il n'a rien à gagner dans l'affaire ? Pour le commissaire principal Constant, ce témoin n'est qu'un fabulateur, estimant que trop de temps a été perdu à étudier le cas de ce fantaisiste.

III. ELIZABETH ÉTAIT ENCORE EN VIE

Paul Maillet
Né le 15 mai 1913 à Brunet

Petit homme sec, nerveux, aux yeux profondément enfoncés et surmontés de sourcils épais, il vit dans une ferme, la Maréchale, petite métairie entourée de champs située au pied du village de Lurs, face à la Durance. Paul Maillet l'exploite mais, comme le revenu en est faible, il travaille également comme poseur de voies dans la brigade de Faustin Roure. Pendant la seconde guerre mondiale, il a dirigé la section des parachutages du maquis communiste local. Ce dernier a joué un rôle important dans la région, et sa cellule est basée à la gare de Lurs. Maillet en est le secrétaire. (© Capture d'écran document INA)

Les policiers observent de près Paul Maillet qui se rend fréquemment à la Grand-Terre. Il a pour collègue de travail Clovis Dominici, et est en excellents termes avec toute la famille. D'ailleurs, il chasse avec Gustave et se rendent mutuellement les heures qu'ils passent chez l'un et chez l'autre à l'époque des moissons et des vendanges. Ils estiment même que le cheminot a pu être présent à la ferme aussi bien pour la célébration de l'arrosage que lors des consultations familiales qui suivirent les meurtres. Fait plus intéressant encore, les enquêteurs apprennent de la femme d'un paysan voisin que Maillet possède une carabine semblable à l'arme du crime. Sa ferme est située à un kilomètre et demi des lieux des meurtres et Sébeille, en accord avec le procureur et le juge Périès, décide d'une descente chez lui. Le prétexte est de rechercher si Paul Maillet ne détient pas des cartouches de carabine pouvant servir à la Rock-Ola.

Tout est fouillé : cellier, hangar, cave. Des trous sont creusés dans le jardin. Les résultats de la perquisition du 29 août 1952 sont décevants. On ne découvre aucun indice directement lié aux meurtres. Seulement deux mitraillettes Sten démontées dans une cuisinière. « *Souvenirs du Maquis* » selon Maillet. Le commissaire incline à le croire, mais en tout état de cause, la détention illicite d'armes permet au policier de disposer d'un moyen de pression efficace.

La carabine est présentée aux ainés des enfants. Aucun d'entre eux ne la connait ni ne l'a vue. De plus, parmi les cartouches saisies, aucune ne colle avec le calibre assez spécial de la Rock-Ola. Mis à part son goût un peu trop prononcé pour toutes les formes de chasse, même illégales, le cheminot vit en paix avec sa femme et ses quatre enfants. Il consacre de longues heures à l'animation de la cellule communiste locale. Il a du bon sens et de la mesure. Ce n'est ni un excité ni même un passionné.

Peu après midi, Paul Maillet est conduit à Forcalquier pour y subir un interrogatoire. Sa femme et ses enfants le rejoignent. Les époux sont interrogés jusqu'à la tombée de la nuit. Avant de libérer toute la famille, Sébeille souffle à Paul Maillet qu'il serait souhaitable, et fort aimable de sa part, qu'il les aide. Ainsi, toutes les infractions découvertes chez lui, qui pourraient lui coûter très chères avec en plus une mauvaise publicité pour le parti, seront mises sous le coude pour le moment. Devant tant de sympathie, Maillet accepte d'aider la police. Il est bon maintenant de laisser

Paul Maillet transpirer sous l'épée suspendue au-dessus de sa tête. Il bénéficie d'une indulgence provisoire.

Au début du mois de septembre 1952, le résultat des investigations permettent d'éliminer plusieurs hypothèses sur le mobile des meurtres : espionnage, méprise, vengeance, sadisme. Il ne reste donc que celle du crime occasionnel ou crapuleux ayant le vol pour mobile. Dans les deux cas, il a été commis par quelqu'un qui tenait absolument à supprimer tous les témoins susceptibles de le confondre. Donc, l'auteur ne pouvait être que des environs et avait peut-être été déjà vu par l'une ou l'autre des victimes.

Le 03 septembre vers 07h00, dans la cour de la Grand-Terre, Gustave est prié par les policiers de les suivre, direction la gendarmerie de Forcalquier. Dans le bureau du capitaine Albert, trois hommes sont déjà installés : le commissaire Constant, Monsieur Mével, sous-chef du SRPJ de Marseille et le commissaire Sébeille. Gustave sent que cet interrogatoire ne ressemblera pas aux autres.

Il débute avec la confrontation avec Jean-Marie Olivier. Ce dernier reprend son témoignage à la demande des enquêteurs. Il n'en varie pas un mot. Gustave a jailli « *devant le capot, passer devant celui-ci et lui faire signe de stopper* ».

« Il se trompe » déclare simplement Gustave.

Jean-Marie Olivier est libéré. Gustave le regarde partir, silencieux.

Une grêle de questions s'abat alors sur lui. Fixant le sol, Gustave ne bronche pas. Depuis combien de temps était-il sur les lieux du crime ? Qu'y faisait-il ? Cherchait-il quelque chose ? Des douilles par exemple ? Gustave reste impassible. Sous les coups de boutoir des enquêteurs, il répond d'un mot, parfois même pas du tout.

Sébeille demande de nouveau à Gustave de raconter ce qu'il a fait lorsqu'il a découvert la fillette. Gustave, à regret, refait son récit.

« A quel endroit te trouvais-tu au moment où tu as arrêté Olivier ?

- Au bout du sentier, soupire Gustave.
- Pas devant l'Hillmann ?
- Non.
- Et les cris ?
- Je n'ai rien entendu. »

Le commissaire lit la déposition de Panayotou, revient sur les précisions fournies par le commerçant, la description du meurtrier. Gustave se trouble, s'insurge, marmonne, mais ne lâche pas. Il ne connait pas l'arme, et il n'en dira pas plus que ce qu'il a déjà dit.

« Très bien, alors peux-tu m'expliquer comment as-tu pu te rendre compte que l'enfant était morte ?

- Elle avait du sang sur le visage.
- C'est un fait, mais on peut saigner de la tête et être vivant.
- Oui, mais elle était morte.
- Comment tu l'as constaté ? »

La question reste sans réponse.

Vers 13h00, l'interrogatoire est interrompu afin que chacun puisse se restaurer. Gustave reste à la gendarmerie pour manger. A 14h00, arrivent Monsieur Barth et sa fille, Yvette. Les deux sont plutôt vindicatifs. Nullement impressionnés par les réclamations du beau-père et de l'épouse de Gustave, les policiers vont justement profiter de la présence de la jeune femme pour lui poser quelques questions. Son interrogatoire ne donnera rien.

Celui de Gustave reprend. Il est harcelé de questions. A mesure que les heures passent, le jeune fermier donne des signes d'impatience. Il bouge sans cesse, agite ses mains, frotte ses pieds contre le plancher. Les policiers s'en aperçoivent et appuient leurs coups.

Aux environs de 18h00, Gustave craque. D'une voix lasse, il reconnaît qu'il a menti. Il n'a pas suivi le sentier jusqu'à la route. Il a bifurqué et est arrivé entre le capot et le fossé d'arrosage après être passé entre le mûrier et un coussin qui gisait sur le sol. Il a aperçu un lit de camp sur le côté gauche de la voiture et des couvertures dessus. De l'autre côté de la route se trouvait un autre lit de camp, les pieds en l'air. Pourtant, il refuse de donner raison à Jean-Marie Olivier : lorsqu'il lui a fait signe, il était à quelques mètres de l'Hillmann.

« Pourquoi tu nous as caché tout ça ?

- On ne pense pas à tout.

- Mais comment se fait-il, qu'après avoir aperçu les lits de camp et le cadavre de la fillette, tu n'as pas pensé à avertir les parents ?

- Je vous l'ai déjà dit, j'ai pensé que ça pouvait être eux les assassins. A hauteur du campement, j'ai quand même demandé s'il y avait quelqu'un. Personne n'a répondu à mes appels. J'ai donc arrêté Olivier sur sa moto.

- Mais le désordre qui régnait Gustave ! Et le lit de camp renversé ! Et ce tableau d'abandon des lieux ! En admettant même que tu n'aies pas vu les cadavres, cela ne t'a pas frappé ?

- Ma foi !

- Pourtant, la veille, tu as dû les voir les Drummond ?

- Oui, mais je leur ai rien dit.

- Tu leur as rien dit, mais la nuit, en entendant les coups de feu et les cris...

- Je n'ai pas entendu de cris, coupe Gustave. »

Sébeille tend alors une lettre anonyme à Gustave qui en prend connaissance. Elle contient des termes l'accusant qu'entre 23h30 et minuit, le jour du crime, il était dehors avec un autre individu.

« Alors Gustave, demande le commissaire, qu'est-ce que tu en penses ?

- C'est pas vrai ! Je me suis couché à dix heures ce soir-là. Et il n'est venu personne à la ferme. »

Le policier n'insiste pas. Il lui transmet un autre courrier où l'auteur décrit l'assassin : grand, mince, frisé, tête nue.

« Ressemblant non ? remarque Sébeille. »

Pas de réponse. Gustave demeure impénétrable.

« Voyons, tu nous as dit que tu ne t'étais pas levé parce que tu avais peur...

- Oui !

- Bon ! Mais tu nous as dit aussi que la fenêtre de ta chambre était ouverte.

- Oui !

- Elle donne pourtant sur le toit d'un petit hangar qu'il est facile d'escalader...

- Oui !

- Et tu n'as pas eu peur qu'on escalade ce hangar ?

- J'ai eu peur de me lever... Je craignais qu'on me voie !

- Dans l'ombre, on ne pouvait pas te voir ! »

Gustave est à bout. Son assurance a disparu. Il est inquiet. Il hausse des épaules, ses réponses deviennent évasives. Il redoute la suite et craint de se trahir. Il n'a donc pas tout dit. Il explique ses mensonges par d'autres mensonges, se noyant de plus en plus, révélant ainsi qu'il sait tout, qu'il connaît l'assassin, qu'il l'a probablement vu, mais qu'il ne veut rien dire. Pourtant, son affolement transparaît. Il tente de se reprendre mais enchaine énormité sur énormité. Il bégaie. Il ne va pas tarder à craquer, les policiers en sont persuadés.

Le téléphone sonne. Il est 22h30. L'audition est suspendue sur avis du procureur général de la République, Monsieur Orsatelli. On conseille à Sébeille d'arrêter cet interrogatoire inhumain qui se prolongeait trop. Il faut respecter le repos de cet homme qui sait mais ne veut rien dire. Gustave Dominici a le droit de dormir en paix. Il sera gardé à vue et son interrogatoire ne reprendra que le lendemain à 08h45.

Comment ne pas penser à cet instant que la justice a laissé passer sa chance ? La vérité allait éclater au moment où Gustave, n'ayant personne proche de lui pour le soutenir, vacillait sous les questions des policiers. L'interrogatoire interrompu, ce 03 septembre 1952, reste pour beaucoup l'erreur de l'affaire. Le procureur Orsatelli a agi par souci d'épargner à la justice des critiques qui, depuis quelques temps, ont pris un tour assez virulent. Sébeille, déconfit, ne peut que s'incliner et obéir. Sans cette intervention absurde, le "mystère de Lurs" eût été élucidé au bout d'un mois d'enquête. Les éventuelles confidences de Gustave lui furent rentrées dans la gorge.

On sut plus tard que Maître Moro-Gafferi, président de la Commission de la Justice à l'Assemblée Nationale, était intervenu de Paris auprès du procureur général. Comment et pourquoi ? Gaston sentit tout le danger de cet interrogatoire. Aussi, sous le prétexte de protéger Gustave de prétendues brutalités policières, il s'empressa d'alerter le père Lorenzi au monastère de Ganagobie. Pensant que Dominici était corse, le religieux n'hésita pas, pour lui rendre service, à téléphoner à Moro-Gafferi qui était natif de son village. Lorenzi, Moro-Gafferi, Orsatelli, Dominici, la solidarité Corse se mettait en place... Tout au moins le croyait-on.

Ce fut un beau tollé lorsque, par la suite, ces messieurs apprirent que Gaston Dominici était en réalité d'origine Génoise ! Les Corses n'oublient pas les luttes de leur patrie contre la citadelle méditerranéenne jusqu'au moment où elle céda ses droits à la France en 1768. L'intervention n'a pas sauvé l'un des leurs, mais un descendant de cette république détestée.

Tous les efforts de Sébeille furent réduits à néant. Si cet homme mérite quelques critiques, il ne faut pas oublier qu'il avait, au cours des premiers jours de l'enquête, accumulé des charges assez lourdes contre Gustave, et que cette intervention de hauts magistrats était pour le moins maladroite.

Le lendemain, Gustave a retrouvé des forces et il ne lâchera plus rien. A 11h40, il est de retour à la Grand-Terre. Au final, cet interrogatoire a été décevant, et surtout épuisant. Certes, il a été prouvé que Gustave mentait. Et après ? Sébeille reste persuadé que la solution de l'énigme se trouve à la Grand-Terre. Mais qui est coupable ? Gustave ou Gaston ? Ou les deux ? Le commissaire penche pour le vieillard. Il voit en lui un être brutal et égoïste. Mais pourquoi se serait-il livré à un tel massacre ? La remise de l'éclat de bois trouble aussi le policier. S'il est coupable, pourquoi le vieil homme aurait-il remis aux gendarmes une pièce à conviction essentielle puisqu'elle prouve que l'enfant a été assommée à l'aide de la carabine ? Et puis Clovis tombant à genoux sur la voie ferrée à la vue de l'arme ? Et Gustave, les traits tirés à la gendarmerie de Forcalquier, prêt à cracher la vérité ? Le policier a-t-il manqué le coche à plusieurs reprises ?

L'élément le plus déterminant reste cependant la découverte de l'arme des crimes, ce qui restreint le champ des recherches. Tout indique que cette carabine a bien été la propriété d'une personne de la région de Lurs, et la déclaration du graveur ambulant, Joseph Chauve, va en apporter la confirmation. Ce dernier déclare au commissaire principal Constant que la bride, munie de la vis et de son écrou qui a servi à réparer grossièrement la carabine, a certainement été vendue par lui en 1952. Néanmoins, il lui est impossible de dire à qui car il ne garde pas les noms de ses clients. Il se contente de les graver sur la plaque.

Mais pourquoi la bague servant à inscrire l'identité du propriétaire qui garnit le canon de la carabine est vierge ? Tout simplement parce que les clients les emportent telle quelle. A son avis, elle a été achetée récemment car elle n'est pas oxydée. Il se peut que l'acheteur l'ait gardé dans son portefeuille avant de l'utiliser pour la réparation de l'arme. La vis qui l'accompagne indique qu'on la destinait à un vélomoteur.

Constant passe alors l'arme au microscope. D'où proviennent les éraflures et les encoches ? Il pose la question à deux de ses amis : un ébéniste, Monsieur Vernucci, et un tonnelier, Monsieur Granier. Selon eux, les éraflures proviennent d'un frottement contre le cadre d'une bicyclette par exemple. L'excavation réalisée sur le fût du canon a pu être pratiquée pour permettre l'arrimage de l'arme sur le cadre d'un vélo : la tête de vis du dérailleur vient se loger dans le trou. Mais il faut aussi supposer, pour que les distances soient respectées, que le levier du dérailleur de la bicyclette en question soit tordu. Des centaines de vélos furent examinés. Aucun ne correspondra à cette description.

Neveu de Gustave, Roger Perrin a une passion pour les armes et la chasse. Le commissaire Constant décide de l'interroger le 23 septembre, mais que sur son alibi. L'adolescent a passé la nuit du 04 au 05 août dans l'ancienne ferme de ses parents, la Serre, à trois kilomètres de la Grand-Terre. Il était seul car ses parents, Germaine et Roger Perrin, étaient allés s'installer dans une nouvelle exploitation près de Saint-Auban, la Cassine. Il s'est couché à 22h30 et n'est pas sorti jusqu'au matin. Il a appris le crime par Faustin Roure, le brigadier-chef des chemins de fer.

Tout s'accélère le 15 octobre 1952. Paul Maillet fournit un l'élément essentiel aux enquêteurs. Elizabeth Drummond était encore vivante quand Gustave Dominici l'a trouvée !

« ... Alors qu'il venait de franchir le pont et qu'il regardait l'importance de l'éboulement, il avait eu son attention attirée par des râles. Il s'est avancé et c'est alors qu'il a aperçu le corps de la fillette. Le bras gauche de l'enfant étendue à terre bougeait légèrement. Elle gémissait doucement, et un râle sortait de gorge, comme des « ron-ron » ».

Maillet a recueilli ses informations de la bouche de Gustave Dominici, peu après le drame, en présence de Clovis. Le commissaire Sébeille a toujours été intrigué par le trajet suivi par Gustave, découvrant « par hasard » le cadavre. Si, contrairement à ses dires, il a entendu le râle d'agonie de la fillette, son détour devient plus plausible.

Maillet, comme tant d'autres témoins, donne l'impression d'en savoir beaucoup plus qu'il ne veut bien le dire. Ses révélations éclairent l'affaire d'un jour nouveau. Plusieurs témoins ont confirmé avoir entendu des coups de feu entre 01h00 et 01h30 du matin, et l'on a toujours estimé que les coups mortels portés à Elizabeth l'ont été au même moment. Les opinions des médecins diffèrent quant au laps de temps durant lequel l'enfant a pu survivre après avoir reçu ses terribles blessures, mais aucun ne suppose que cette durée ait pu dépasser une heure. En conséquence, l'hypothèse de travail des policiers a été que la mort n'a pu se produire après 02h30 du matin.

Les propos de Maillet placent les enquêteurs devant deux possibilités : Gustave a découvert la fillette beaucoup plus tôt qu'il ne l'a dit, ou Elizabeth a été laissée pour morte avant de recevoir le coup de grâce plusieurs heures plus tard. Il est aussi possible que Gustave ait trouvé la petite fille à demi vivante après la première agression.

Le commissaire Constant a beaucoup de questions à poser à Gustave. Il ne lui laisse pas un moment de répit, l'accablant de questions sèches et brèves, stigmatisant son attitude, lui laissant apparaître sous chaque mot ses encombrantes contradictions :

« Vous me dites que la petite était morte. Vous l'avez touchée ?

- Non.

- Et si elle avait été seulement évanouie ? Vous n'avez pas pensé à appeler les parents au secours ?

- J'ai pensé que c'était les parents qui l'avaient tuée, et après qu'ils s'étaient sauvés…

- Mais que faisiez-vous autour du campement ?

- Je suis resté pour garder la voiture et les objets qui étaient là.

- Vous dites à Olivier : « il y a un cadavre là-bas, préviens la gendarmerie d'Oraison ou de Forcalquier ». Puisque la fillette avait encore un reste de vie, étant donné qu'elle râlait, comment avez-vous pu dire à Olivier qu'il y avait un cadavre ?

- Je n'ai pas fait attention…

- Pourquoi n'avez-vous pas demandé à Olivier d'aller prévenir un docteur ?

- Je croyais faire mon devoir en appelant la police.

- Qu'avez-vous fait par la suite ?

- Je me suis précipité vers mon domicile où j'ai vu ma mère dans la cour. Yvette est sortie de la cuisine presque aussitôt. Je leur révèle la découverte de l'enfant. Pour moi, elle est à la dernière extrémité. J'ai entendu qu'elle râlait. Elles m'ont demandé, il me semble, comment j'avais pu le voir. Je le leur ai expliqué, en ajoutant que j'avais prévenu la police.

- C'est tout ? Je suis très étonné que ces deux femmes ne vous aient pas posé des questions plus nombreuses et, par exemple, qu'elles ne vous aient pas demandé si vous aviez vu les parents de la fillette. Est-ce qu'elles ne se sont pas proposées pour aller donner des soins à l'enfant ?

- Non, elles ne m'ont rien dit de semblable. Ma femme était déjà enceinte à ce moment-là, et ma mère est très sensible. »

Et Clovis dans tout ça ? Il reconnaît que Gustave lui a confié, dès le matin, avoir entendu « *de faibles gémissements* » avant d'aller ensuite sur place en compagnie de Boyer. Il confirme également avoir été présent quand Gustave a fait cette confidence à Maillet, le même jour à midi.

« Pourquoi n'avoir jamais parlé de cela ?

- On ne m'avait jamais posé la question. »

L'audition se poursuit et Gustave ne donne aucun signe de faiblesse. Le commissaire suspend l'interrogatoire et place Gustave, à son grand désarroi, en garde à vue.

Le lendemain, Gustave maintient avoir découvert la fillette vers 05h30, encore vivante. Il confirme avoir entendu les coups de feu vers 01h10. Il n'est pas sorti de la nuit.

« Pourquoi ne pas avoir dit plus tôt qu'Elizabeth n'était pas morte au moment de sa découverte ?

- Parce que j'avais peur d'être embêté.

- Si, comme vous le prétendez, vous ne vous êtes pas approché du corps pour ne pas avoir d'ennuis, c'est donc que vous saviez déjà que ce n'était pas un accident, mais un crime ?

- Non, je ne savais pas. »

Alors s'il pouvait penser que c'était un accident, pourquoi n'avoir pas porté secours à l'enfant ? Le raisonnement est de nature à embarrasser toute personne empreinte d'une certaine logique. Mais pas Gustave qui garde un silence prudent et un regard buté.

« Et pourquoi n'avoir pas prévenu les parents ?

- Je n'y ai pas pensé.

- Et après avoir arrêté Olivier, vous n'êtes pas retourné vers la fillette pour voir si elle avait besoin de vous ?

- J'ai eu peur.

- Mais de qui, de quoi ?

- D'avoir des ennuis avec la police. Je ne me suis pas approché à plus de six mètres. »

Les questions des policiers glissent sur l'épaisse carapace de Gustave, ne soulevant en lui aucun remords ni aucun regret.

Au même moment, Sébeille et son équipe envahissent la Grand-Terre. Yvette est interrogée dans sa cuisine. Le policier l'informe de l'aveu de Gustave. La jeune femme se refuse d'abord à le croire, puis devant les précisions fournies, cède : elle savait, elle aussi. Oui, elle savait que le bras de la petite remuait encore, mais elle ne râlait pas. Pourquoi le nier puisque Gustave lui-même le reconnait ? Mère de famille, une enfant souffrait à quelques pas de chez elle et elle n'a rien tenté pour l'aider. Mais elle ne semble pas plus gênée que son mari. Sébeille n'en apprendra pas plus.

Le policier s'attaque alors à Gaston qu'il interroge dans sa chambre. Il ne sait pas que sa femme a, tout comme Yvette, reconnu les faits. Moitié en Provençal, moitié en Français, il s'indigne ou pleure sur les siens. Il assure qu'il était le seul à la ferme à ne rien savoir. Il rappelle que c'est lui, de sa propre initiative, qui a couvert le corps de l'enfant. Encore lui qui a remis l'esquille de bois. Si quelqu'un doit être sans reproches, c'est bien lui.

Cependant, Sébeille lui fait remarquer qu'il se contredit. Sans se démonter, le vieux remet les choses au point. Yvette lui a dit :

« *il y a eu un crime* ». Il est allé sur les lieux et ce sont les gendarmes qui lui ont précisé qu'au bout du sentier gisait le cadavre d'une enfant. Quant au conseil donné par Clovis à Gustave de se taire, il n'en a eu connaissance que ce matin même. Et il en est encore tout indigné. Malgré tout, Sébeille garde son premier sentiment : si la Sardine était au courant, Gaston l'était aussi. Il note même un petit écart : maintenant c'est le matin que Gaston aurait découvert l'éclat de bois, alors que dans sa première déclaration, cet évènement datait de l'après-midi.

Autre constatation capitale, le témoignage de Jean-Marie Olivier établit que Gustave Dominici a menti sur la désignation exacte de l'emplacement où il se trouvait lorsqu'il lui a fait signe de stopper. Olivier, qui maintient toujours ses déclarations, affirme que Gustave Dominici a surgi devant le capot de la voiture Hillman. Le jeune fermier, au contraire, a prétendu déboucher du sentier et avoir aperçu le motocycliste dès qu'il eut franchi le virage. La contradiction est d'importance.

Selon les médecins légistes ayant pratiqué l'autopsie sur la fillette, elle n'a pu survivre plus d'une heure à ses blessures. Elle serait morte vers 02h30 au plus tard. Au moment où Gustave a découvert la fillette, celle-ci était encore en vie. Ses déclarations précédentes étaient donc mensongères. Gustave est inculpé de non-assistance à personne en danger.

Il n'a plus la même assurance. Mal rasé, les traits contractés, les yeux vides, il se laisse emmener, menottes aux poignets. Les policiers sont sans doute déçus de n'avoir pas immédiatement mis la main sur le meurtrier, mais ils ont désormais la certitude que ces révélations constituent un formidable bond en avant.

Si on admet que le tueur est resté près du lieu des meurtres pendant plusieurs heures avant de tuer la petite fille, cela revient à éliminer l'hypothèse selon laquelle les Drummond ont été victimes d'un voleur surpris dans ses agissements ou celle d'une rocambolesque affaire d'espionnage. Par contre, cela crédibilise la thèse d'un triple meurtre commis par un individu vivant dans les environs.

Ces rebondissements font apparaître l'ampleur de la conspiration de la famille Dominici. La femme et la mère de Gustave étaient également au courant de l'état de la fillette lorsqu'elle fut trouvée par Gustave. Elles peuvent bien prétendre avoir gardé le silence pour empêcher que la famille ait des ennuis, mais les policiers sont en droit de se demander quels sont ces gens capables de laisser mourir une petite fille sans même chercher à faire appel à un médecin ou d'essayer de lui dispenser les premiers soins.

Gustave est à la prison de Saint-Pierre. On lui a refusé la liberté provisoire. Ses avocats, Maîtres Emile Pollak et Pierre Charrier ont demandé le bénéfice de cette mesure. Le juge Périès a accepté, mais le procureur Sabatier a fait appel. La chambre des mises en accusation d'Aix-en-Provence a tranché : Gustave ne retrouvera pas encore le chemin de la ferme. Il a trop menti.

Mais Gustave n'est pas oublié. Il reçoit quelques visites, et notamment de Sébeille. Un point l'intrigue : un éboulement, ça se surveille à heures régulières. Se peut-il que dans la nuit du 04 au 05 août Gustave ne soit pas sorti entre 22h00 et 05h30 ? A-t-il pu dormir paisiblement avec cette menace suspendue au-dessus de sa tête ? Gustave maintient qu'il avait prévenu Faustin Roure, et que ce dernier lui avait dit de dormir tranquille, qu'il passerait lui-même le lendemain matin. Il lui a juste demandé de jeter un coup d'œil à son lever.

Le procès de Gustave Dominici s'ouvre le 13 novembre 1952 au tribunal correctionnel de Digne. La petite salle d'audience est pleine à craquer. Le président Builly insiste immédiatement sur le fait que l'objet de ce procès est uniquement d'établir si Gustave Dominici s'est ou non rendu coupable de non-assistance à personne en danger. Aucun témoin ne doit être appelé à la barre, on n'évoquera pas les meurtres eux-mêmes, ni même les aspects moraux du comportement de l'inculpé.

Gustave Dominici pénètre dans le prétoire peu après 09h00, vêtu d'une canadienne et d'un gilet rouge, les pieds chaussés de sandales. Il est parfaitement maitre de lui, et répète d'un ton plein d'indifférence un récit désormais familier. L'avocat général déclare qu'il y a longtemps qu'un tribunal n'a pas eu à traiter une affaire marquée par une telle absence d'humanité. Gustave reçoit cependant le ferme soutien de bon nombre de ses concitoyens, membres comme lui du maquis pendant la guerre. Les anciens résistants sont très attachés à la notion d'entre-aide.

Les questions du juge permettent d'établir que, lorsque Gustave a vu la petite Drummond, la fillette était allongée, le bras gauche agité de légers mouvements. Gustave se laisse passivement reprocher son attitude. On lui demande s'il reconnait au moins son erreur. Vague haussement d'épaules difficile à interpréter.

La défense s'empresse de souligner la thèse médicale selon laquelle Elizabeth Drummond n'aurait pas pu survivre à ses blessures. L'avocat s'appuie sur les conclusions du Docteur Jouve qui affirme qu' « *aucune assistance médicale technique ne pouvait être portée à la jeune Elizabeth. Humainement, rien ne pouvait être tenté pour la sauver.* »

Il en découle pour ses défenseurs que, même si Gustave était intervenu, Elizabeth Drummond serait morte. Si ce rapport atténue grandement la responsabilité du fils Dominici, il ne supprime pas la série de mensonges qui a précédé ses aveux. Mais à l'évocation du fait que Gustave Dominici ait pu être à côté de la petite fille avant sa mort et n'ait rien tenté pour lui porter secours, plusieurs spectateurs hochent silencieusement la tête.

En dépit de ces révélations, les policiers ne disposent pas d'éléments permettant de s'opposer à la version des événements fournis par Gustave. Ce dernier se présente en homme effrayé qui n'a pas voulu s'attirer des ennuis avec la police. En racontant comment il a trouvé la petite Anglaise, il a rappelé dans un murmure qu'il croyait que toute aide était inutile, et qu'il avait peur. Maître Pollak, accompagné de Maître Charrier, déclare que ce procès est un alibi pour la police qui veut masquer son échec total. Il ajoute que le criminel est encore en liberté, mais qu'il faut un bouc émissaire. On a choisi Gustave pour tenir ce rôle.

Après cinquante minutes de délibéré, la cour décide de renvoyer le verdict à huitaine. Gustave est maintenu en détention. Le 20 novembre, il est finalement déclaré coupable et condamné à deux mois de prison, peine légèrement plus lourde que celle à laquelle on s'attendait, sans toutefois être très sévère. L'inculpé a déjà purgé la moitié de sa peine en détention préventive.

La famille Dominici décide néanmoins de faire appel de cette décision. Un nouveau procès doit s'ouvrir le 15 décembre 1952 à Aix-en-Provence. A cette date, Gustave a déjà purgé sa peine. Il est en liberté quand, à la veille de Noël, le jugement initial est maintenu. Les considérations mentionnent qu'il y eût de sa part abstention tardive et voulue de porter secours à Elizabeth Drummond.

Il rentre à la Grand-Terre en héros, accueilli par une famille qui a toutes les raisons d'apprécier pleinement les festivités de fin d'année. Les journalistes continuent de s'agiter autour de la ferme pendant quelques jours, avant de repartir quand il devient évident qu'il n'y aura plus de nouveaux rebondissements pour le moment.

DEUXIÈME PARTIE

LE MUR DU SILENCE SE FISSURE

I. NOUVELLES RÉVÉLATIONS

Le commissaire Sébeille sait que l'affaire n'est pas achevée et qu'elle sera longue. Gustave a menti aux enquêteurs et continue à leur mentir. Le policier est persuadé que les Dominici en savent bien plus qu'ils ne le disent. Il lui faut trouver un moyen de les faire parler. Il lui paraît évident que c'est l'un ou plusieurs de ses membres qui sont responsables de cette tuerie ou, a minima, que ceux-ci en connaissent l'auteur.

Des tensions se font sentir au sein du cercle des Dominici et de leurs proches. Paul Maillet est tenu à l'écart, et en janvier 1953, il est exclu de la section locale du parti communiste. Les raisons officielles sont la découverte d'armes à son domicile, son rôle dans l'accusation de Gustave, et surtout l'image néfaste du parti véhiculée par l'un de ses membres.

Le 24 de ce même mois, les gendarmes rendent compte au commissaire, par un procès-verbal, d'un entretien qu'ils ont eu avec Paul Maillet. Au début du mois de septembre 1952, se rendant un soir à la ferme de la Grand-Terre pour acheter des pommes de terre, et alors qu'il se trouvait seul avec Gustave, ce dernier lui aurait dit en Provençal :

« Mon Dieu, si tu avais vu, si tu avais entendu ces cris d'horreur, je ne savais plus où me mettre. »

Depuis la visite des forces de l'ordre à son domicile, Paul Maillet n'a de cesse que de vouloir donner des gages de bonne volonté à la police. Il pense sincèrement que cette perquisition chez lui a été entreprise suite à une dénonciation de Gaston. Et ça, le cheminot ne le supporte pas. Dès lors, il n'a pour but que de rendre la pareille à la famille Dominici.

Est-ce du courage ? De l'honnêteté ? Mais le moteur de tout cela n'est-elle pas la peur que Maillet a de voir tous ses petits truandages (vol de courant électrique, magouilles diverses...) venir lui empoisonner sa petite vie de paysan-cheminot ? La rancune est tenace, mais les faits sont encore plus têtus.

Cette information est un nouveau coup de tonnerre. Gustave aurait donc été témoin de la tuerie ? Il n'était pas dans sa chambre au moment des faits comme il l'a si souvent répété ? Il aurait entendu des cris alors qu'il a toujours affirmé le contraire ? Il ne savait plus où se mettre ? Où était-il alors ? A l'extérieur de la Grand-Terre, près des lieux des faits ? Maillet ajoute qu'il est prêt à être confronté au fils Dominici « *pour que soit faite la lumière sur ce crime horrible.* »

Paul Maillet reconnait qu'il aurait bien pu rapporter ce propos plus tôt mais il pensait qu'un jour ou l'autre, Gustave l'aurait dit lui-même. Le cheminot ne cache pas à Sébeille qu'il n'est pas rassuré. On l'a menacé et il a même été victime d'un étrange accident. Il circulait à moto sur le sentier qui conduit de sa maison à la route et il a chuté, la faute à un fil de fer tendu au milieu de la chaussée. Une autre fois, il croisa le vieux Dominici qui, sans un mot, le mit en joue avec sa canne et fit mine d'appuyer sur une détente.

Cette confidence de Maillet sur son ex-ami Gustave confirme ce que beaucoup pensent, à savoir que le couple a entendu des cris. Cette phrase aurait permis à l'époque de faire avouer sur ce point le fermier. Fautes d'arguments pour le maintenir dos au mur, sa confession est restée inachevée. Avec l'aide de Maillet, les enquêteurs peuvent maintenant brusquer Gustave et forcer son aveu.

Les cris entendus enlèvent toute vraisemblance à son comportement le matin du 05 août. Comment Gustave peut-il soutenir désormais qu'en se levant, sa réaction naturelle n'est pas de courir au campement pour savoir ce qui s'est passé ? Comment maintenir que l'éboulement était sa seule préoccupation ? Comment continuer à affirmer qu'ayant vu le corps de l'enfant, il ne se précipite pas à la recherche des parents ? Il est désormais impossible qu'il n'ait pas établi un lien entre les coups de feu, les cris et une tragédie qui se déroule à cent-cinquante mètres de son habitation.

La position d'Yvette devient elle aussi intenable. Selon ses dires, avec son mari, ils n'ont pas soupçonné les détonations comme l'écho d'un drame tout proche. S'ils ont entendu les cris, ils ne peuvent pas conserver le moindre doute. Depuis le 05 août, 01h00 du matin, ils savent qu'un évènement tragique a eu lieu. S'ils nient son existence, c'est que la vérité les gêne. S'ils prennent autant de précautions pour en rester éloigner, c'est qu'ils craignent d'être éclaboussés.

Sébeille procède à l'audition d'Aimé Perrin, l'homme qui a rencontré les gendarmes au premier jour de l'affaire. Il a appris les crimes le 05 au matin par sa femme qui tenait la nouvelle de Monsieur Bourgues. Il est monté sur sa moto pour se rendre à la Grand-Terre. En chemin, il rencontre Yvette sur son vélo qui lui a dit :

« Hier soir, il y avait une auto qui était arrêtée plus loin. Je ne sais pas ce qui s'est passé. Il y a des morts et des blessés.

- Tu as d'autres renseignements ? C'est un crime ? Un accident ?

- La veille au soir, il y avait plusieurs personnes là-bas, dont une femme habillée en noir. Gustave a fait prévenir les gendarmes qui n'arrivent pas. Peux-tu les joindre par téléphone ?

- Je vais y aller. Mais avant, je vais me rendre compte de ce qu'il y a exactement.

- Il vaut mieux que tu n'y ailles pas, vas vite téléphoner. »

Aimé Perrin fait demi-tour et prend la direction de Forcalquier. En route, il rencontre les gendarmes Romanet et Bouchier. Après avoir échangé quelques mots avec eux, il les a suivis jusqu'au lieu du drame. Quel était le véritable motif de la présence d'Yvette sur la route à ce moment ? S'agissait-il seulement d'aller téléphoner à la gendarmerie ou de faire gagner du temps à une ou plusieurs personnes procédant à un maquillage ou nettoyage autour de la voiture ? Pourquoi Yvette, enceinte, a utilisé son vélo, et non Gustave, qui possède une moto ?

Et qui est cette dame en noir ? Si une autre femme qu'Anne Drummond était présente sur les lieux, se pose la question de savoir qui elle était, par quel moyen elle est arrivée là et ce qu'elle y faisait. Et cette dame vêtue de noir, pourquoi ne serait-ce pas tout simplement Lady Drummond ? Cette dernière, à la sortie du spectacle taurin, a été décrite habillée en foncé par Madame Rose Bizot, propriétaire de la Taverne où les Drummond ont pris un rafraichissement. On peut néanmoins s'étonner de ces vêtements foncés, inappropriés à une journée de canicule.

Dans les affaires du couple, ont été inventoriés « *un short noir, une jupe noire, une chemise noire* ». On imagine mal, au début des années 50, la petite Elizabeth se vêtir de noir. Il est plus plausible de conclure que ces vêtements sont ceux de Lady Anne. Mais le matin du 05 août, lors de sa découverte, elle était revêtue d'une robe rouge clair à motifs. A-t-elle utilisé cette robe comme chemise de nuit ? Une dame de ce niveau social portant un même vêtement jour et nuit est peu probable. Il est donc tout à fait envisageable qu'Anne Drummond ait été habillé en noir en arrivant à Digne, avant de se changer pour la nuit.

Autre point qui tourmente le commissaire, le petit éclat de bois de neuf centimètres retrouvé lors de l'enlèvement du cadavre de la fillette. Gaston a affirmé que c'est lui qui a aperçu l'éclat au moment où on soulevait le corps de l'enfant et l'a remis aux gendarmes. Il a tout de suite pensé qu'il s'agissait d'un débris de l'arme. Si le vieux est coupable, pourquoi n'a-t-il pas mis ce morceau de bois dans sa poche ? Il aurait pu ainsi s'en débarrasser à la première occasion. Quel avantage aurait-il à livrer aux enquêteurs une pièce à conviction dont il connait l'origine ?

Il a expliqué à deux reprises comment il a trouvé l'éclat. Mais il s'est contredit. Une fois, c'est le matin qu'il a fait la découverte, une autre fois l'après-midi quand on a emporté le corps. Il est donc décidé d'interroger toutes les personnes qui furent chargées de l'enlèvement des cadavres : un cantonnier, Robert Eyroux, un retraité de la garde mobile, Simon Orsatti, et un habitant de Lurs, Monsieur Figuière. Tour à tour, Sébeille les questionne. Et aucun d'entre eux ne va confirmer que c'est Gaston qui a remis cet éclat aux autorités.

Monsieur Eyroux dévoile au commissaire que c'est lui qui a découvert le fragment de crosse, qui était situé dans l'herbe, à dix centimètres environ de la tête de l'enfant. Il fallait se pencher pour l'apercevoir, comme il le fit pour prendre le corps. Il le montra à tous ceux qui étaient présents, dont Gaston Dominici qui se trouvait à deux ou trois mètres de lui, aux pieds de la fillette. Monsieur Orsatti confirmera les propos du cantonnier.

Ainsi Gaston Dominici a menti. Il assiste à la découverte de l'éclat de bois et réalise sur le champ le danger qu'il représente. Il lui faut parer à tout problème, et prend à son compte la remise de l'objet aux gendarmes, s'en attribuant le mérite au passage. Ceci démontre une vivacité de réaction et une présence d'esprit remarquables. Mais le mensonge du vieux se retourne maintenant contre lui. Il prouve au policier que cet éclat est d'une importance capitale et que le vieillard en a été conscient. Il connait donc la carabine, tout autant que Clovis.

De plus, selon le gendarme Bouchier, Gaston s'est rendu une première fois auprès du cadavre d'Elizabeth en compagnie de son petit-fils Roger, puis y est retourné, toujours avec Zézé, munie d'une couverture. Le vieux Dominici a-t-il agi pour accomplir un geste de compassion ou pour utiliser un prétexte pour s'approcher du corps et observer son environnement proche ? Les Dominici ne sont plus seulement des témoins, mais des participants actifs à cette tragédie. Sébeille en est maintenant convaincu.

Chef de la brigade de Forcalquier, le capitaine Albert est un homme grand et mince au visage allongé, le nez fort et légèrement busqué, des sourcils drus cernant un regard toujours en éveil perché sur un large front. Il jouit de la sympathie générale, sachant fermer les yeux le cas échéant, ce dont la population lui est reconnaissante.

Depuis le premier jour, le capitaine Albert est tracassé par une bicyclette abandonnée contre le mûrier. Elle appartient à Gustave. Il lui paraît bizarre que le jeune fermier ait pris son vélo pour parcourir la centaine de mètres qui sépare sa maison du lieu des crimes. Le neveu de Gustave, Roger Perrin, lui a déclaré être venu le matin du 05 août à bicyclette de la ferme de ses parents, distante de quatre ou cinq kilomètres. Or, le gendarme n'a vu qu'une machine sur les lieux. Son attention est attirée, en plus, par une divergence entre Roger Perrin et son autre oncle, Clovis. Le garçon a affirmé qu'il avait utilisé le vélo de son cousin Gilbert, fils de Clovis. Mais selon ce dernier, son neveu n'a emprunté l'engin qu'à partir du 18 août, lors de la fête de Peyruis.

Pourquoi Roger Perrin ne veut pas reconnaître qu'il a utilisé la bicyclette de Gustave ? La question tourmente le gendarme qui décide d'interroger Zézé. L'adolescent est invité à fournir dans le détail son emploi du temps le soir du 04 août et le matin du 05. Une grande affection l'unit à son oncle Gustave. C'est de lui qu'il tient son goût pour la chasse. Est-ce de lui qu'il a aussi hérité son talent d'invention ? Au cours de l'enquête et du procès, il recevra le titre de « roi des menteurs ». Il est fâché avec la réalité, surtout celle qui le gêne.

La base de départ pour les enquêteurs est sa déclaration faite au commissaire Constant le 23 septembre. Il aurait passé son après-midi tout seul dans un champ exploité par ses parents près de Ganagobie. Il était chargé d'arroser des haricots, ce qu'il a fait jusqu'à 19h00. Quant à ses parents, ils se trouvaient à une autre ferme, la Cassine, qu'ils venaient de prendre récemment en charge. Mais il ne confirme pas cet horaire devant le capitaine Albert, car le 17 mars 1953, il déclare avoir travaillé le 04 août 1952 jusqu'à 17h00 à Pont-Bernard chez un fermier nommé Daniel Garcin. C'est chez lui qu'il a appris le crime de la bouche de Faustin Roure, vers 06h30, qui était venu acheter une bouteille de vin, pendant que lui prenait son lait. Petit souci, Monsieur Garcin ne se souvient pas d'avoir vu le jeune homme chez lui ce jour-là. D'autre part, il affirme avoir discuté avec un voisin, Monsieur Delclitte avant de rentrer à la ferme de la Serre pour y passer la nuit sans bouger. Mais Monsieur Delclitte n'a pas vu le jeune Perrin l'après-midi du 04 août.

Le capitaine Albert signale au juge Périès les étrangetés de Roger Perrin. Le magistrat téléphone alors au commissaire Sébeille qui, accompagné de Ranchin, va lui aussi procéder à une audition du jeune homme, dont le récit va différer dès le début de l'interrogatoire. Ce dernier reconstitue un emploi du temps quelque peu embrouillé. Il semble qu'il existe chez lui un malin plaisir à se trouver en contradiction avec tout le monde. Roger Perrin ment pour le plaisir ou par intérêt ? Il est quasi impossible de faire le tri et de distinguer à quels moments il cache la vérité parce qu'elle le gêne et à quels moments le jeune homme croise les voies de la vérité.

Quelques mois plus tard, une autre brèche entame le front uni présenté jusqu'alors par la famille. Le 07 mai 1953, Roger Perrin, revu par Sébeille pour une longue audition, laisse échapper un détail crucial. Il affirme que la femme de son oncle, Yvette, a dit que Lady Drummond et sa fille s'étaient rendues à la ferme le soir du crime. Avec ce détail, les enquêteurs découvrent que le mensonge des Dominici s'étend non seulement au crime lui-même, mais aux heures qui l'ont précédé.

Elles étaient venues remplir un petit seau d'eau en toile. C'est la fillette qui s'est adressée aux personnes présentes dans la cour, soit Yvette, Marie et Gaston. La dame ne parlait Français car chaque fois que l'on s'adressait à la fillette, celle-ci traduisait en Anglais à sa mère. Gaston Dominici avait même emmené la petite fille voir ses chèvres.

Le petit seau de toile intéresse le commissaire. Il veut être sûr que ce n'est pas une déclaration en l'air, mais bien quelque chose de réel. Zézé le confirme : Yvette a bien déclaré que les deux Anglaises étaient munies d'un seau en toile. Celui-ci n'a pas été retrouvé sur les lieux au matin : on l'a donc fait disparaître.

Mais à quoi a bien pu servir ce seau ? Pour la toilette ? Pour la vaisselle ? Certainement pas pour se désaltérer, une bouteille d'eau ayant été retrouvée sur les lieux du drame. Peut-être alors pour compléter le remplissage du radiateur de la voiture, confirmant le témoignage de Madame Christianini qui affirme que « *l'homme regardait sous le capot levé* ». Un autre témoin aurait aperçu cet homme, dans la soirée, « *sous le capot de la Hillman*. »

Roger Perrin donne un autre détail qui authentifie son récit. En effet, il est exact qu'Elizabeth maitrisait le Français alors que sa mère ignorait complètement cette langue. Le commissaire tient ce renseignement des amis des Drummond, les Marrian, mais Roger Perrin ne peut pas le savoir. Il est donc impossible qu'il ait inventé ce dialogue que Lady Anne a tenu avec les Dominici par l'intermédiaire de sa fille. Non seulement les Dominici ont vu les Drummond, mais ils leur ont parlé.

Cette visite à la Grand-Terre permet d'expliquer un détail qui intrigue Sébeille depuis le début de l'enquête. Dans l'hypothèse où Elizabeth a tenté de s'enfuir, pourquoi n'a-t-elle pas couru vers la ferme, endroit le plus évident pour chercher du secours ? A moins qu'elle n'ait reconnu en son agresseur l'un des occupants de la Grand-Terre ?

Sa tante a aussi précisé que Gustave s'est levé plus tôt que d'habitude, vers 03h45, pour aller voir l'éboulement et aussi se rendre compte d'où étaient partis les coups de feu. Comment Gustave a-t-il occupé son temps entre l'heure de son lever et l'instant où il arrête Olivier sur la route ? Trois heures pendant lesquelles il a constaté le drame sans essayer d'y faire face ou de prévenir les gendarmes ?

Son grand-père, lui, est parti à 03h30 pour aller faire paître ses chèvres. Roger a souligné qu'il avait été surpris du départ matinal de son grand-père, en dépit du fait que celui-ci avait coutume de se lever tôt. De plus, il est parti dans une direction différente. D'habitude, il tourne à droite. Ce matin-là, il a pris à gauche, tournant le dos à la scène des crimes.

Les éléments apportés par le jeune garçon ne permettent pas de démontrer une culpabilité, mais ils constituent des renseignements très précieux. Mais Roger Perrin a-t-il dit vrai ? Dans l'affirmative, les habitants de la Grand-Terre cachent la vérité. Par contre, le commissaire ne pose aucune question à Zézé sur la bicyclette ayant servi à son déplacement, ni sur les raisons qui ont poussé le jeune homme à mentir aux gendarmes dans les détails de son emploi du temps.

Entendue le lendemain, la mère de Roger Perrin relate que son fils était revenu à la Serre le 05 août vers midi, racontant que les campeurs assassinés s'étaient présentés la veille à la Grand-Terre, quelques instants après leur arrivée. Yvette lui a même confié, ainsi qu'à sa belle-sœur Rose, femme de Clovis, qu' « *hier soir, les Anglais sont venus à la ferme* ». Ni Rose, ni elle, ne lui ont demandé ce qu'elles étaient venues faire. Ainsi, Madame Perrin confirme non seulement le témoignage de son fils sur la venue des Anglaises à la ferme, mais elle apporte un élément nouveau en situant la façon dont sa belle-sœur lui a relaté cette nouvelle. Les charges se rassemblent lentement autour des habitants de la Grand-Terre, et l'enquête va faire un bond en avant le mercredi 13 mai.

Les enquêteurs relisent les déclarations des témoins qui sont passés le jour du drame près des lieux des meurtres, afin de s'assurer qu'aucun indice important n'a été négligé. L'un de ces témoins est Jean Ricard, un représentant de commerce Marseillais. Dans le flot des témoignages recueillis, celui de cet homme avait paru ne pas présenter d'intérêt notable.

Passant à pied près de la Grand-Terre au matin du 05 août vers 07h00, il avait vu le campement improvisé autour de l'Hillman et remarqué une forme humaine étendue sur le dos à même le sol, cachée par une couverture d'où seules dépassaient les jambes, la pointe des pieds en l'air. Il lui avait semblé un peu étrange qu'elle n'eût pas choisi de dormir sur le lit de camp tout proche, mais cela n'avait pas suffi à l'inciter à y regarder de plus près. Sans l'avouer, peut-être que la peur fut la plus forte et l'a décidé à poursuivre son chemin sans demander son reste ?

La personne était couchée sur le dos ? Cela ne correspond à aucune des positions des corps des époux Drummond tels qu'ils ont été vus par les forces de l'ordre. On montre à Ricard les photographies prises le 05 août. Il remarque immédiatement que quelque chose ne va pas : le corps de Lady Drummond est placé de manière oblique à la voiture, alors qu'il se souvient nettement l'avoir vu allongé parallèlement à celle-ci.

Avec prudence, Sébeille recoupe ce témoignage avec celui de Fernand Roure qui confirmera plus tard que le corps reposait parallèlement à la voiture, à deux mètres environ du véhicule. Le commissaire doit admettre qu'en plein jour, et alors que l'arrivée de la police était imminente, quelqu'un avait déplacé de plusieurs mètres le corps de Lady Drummond.

Ainsi, entre le passage de Roure à 06h35 et celui de Ricard à 07h00, on avait tenté de découvrir le cadavre en remontant la couverture et, entre 07h00 et l'arrivée des gendarmes à 07h30, quelqu'un avait déplacé le corps pour le mettre sur le ventre, presque perpendiculairement à la voiture, les pieds en bordure du petit ravin. Il est donc clair qu'un inconnu se cachait chaque fois qu'il entendait des pas ou le bruit d'un moteur. Puis, sûr d'être à nouveau seul, il reprenait sa tâche avec la peur d'être découvert.

Qui a bien pu agir ainsi ? Et pour quel motif ? Il faut avoir une bonne raison pour prendre un tel risque alors qu'il fait jour et que l'on se trouve à proximité d'une ferme. La personne qui s'est livrée à cette manipulation n'a pas pu venir de loin. Compte tenu des récentes déclarations de Roger Perrin faisant état d'une sortie plus matinale de Gustave, dans l'esprit de Sébeille, celui-ci a déplacé le corps de Lady Drummond.

Le 09 juillet, Roger Perrin est de nouveau interrogé. Il reconnaît sans difficulté avoir menti à plusieurs reprises aux gendarmes, sans raison. Personne ne lui a conseillé de mentir. Il l'a fait sans penser aux conséquences. Il répète qu'il s'est déplacé avec le vélo de son cousin, que Clovis avait prêté à son père deux jours avant. Il a rencontré Gaston et Gustave qui se rendaient à pied vers le lieu des crimes. Gustave tenait à la main sa bicyclette grise. Zézé les a accompagnés, toujours sur le vélo de son cousin. Les deux engins ont été rangés sous le mûrier :

« Vers 11h00, j'ai changé ma bicyclette de place car elle était au soleil et l'ai mise à l'abri sous un abricotier, dans le verger. Mon oncle a laissé la sienne à la même place. Je suis retourné chez moi, vers midi, avec la bicyclette de Gilbert. »

La présence de ces deux bicyclettes n'a été relevée par personne, ni par le capitaine Albert, ni par le gendarme Bouchier. Quant à l'argument qui explique son déplacement pour cause de soleil, notons que l'ombre de l'arbre offrait une protection jusqu'à midi. Puis le jeune homme se confie :

« Dans la soirée du 04 août, vers 20h30, je dînais à notre ferme en compagnie de ma mère. Pendant le repas, j'ai reconnu au bruit du moteur, le passage de mon oncle Gustave devant la maison. J'ai dit à ma mère : « Tiens, voilà Gustave qui passe ». Après le repas, ma mère s'est préparée, a pris sa mobylette et est partie à la Cassine où se trouvait mon père, en me laissant seul à la ferme. Il devait être à ce moment-là aux environs de 21h00. J'ai accompagné ma mère devant la porte et je suis allé fermer les portes de la remise. C'est à cet instant que j'ai vu Gustave qui revenait de la direction de Peyruis. Ma mère et lui se sont croisés au tournant, à environ cent mètres de la ferme. En arrivant devant notre demeure, mon oncle s'est arrêté de lui-même et m'a parlé de l'éboulement et de sa visite au brigadier poseur Roure. Il ne m'a pas demandé si j'étais seul et ne m'a pas proposé de coucher à la Grand-Terre, ni d'aller voir l'éboulement. Je me suis couché vers 21h15. »

Le lendemain, sa mère affirme ne pas avoir croisé son frère Gustave, le 04 août, en quittant la Serre, ajoutant que son fils lui a toujours dit jusqu'alors n'avoir pas vu son oncle ce soir-là. Elle s'étonne aussi que, s'ils se sont rencontrés ce soir-là, Gustave n'ait pas proposé à son fils d'aller coucher à la ferme.

Le 21 août 1953, le motocycliste Olivier a complété ses précédentes déclarations en relatant qu'après avoir été stoppé par Gustave, il avait remarqué la présence de sa mère et celle de sa femme contre le mur de l'habitation, en bordure de la route. Jean-Marie Olivier, contrairement à Paul Maillet, n'est pas un ami de Gustave. Il n'a pas à le ménager. Il ne lui doit rien et Gustave ne peut rien contre lui. Pourtant, il s'est tu alors qu'il connait plus ou moins la force de l'argument qu'il fournit à Sébeille :

« Je me réservais l'occasion de vous le dire un jour. Je me décide aujourd'hui parce que je vois que l'enquête ne progresse apparemment pas. »

Ce témoignage est important car il démontre que Marie et Yvette étaient au courant de la découverte. Anxieuses, elles attendaient le retour de Gustave et/ou étaient en position d'observation. Sinon, pourquoi seraient-elles demeurées postées sur le bord de la route à une heure matinale, où d'ordinaire elles commencent le travail de la journée ? Du coup, la déclaration du fermier selon laquelle il aurait mis au courant sa femme et sa mère alors qu'elles se trouvaient dans la cour, parfaitement ignorantes du drame et de ses conséquences, ne tient plus.

De plus, le témoignage de Roger Perrin s'en trouve confirmé. Ce n'est pas à 05h30 que Gustave s'est levé, mais plus tôt. Sinon, il n'aurait pas eu le temps de découvrir le drame, de prévenir les femmes, puis de repartir pour faire stopper Jean-Marie Olivier.

On peut donc penser que Gustave a maquillé la vérité et qu'à la Grand-Terre, on savait déjà qu'un crime avait été commis à proximité de chez eux, contrairement à ce qu'a dit Gustave. Il est donc ressorti pour revenir au campement et c'est alors qu'il a interpellé Olivier. Après 07h00 du matin, Gaston devait être parti avec ses chèvres et Clovis était au travail. Le mobile de cette manœuvre risquée n'est pas clair et ces nouveaux éléments suffisent pour que l'on interroge de nouveau les Dominici.

Les policiers ne sont pas aidés par les témoins qui se contentent de répondre aux questions, se gardant bien de révéler des faits ignorés des enquêteurs. Ils estiment faire leur devoir en donnant les éclaircissements réclamés sans aller au-devant des questions. Le silence des Dominici a fait école. On se méfie. On préfère se taire. On n'aime pas le bruit ni l'agitation. On garde au fond de soi un sentiment ancestral de l'inutilité des paroles, une fuite héréditaire devant les mots. Les gorges sont nouées, les lèvres closes, et il faut d'interminables discussions avant que l'on se décide à parler. Il aura pourtant suffi de montrer une photo à Jean Ricard, l'étranger du pays, pour que le fil se déroule.

Le sort d'une enquête tient souvent à un évènement qui ne s'explique pas. Les policiers sont souvent unanimes à reconnaître que le facteur chance ou providence joue un rôle déterminant dans leur travail. Pendant longtemps, ils pataugent et enquêtent dans le vide, piétinent, s'agitent, perdus dans le brouillard. Et puis, d'un seul coup, le ciel s'éclaircit, les renseignements s'accumulent, la justice peut enfin se mettre en ordre de marche. Des coïncidences heureuses perpétuent le dicton qui fait du hasard le dieu des policiers.

Une nouvelle opération est planifiée avec une précision militaire. Elle doit comprendre une reconstitution et une série de confrontations entre les principaux acteurs de cette affaire. Sébeille va même jusqu'à reporter son offensive après les vendanges, afin de s'assurer le maximum de coopération de la part de la population locale.

Il n'a dans ses bagages que de petits faits et il imagine les parades dont se serviront ses adversaires. Olivier et la présence des femmes le long de la route ? Elles étaient dans la cour de la ferme : pourquoi n'auraient-elles pas fait quelques pas ? La manipulation du cadavre de Lady Drummond ? Sébeille voit déjà le regard absent de Gustave et entend ses réponses vagues. Maillet et les cris entendus dans la luzerne ? L'hostilité des deux hommes est telle que pour Gustave, le cheminot n'est guidé que par la volonté de faire le mal. Toute la famille Dominici l'a présenté comme un auxiliaire de la police, intéressé surtout à détourner les soupçons sur sa personne. Devant lui, Gustave est capable de tenir bon pour ne pas être battu par l'homme que tous ses proches détestent.

La déposition de Roger Perrin est importante et capitale. Maintiendra-t-il ses déclarations ? Il serait bien capable de se rétracter le plus paisiblement du monde, et avec le sourire en plus. Le commissaire a bien conscience que s'il se rate, l'occasion ne se représentera peut-être jamais.

Dans la limite de la loi, Sébeille aura toute liberté d'action. Il obtient, entre autres, d'empêcher tout contact entre Gustave et les siens tant qu'il n'aura pas dit tout ce qu'il sait. A sa demande, les auditions et les confrontations se passeront au palais de justice, lieu où l'on pourra contrôler à chaque moment la régularité des opérations et où les oreilles indiscrètes n'aient pas accès.

Le 12 novembre 1953, soit un an presque jour pour jour après le procès de Gustave, les hommes de Sébeille passent à l'action. Dans la nuit, d'importantes forces de gendarmerie isolent la ferme sur un rayon d'un kilomètre. La voiture Hillman est ramenée sur les lieux, à l'emplacement exact où elle fut trouvée le matin du 05 août 1952.

Cette initiative a des conséquences immédiates. Au lever du jour, Roure et Ricard indiquent avec précision la position du cadavre de Lady Drummond, telle qu'ils l'ont vu le 05 août au matin. Le corps était bien allongé parallèlement à la voiture. Faustin Roure l'a vu entièrement recouvert, tandis que Jean Ricard a perçu les jambes jusqu'aux genoux.

Lors de la reconstitution, Clovis Dominici, dans un premier temps, s'obstine, hésite et finalement revient sur sa première déclaration quand on le confronte à celles de Ricard et Roure. Il admet que le corps de Lady Drummond pouvait fort bien avoir été parallèle à la Hillman lorsqu'il l'avait vu pour la première fois. Désorienté, il se balance d'un pied sur l'autre, d'avant en arrière, cherchant à comprendre ce qui se passe et pourquoi l'on revient ainsi sur des détails. Est-ce qu'il devine les conclusions que tirera Sébeille des positions successives du corps ?

Olivier fait placer Gustave à l'emplacement où il se trouvait lorsqu'il lui a fait signe de stopper, c'est-à-dire à hauteur du capot de la voiture et du côté opposé à la route. Gustave, invité à déposer une couverture à l'endroit où il avait vu le corps de Lady Drummond, refuse tout d'abord de le faire, avant de l'étendre quasi perpendiculairement à l'Hillman au bord du ravin, se mettant ainsi en contradiction non seulement avec Ricard et Roure, mais aussi avec son frère Clovis.

Au palais de justice de Digne où il est conduit, Gustave subit un interrogatoire extrêmement dur. Le commissaire revient aux évènements de la nuit et, patiemment, il descend dans le détail. Mais Gustave reste renfermé, peu bavard. Ses raisonnements sont assez simplistes et il part du principe que c'est en parlant le moins qu'on risque le moins de se tromper. Plutôt amorphe, il n'a aucune réaction apparente, et il se borne à répéter toujours la même chose, n'ayant rien d'autre à ajouter, faisant preuve d'une tranquillité d'esprit désarmante avec son regard inexpressif et morne. Mais il transpire beaucoup, ses traits se creusent, ses joues perdent leurs belles couleurs, l'œil s'éteint et parfois des tremblements s'emparent du menton et de la gorge. Il a peur. De qui ? De quoi ? De se trahir ? Aucune question ne paraît le troubler, aucun argument le toucher. Pourtant, il n'est pas en réalité le roc indestructible dont il donne l'image. Il souffre et il peine. Il a les nerfs à vif. Son sang-froid n'est que de surface.

Une confrontation est organisée entre lui et Paul Maillet. Les deux hommes ne sont pas avares d'injures. Maillet répète que Gustave Dominici lui a bien dit :

« Si tu avais vu, si tu avais entendu ces cris d'horreur, je ne savais plus où me mettre. »

Gustave commence par nier, mais petit à petit, sa résistance faiblit, et il reconnaît que ce fait est bien exact et qu'il en a également parlé à son frère Clovis. De plus, il avoue qu'il a débouché sur la route entre la voiture et le mûrier, c'est-à-dire à droite de celui-ci, un peu avant la voiture.

Puis Gustave est confronté à son neveu Roger. Oui, il s'est levé plus tôt qu'il ne l'a admis jusque-là, vers 04h00 du matin en fait, pour « *aller se rendre compte de ce qui s'était passé* ». Il est rentré à la ferme vers 04h30 et, jusqu'à 05h45, heure à laquelle il est reparti vers le campement, il s'est livré à ses occupations journalières comme la nourriture des bêtes, le nettoyage de l'étable...

Comment peut-il être si consciencieux alors que, tout près de chez lui, s'est déroulée une fusillade dans la nuit, des cris ont été entendus et trois cadavres ont été découverts au petit matin ? Il est difficile de cerner cet homme : dureté aveugle ou égoïsme monstrueux ?

Finalement, il a déplacé le corps de la femme le matin après le départ de Clovis et de Faustin Roure, mais seulement pour « *être sûr que l'anglaise était bien morte* ». Mais il précise que le corps était froid et les membres rigides. Dans ces conditions, il n'était pas nécessaire de retourner le cadavre de Lady Drummond ! Ne cherchait-il pas quelque-chose de précis ? N'avait-il pas pour but de maquiller la scène de crime ?

Sébeille demande alors à Roger Perrin de confirmer sa déclaration portant sur la venue des Anglaises à la ferme. Gustave acquiesce : son neveu a de nouveau raison. Yvette lui a bien parlé de la visite des Anglaises à la ferme. Il ajoute même qu'il s'est rendu avec son épouse sur le lieu de l'éboulement, et tous deux sont passés à proximité du campement des Anglais sans toutefois leur adresser la parole. Yvette a pourtant soutenu n'avoir pas vu les campeurs au bord de la route.

Pourquoi Roger Perrin n'a-t-il pas subi un interrogatoire mené avec la même intensité ? Ses mensonges et les incohérences de son emploi du temps ne sont pas moins importants que ceux de son oncle. Peut-être le cours de l'affaire aurait-il changé ? Zézé est tellement au courant des agissements de son oncle, que le commissaire aurait dû lui demander avec un peu plus d'insistance s'il n'était pas avec lui la nuit du crime.

Le 13 novembre, Clovis s'explique avec Sébeille. Le frère aîné de Gustave n'a jusqu'ici pas particulièrement contribué à la bonne marche de l'enquête. Néanmoins, il ne fait pas de difficulté pour reconnaître que son frère lui avait fait part des cris entendus immédiatement après les coups de feu. La protection de son frère est-elle sa seule préoccupation ? A-t-il aussi la volonté de dissimuler des éléments afin d'éloigner des interrogations sur la place qu'auraient occupée les habitants de la Grand-Terre lors de la nuit tragique ? Sa réaction, à la présentation de la carabine, n'a pas été oubliée par Sébeille. Ni son conseil à son frère à propos de la fillette encore vivante, et encore moins sa première déclaration du matin sur la position d'Anne Drummond sous la couverture.

Mais depuis les faits, Clovis n'a plus l'âme tranquille. Et ce n'est pas la conversation qu'il a eue avec son père qui va le rassurer, comme il s'en confiera au commissaire Sébeille. Ce soir-là, Gaston boit plus qu'à l'accoutumée. En temps normal, il carbure sec mais là, il ne cesse de s'en prendre à sa femme. Clovis est présent. Il s'occupe de la ferme après son travail depuis l'incarcération de son frère et reste dormir. Il écoute les moqueries, les injures et les grossièretés de son père envers sa mère. La vieille femme ne semble pas entendre. Elle ne répond jamais. Clovis tente de la défendre mais son père l'envoie promener. Le fils laisse dire, patiemment. Gaston grogne, marmonne puis tape sur la table :

« Es ious qu'ai fa peta leis très ! Si min fau faire peta inca un, lou ferai ! (c'est moi qui ai fait péter les trois ! S'il faut encore en tuer un, je le ferai !).

- Qu'est-ce que tu veux dire ? demande Clovis.

- Es iòu qu'ai fa peta leis Inglés ! (C'est moi qui ai fait péter les Anglais !).

- Pourquoi t'as fait ça ?

- Je suis allé voir l'éboulement, j'ai tourné autour de la voiture… Je me suis bagarré avec le Drummond. »

Puis il se lève et va se coucher, titubant, saoul perdu. Est-ce l'alcool qui lui a soufflé l'idée qu'il est l'assassin ? Clovis se souvient avec malaise de la confidence de Gustave : « *l'assassin, c'est le père* ». Curieusement, cette accusation se retourne dans l'esprit de Clovis contre celui qui l'a lancée. Quelques jours auparavant, il avait reconnu la carabine dans les mains de Sébeille et il manquait de se trahir, tombant sur les genoux comme pour supplier. Puis il s'était précipité à la Grand-Terre. A la porte du hangar, il se heurtait à Gustave qui paraissait horriblement gêné et bredouillait n'importe quoi. Clovis avait l'impression que son frère improvisait les réponses, accusant le père pour faire diversion. Mais cette scène avec son père, qu'il racontera de nombreuses fois, s'est-elle vraiment déroulée ? Qui ment le plus dans cette affaire ?

Gaston, à 75 ans, possède-t-il encore la force de se jeter derrière une enfant, la rattraper et la massacrer ? Après avoir travaillé comme un damné, se battre avec une terre à l'abandon, lui redonner vie, mettre sou par sou de côté, se priver pour n'avoir pas à mendier une retraite misérable, goûter une semi-retraite qui ne doit rien à personne, comment croire qu'il a anéanti en quelques secondes une vie dont il est si fier et qui lui a demandé tant d'efforts ?

Sébeille poursuit son entretien avec Gustave. Gustave sait, il en est persuadé. Il n'a pas l'âme en repos. Il ne peut concevoir que le jeune fermier soit étranger à l'affaire. Comment admettre qu'un simple témoin décide de déplacer le cadavre d'une femme, interrompre brusquement ses agissements pour aller se cacher au passage d'un inconnu et revienne après son départ pour terminer sa macabre démarche ? Quelle impérieuse raison a poussé Gustave à prendre de tels risques, qui plus est à un moment où les gendarmes étaient informés et pouvant arriver à tout moment ?

Sébeille revient sur la question du corps. Gustave, de plus en plus désemparé, finit par lâcher :

« En déplaçant le cadavre, je voulais m'assurer s'il n'y avait pas des balles ou des douilles provenant de la maison. Je n'en ai pas découvert, ni ramassé. »

Des munitions provenant de la Grand-Terre ? Une telle idée ne vient pas à l'esprit si elle ne repose pas sur de solides motivations, comme faire disparaître des indices compromettants. Que signifie la recherche de ces objets, si soi-même ou des proches n'ont rien à voir avec une telle situation ?

Gustave commence à perdre pied. Il se rend compte qu'il se trouve dans une impasse, enferré dans ses réponses, ses réticences ou ses mensonges. Les policiers sentent que le dénouement est proche, que Gustave est prêt à la confession.

Vers 14h30, sous la pression d'interrogatoires menés presque sans interruptions, Gustave éclate en sanglots et avoue que son père est l'auteur des meurtres. Après avoir entendu les coups de feu et les cris, il n'avait pu se rendormir. Il était descendu au rez-de-chaussée vers 04h00 du matin au moment où son père s'apprêtait à mener ses chèvres au pacage. C'est alors que le vieil homme avait avoué les meurtres, en expliquant qu'il avait été provoqué par Jack Drummond.

Sébeille porte immédiatement ces révélations à la connaissance du juge Périès qui fait venir Gustave dans son cabinet où il procède à son audition. Il est 16h30. Comment Gustave a-t-il pu se contenter d'aussi faibles explications alors que son père vient de lui avouer un triple crime, dont celui d'une fillette ? Mais qu'a fait Gustave entre 14h30, moment où il s'effondre sur l'épaule de Sébeille, et 16h30, heure de sa comparution devant le juge Périès ? S'est-il reposé ? L'a-t-on laissé reprendre ses esprits ?

Il précise au juge que vers 01h00, son père est allé faire un tour de chasse. Il a longé la route nationale en direction de Peyruis. Vers le campement, il est tombé sur un homme qui est venu à sa rencontre. Ils ont discuté, mais son père ne lui a pas précisé ce qui avait fait dégénérer la situation. Pas plus qu'il ne lui a indiqué sur qui il avait tiré le premier, mais il avait tué toute la famille. Le tour de chasse paraît étonnant de la part d'un homme qui ne chasse plus depuis longtemps. Quel est le gibier d'exception qui a pu ainsi le pousser dehors en pleine nuit et armé ?

Et quand Gustave lui a demandé avec quelle arme, il lui a répondu avec une carabine qu'il tenait camouflée. Qu'est-elle devenue cette carabine après les coups de feu ? Selon Gustave, après que son père ait tiré, il l'a jetée sans en indiquer l'endroit. Gustave précise qu'il n'avait pas connaissance de cette arme. Il croyait que son père ne possédait que le vieux fusil Gras transformé pour la chasse au gros gibier et un 12 assez antique.

Gustave prétend n'avoir jamais vu l'arme, ce qui paraît un peu étonnant sachant qu'il vit depuis toujours dans la ferme de son père. Celui-ci n'en aurait jamais parlé, ne l'aurait jamais sortie, ne l'aurait jamais essayée, l'aurait réparée dans la plus grande discrétion avec le collier vendu par Joseph Chauve ? Par ailleurs, l'évocation du fusil Gras transformé pour la chasse au gros gibier incline à penser que Gaston aurait plutôt utilisé cette arme s'il avait dû partir à l'affût du sanglier.

Mais quand le magistrat demande à Gustave plus de précisions sur l'assassinat de l'enfant, Gustave répond négativement à toutes les questions, indifférent. Ce sang-froid est-il une fuite devant un geste horrible qu'il voudrait oublier ?

Aucun élément concret ne vient étayer le contenu de sa dénonciation. En effet, rien ne ressort sur les circonstances, le déroulement, et le mobile des meurtres. Il n'y a rien de vérifiable et aucune preuve matérielle ne transpire dans ses déclarations. Son témoignage est fragile, peu circonstancié et peu convaincant.

Pour les enquêteurs, les déclarations de Gustave ne sont qu'un tissu de mensonges, et qu'il a été témoin au minimum des meurtres. Car des incohérences subsistent. Gustave est-il resté dans sa chambre entre les coups de feu et 04h00 heures du matin ? La scène de la rencontre avec son père ne s'est-elle pas déroulée au moment du crime, vers 01h15 du matin ? Comment admettre que Gustave, sachant que son père est le tueur, ait vu des douilles sur le lieu du crime et ne les ait pas ramassées ainsi qu'il l'a dit ? Comment peut-il affirmer qu'il a bougé le corps de Lady Drummond sans raison ? Comment croire qu'il ne connaissait pas la présence de la carabine dans la ferme où il vit ? Comment peut-il dire que son père est sorti à 01h00 du matin pour faire un tour de chasse, alors que de notoriété publique, Gaston ne chassait plus depuis plusieurs années, et que son vieux fusil Gras, plein de poussière, était accroché dans la cuisine ?

Cet homme est une énigme. Qui est-il vraiment? Il est pour beaucoup le centre du mystère, et l'impression générale est qu'il sait. Est-ce un lâche ? C'est possible. Il est certainement le fils obéissant à ce père qui compte pour lui, et à qui il dit « vous ». Pourtant, il vient de l'accuser. Le vieux est un solitaire, lui a besoin d'être soutenu. Il possède une personnalité faible, un esprit buté mais influençable à la fois, conservant de son enfance le souvenir des colères paternelles et n'ayant jamais cessé de trembler devant lui. Différend de son père, il est moins intelligent, moins fin, moins coriace. Mais il est difficile à manier car il a peur non seulement des autres mais de lui-même et des mots qu'il maîtrise mal. Le commissaire Sébeille emploiera à son sujet la formule suivante : « *on a l'impression de pincer une vitre* ».

L'accusation de Gustave ne repose que sur des propos prêtés à Gaston. Il n'affirme pas qu'il a vu, il ne dit pas qu'il était à l'extérieur, contrairement à la confidence qu'il a faite à Maillet. De plus, il dit ne pas connaître la carabine, que son père a refusé d'entrer dans les détails et que lui-même ne s'est confié à personne. Bref, Gustave élague tout ce qui pourrait, de près ou de loin, renforcer l'accusation contre son père et donner une meilleure connaissance du déroulement du triple assassinat. Il accomplit un service minimum parce qu'il ne peut pas faire autrement. Il paraît dès lors urgent de recevoir les déclarations de Clovis qui pourrait être en mesure d'apporter un éclairage supplémentaire.

Clovis confirme que son père lui a avoué que c'était lui l'auteur des meurtres, mais lui avait demandé également de ne rien dire. Jusque-là, il avait pensé que le coupable était Gustave et ne pouvait concevoir que son père ait pu commettre un tel forfait. Mais à partir de ce moment-là, il ne pouvait plus avoir de doute. Quelques jours après sa sortie de prison, Gustave lui avait confirmé cette terrible révélation.

Tout comme son frère, Clovis en dit le moins possible. Sa déclaration est pour le moins succincte. Il fait néanmoins peu de doute qu'il a longuement discuté avec Gustave. Clovis a-t-il pris les choses en main dès le matin du drame ? Dans l'affirmative, est-ce pour protéger un coupable ou un complice ?

Après avoir prétendu ne pas savoir où se tenait l'arme du crime et de même la connaitre, Clovis finit par avouer l'avoir vue sur une étagère dans un petit local de la Grand-Terre. Gustave a nié avoir déjà vu la carabine. Ou bien Clovis dit vrai et il est impossible que Gustave n'ait jamais vu la Rock-Ola, ou il ment et l'affaire est encore loin d'aboutir.

Les deux frères se retrouvent ensemble dans le bureau du juge Périès qui s'est absenté. La discussion vient de porter sur la localisation de la carabine, Clovis disant à Gustave que l'arme était sur l'étagère de la remise. On propose à Clovis une chambre d'hôtel pour la nuit, proposition qu'il décline, préférant rester avec son frère, gardé à vue. L'autorisation lui est accordée. En les laissant ensemble, la porte est ouverte à une concertation entre les deux hommes, et cela à un moment crucial de l'enquête. Ils ont ainsi jusqu'au matin pour échanger et réfléchir aux évènements futurs.

C'est maintenant au tour de Gaston d'être emmené à Digne pour y être interrogé dans la soirée du 13 novembre, à 18h30. Il ne se laisse pas impressionner par le spectacle de la justice et le prestige attaché à la fonction judiciaire. Il réagit tout d'abord avec hostilité et défiance. Ses fils sont des poltrons, et il leur répètera quand il les aura en face de lui. Il réserve à Sébeille un assortiment de contestations obstinées et d'invectives hautes en couleur. Il affirme être innocent, bien que mis au courant des dénonciations dont il faisait l'objet de la part de ses deux fils. Il n'a aperçu les Anglais que de loin le soir du 04 août en rentrant ses chèvres et ils ne sont pas venus à la Grand-Terre. Il n'a jamais possédé de carabine comme celle du crime. Il n'en a vu aucune entre les mains de quiconque. Placé en garde à vue pour la nuit, le vieil homme n'a rien avoué.

Ce n'est que le lendemain, au cours d'un nouvel interrogatoire, que Gustave confirme au juge Périès que l'arme du crime est à son père qui la rangeait sur l'étagère d'un petit local indépendant de la maison d'habitation. Gustave et Clovis sont alors conduits ensemble à la Grand-Terre et dans la même voiture. Les policiers et magistrats sont accueillis par cinq femmes de la famille armées de bâtons, échevelées et déchainées. Sachant que le clan se désagrège suite aux révélations de Gustave et Clovis, et que la fin est peut-être proche, elles ne songent pas à capituler. Toute la force de résistance s'est concentrée en elles. Dans la ferme, elles tiendront jusqu'au bout et le combat ne cessera qu'avec la dernière injure.

Elles ont surgi dès l'arrivée des voitures à proximité de la ferme. Poings tendus et hurlant telles des furies, elles se sont précipitées vers les policiers descendus les premiers. Les insultes fusent. Les forces de l'ordre opèrent un recul tactique et rangent les voitures à cinq cent mètres, ôtant Clovis et Gustave de la vue des femmes. Trente minutes plus tard, une douzaine de gendarmes débarquent de Forcalquier. Leur vue provoque un dernier éclat mais les femmes comprennent que les choses deviennent sérieuses. Elles cèdent du terrain, se réfugiant à l'intérieur de la ferme que Sébeille fait aussitôt cerner par un service d'ordre. Le transport sur les lieux peut commencer. Gustave et Clovis sont invités à pénétrer dans la remise située au fond de la cour.

Les deux frères désignent chacun leur tour l'emplacement où était rangée la carabine, sur une étagère située à droite et dans le fond d'un local dénommé par eux « garage ». Des photos sont prises alors qu'ils font le geste, main levée, l'index dirigé vers une pièce de bois, débris d'un instrument agricole, posée sur une planche.

Mais les dénonciations des deux fils Dominici sont peu fournies, le mobile assez vague, le déroulement des faits plutôt obscur. On ignore comment la carabine Rock-Ola est arrivée à la Grand-Terre. Aucun nouvel élément matériel n'a été recueilli et les enquêteurs ne disposent que de courtes déclarations attribuées au vieux Gaston. L'ensemble est fragile. C'est la parole des uns contre celles des autres, une parole imprécise et peu circonstanciée.

Avec le peu qu'ils ont, les policiers doivent maintenant renverser le patriarche, chose loin d'être acquise. Ce dernier obstacle, le plus difficile, reste à franchir.

II. LES AVEUX DE GASTON DOMINICI

Gaston campe sur ses positions. Il nie formellement être l'auteur des crimes. Le 05 août 1952 au matin, il s'est levé à 04h00 et n'a rencontré aucun membre de sa famille lorsqu'il est allé chercher ses chèvres. Au moment de son retour à 08h00, il a été informé par sa femme et sa belle-fille de la découverte des cadavres. Il ne s'est pas levé à 01h00 et ne s'est pas rendu à l'éboulement. Il a bien entendu des détonations mais n'a pas bougé de son lit, pensant que c'étaient des braconniers qui chassaient.

« Et la carabine ?

- Je n'ai jamais eu de carabine chez moi et je n'en ai jamais acheté. Il est donc faux ce qu'affirment mes fils Clovis et Gustave en ce qui concerne cette arme.

- A qui elle appartient alors ?

- Si une pareille arme existait à la Grand-Terre, elle ne pouvait appartenir qu'à Gustave. »

Le vieux vient de mettre en cause son fils. Gaston donne l'impression d'une incroyable solidité, d'une grande maîtrise de ses nerfs, d'un sens de la répartie hors norme. A 19h00, la déposition est terminée. Le juge Périès, mis au courant de la marche de l'enquête, demande que le vieux fermier lui soit présenté le lendemain matin. En même temps, le magistrat prend toutes les dispositions pour le faire garder à vue par des gardiens de la paix du commissariat de Digne. Pierre Prudhomme, commissaire de Digne, vient sur place pour vérifier les conditions dans lesquelles ses agents devront assurer la surveillance de Gaston Dominici.

Victor Guérino, jeune gardien de la paix, est chargé d'assurer la surveillance du vieillard. Il est autorisé à parler avec ce dernier mais doit éviter d'aborder l'affaire. Gaston n'a pas faim. Il n'a pas touché au plat de pâtes et au pain qu'on lui a apporté. De son fauteuil où il est assis, il observe le jeune homme en uniforme en face de lui. La conversation s'engage.

Les deux hommes parlent le même dialecte. Ils bavardent sur la famille et les enfants, de tout et de rien. L'instant d'après, le vieil homme éclate en sanglots en évoquant ses petits-enfants. C'est honteux qu'on l'accuse d'avoir tué une enfant alors qu'il est grand-père de nombreuses fois. Guérino en profite pour lui conseiller de tout dire, qu'à son âge, on lui en tiendrait compte. Après tout, c'est peut-être un accident qui est arrivé. La réponse ne se fait pas attendre :

« Eh bé oui ! C'est un accident ! Ils m'ont attaqué, je les ai tués tous les trois ! »

Devant une telle révélation, Guérino ne sait plus quoi faire mais, très habilement, il préfère attendre la relève à 20h00 pour en informer ses chefs. Il a l'impression de marcher sur le fil d'un rasoir, mais ne songe pas un instant à cacher ce qu'il a entendu. Il ne dissimule pas les risques qu'il court. Il est persuadé que le vieux Dominici est sincère.

Gaston ne semblait nullement affaibli. Au contraire, il s'est montré combatif, répondant avec pertinence, sans jamais laisser apparaître une faille dans son attitude. Pourquoi maintenant, se laisse-t-il aller ainsi ? On ne s'accuse pas gratuitement d'un triple crime à un simple gardien de la paix. Gaston poursuit son monologue:

« Je suis allé à l'éboulement. J'ai pris le fusil à tout hasard. J'avais peur qu'il arrive un accident à la Micheline. C'est pas trois morts qu'il y aurait eu si la voie avait été obstruée. Je suis passé à côté du campement. J'ai été attaqué. J'ai compris qu'on me prenait pour un maraudeur. J'ai tiré et puis ça a bardé… »

Guérino, proche d'être relevé par le sous-brigadier Joseph Bocca, exhorte le vieil homme à tout révéler au commissaire Sébeille. Gaston refuse, ne voulant plus le voir, préférant Monsieur Prudhomme, qui est appelé en hâte.

Est-il sincère lorsqu'il passe aux aveux devant Guérino ? Le policier décrira un homme fatigué et déprimé qui, après avoir évoqué des souvenirs plutôt agréables, aborde le chapitre sensible de sa vie privée. Et il se met à pleurer sur son propre sort. Pourquoi Gaston prendrait-il la peine de verser des larmes forcées ou feintes devant un homme qu'il n'a jamais vu et dont il sait bien qu'il n'a aucune fonction dans l'affaire en cours ? Est-ce une habile manœuvre de tromperie ? Si oui, laquelle ? Ses aveux le placent obligatoirement dans une situation très inconfortable.

Le vieux fermier est maintenant sous la garde de Bocca. Gaston parle de ses déboires conjugaux dès ses premiers mois de mariage, puis il raconte qu'au matin du 05 août, il est allé garder ses chèvres et a été informé des crimes à son retour par Yvette. Puis, sans transition, après avoir marqué un temps d'arrêt, précise :

« A la maison, ils sont tous contre moi. La carabine, Gustave l'a achetée au passage des troupes Américaines dans la région de Forcalquier. Lui-même l'a réparée. Cette carabine, je ne l'ai jamais vue car Gustave l'avait cachée. C'est Gustave qui a fait le coup, il s'est levé trois fois dans la nuit, mais pour sauver l'honneur de mes petits-enfants, c'est moi qui m'accuse. Ça ne me fait rien d'aller en prison, pourvu qu'on me donne mon chien. Lui me comprend mieux que les autres membres de ma famille. »

Bocca intervient :

« Pourquoi vous accusez-vous à tort ? Dites toute la vérité grand-père !

- C'est Gustave qui a tué, mais c'est moi qui m'accuse. »

Vers 20h30, arrive Prudhomme accompagné de Giraud, concierge du palais de justice et gendarme en retraite, et de Guérino. Dans un premier temps, le vieux Dominici proteste énergiquement de son innocence, puis il demande au policier de lui faire un brouillon d'aveux. Le commissaire rejette fermement cette proposition, lui indiquant qu'il n'est pas là pour marchander une culpabilité mais pour entendre la vérité.

Gaston hésite, mâchonnant sans cesse. Chaque personne présente le sent très ennuyé. Il veut parler, ça le démange, mais quelque-chose le retient. Il éprouve du plaisir à s'écarter de la conversation portant sur le drame. Lorsque le sujet revient aux crimes, il redevient soucieux et baisse la tête.

Il est maintenant seul avec Prudhomme. Le commissaire emmène la conversation sur le chemin de la paillardise sur lequel Gaston semble se complaire. Le vieux déclare alors être sorti de chez lui vers 23h30 et s'être rendu directement au campement. Il est resté vingt minutes à guetter le coucher de la famille Drummond, précisant que la femme portait une chemise transparente et une robe grise ou bleue. Il s'est approché et a tenté des attouchements. Le mari est alors intervenu, ils se sont empoignés, mais il avait déjà ramassé la carabine. L'Anglais a écarté l'arme en l'empoignant par l'extrémité du canon. Il a tiré, le blessant à la main. Il a envoyé deux balles à l'homme qui traversait la route et qui s'est écroulé. Puis il a envoyé une balle à la femme. Enfin il a tiré sur la fillette mais la manquée. Il a ensuite couru et l'a retrouvée sur le talus où il lui a fracassé le crâne d'un coup de crosse. Ensuite, il s'est lavé les mains dans la Durance puis a regagné son domicile en longeant la rive et traversé la voie ferrée. Où avait-il pris la carabine ? Dans un hangar, le long du mur de droite en entrant, vers le fond, dissimulé entre deux planches, sur ou près d'une étagère.

Voilà que le père Dominici qui accusait son fils Gustave quelques minutes auparavant, fournit maintenant l'hypothèse d'un mobile sexuel. Pourtant, les constatations faites par les docteurs Nalin et Girard au moment de l'autopsie affirment le contraire. Le plus grave est que c'est le commissaire Prudhomme qui lui a soufflé cette idée en amenant la conversation sur le terrain de la gaudriole. Gaston n'a pas manqué l'occasion de s'engouffrer dans la brèche fournie par le policier. Un enquêteur a pour mission de recueillir des aveux, si possible circonstanciés, qui pourront être confrontés aux constatations matérielles. Son rôle n'est pas de suggérer un mobile !

Les aveux du patriarche ne sont pas clairs. Gustave a déclaré avoir vu les Anglais se préparer pour la nuit alors qu'il revenait de l'éboulement vers 20h45. Gaston aurait donc été à son poste à ce moment. Comment expliquer alors des coups de feu à 01h10 du matin ? De plus, dans l'inventaire des vêtements des victimes, il n'est noté nulle part la présence d'une chemise transparente, ni de robe grise ou bleue. Quand Sébeille arrive à son tour, le vieillard l'accueille avec le sourire :

« Tu as gagné petit. Je vais te faire plaisir : c'est moi qui ai tué les Anglais. »

Malgré de légères variantes dans ses déclarations, l'essentiel de son récit tient en quelques points : il est allé inspecter l'éboulement et a emporté la carabine pour le cas où il verrait une quelconque bête. En passant près du campement, il a vu la femme se déshabiller et s'est arrêté pour la regarder. Il est établi que les Anglais étaient couchés avant 22h00, il est donc impossible que Gaston Dominici ait pu voir Mrs Drummond se déshabiller à 01h00 du matin, heure des coups de feu. Comment expliquer ce décalage de temps ?

De même, le vieux n'explique pas ce que faisait la femme en attendant de se déshabiller. Lady Drummond était vêtue d'un soutien-gorge rose, d'une culotte blanche, d'un tricot de peau blanc et d'une robe rouge clair à fleurs blanches. Cet habillement ne correspond nullement avec ce qu'a décrit Gaston. Peu après, il s'est approché et ils ont échangé quelques mots. Il n'a pas pu parler avec elle, pour la bonne raison qu'elle ne parlait pas Français et lui Anglais. Qu'il se soit livré à des attouchements sur elle, qui de surcroît aurait été consentante, est invraisemblable quand on pense à la personnalité du patriarche et à celle de Lady Drummond. Plus d'un monde les séparait.

Alors qu'il allait la toucher, le mari de l'Anglaise est intervenu avec colère. Les deux hommes se sont empoignés, un coup de feu est parti, blessant le mari à la main. Sir Drummond était effectivement blessé à la main, mais l'autopsie n'a pas révélée si c'était par une balle. Gaston Dominici lui a tiré dessus à deux reprises alors que celui-ci s'enfuyait, puis il a tiré sur la femme. Mais la mère de famille a été abattue de trois balles, et non d'une seule, comme le démontrent les résultats de l'autopsie.

Il a également fait feu sur la fillette, mais l'a manquée et l'a poursuivi jusqu'à la rivière où il l'a assommée d'un coup de crosse alors qu'elle était agenouillée, coup assené avec une telle force que l'arme s'est brisée. La fillette a succombé à deux coups de crosse, et non d'un seul alors qu'elle était allongée sur le sol comme l'ont conclu les experts. Après avoir achevé l'enfant, il a lavé le sang qui lui maculait les mains, jeté la carabine à l'endroit le plus profond de la rivière et est rentré se coucher. Pourquoi s'est-il lavé les mains ? Pourquoi est-il éclaboussé de sang puisqu'il n'a touché aucun cadavre ?

A aucun moment, Gaston Dominici n'a dit être monté dans la voiture des victimes. Dans ces conditions, comment expliquer le désordre qui y régnait ? Il a affirmé n'avoir jamais avoué son acte ni à Gustave ni à aucun membre de sa famille. Or, cela est contraire aux accusations de Gustave et Clovis. Il n'explique pas non plus la provenance de la carabine. Est-il normal de s'équiper d'une telle arme pour tirer la nuit sur du gibier, alors que Gaston dispose d'un fusil de chasse ? De même, il n'en connaissait que très peu le fonctionnement et avait cessé de chasser depuis 1942 environ. En conclusion, le mobile des meurtres n'apparait pas sérieux. Le vieillard cache beaucoup de choses et ment sur de nombreux points.

Sébeille est ravi d'avoir obtenu des aveux, mais il sent bien qu'une bonne part de cette confession relève de la plus haute fantaisie. Tout cela aurait eu davantage de sens si la dispute et la fusillade étaient intervenues à des moments distincts, si le paysan était rentré chercher son arme dans l'intervalle par exemple. Le policier soupçonne que le meurtre a été prémédité. Si Gaston Dominici affirme qu'il a pris son arme au passage pour tirer un blaireau, c'est pour couper court à toute tentative de faire peser sur lui une charge de préméditation. Mais il ne tergiverse pas : un pas décisif vient d'être accompli.

La blessure à la main de Jack Drummond explique la plaie notée par les médecins légistes. Sébeille estimait jusque-là que l'Anglais s'était entamé la main en se rattrapant au pare-chocs, puisqu'un lambeau de chair a été trouvé à cet endroit. Mais il lui paraît peu probable que ce fragment ait été arraché de cette façon. Le fait que Jack Drummond tenta de détourner l'arme braquée sur lui est la réaction logique et instinctive d'un homme menacé. C'est aussi la première fois que le départ du crime est décrit de cette manière.

De plus, Gaston confirme le propos qu'il a tenu le 05 août au soir à Sébeille, et qui avait déjà étonné celui-ci : « *la femme est tombée sur place, elle n'a pas souffert* ». Autre point essentiel : le coup tiré sur Elizabeth s'enfuyant éclaircit la blessure à l'oreille constatée par les experts. Enfin, Gaston Dominici a désigné l'endroit où se trouvait l'arme : entre deux planches dans le hangar. Il confirme ainsi les déclarations de ses fils. Or, aucune confrontation n'a été mise en place. Le vieil homme ignore donc l'emplacement désigné par Clovis et Gustave.

15 novembre 1953. Le juge Roger Périès partage les doutes du commissaire. En répétant son histoire, le vieil homme laisse entendre à mots couverts qu'il se sacrifie pour sa famille, et qu'un séjour en prison lui épargnerait le souci d'avoir à supporter plus longtemps sa femme. Aux invraisemblances déjà soulignées, s'en ajoutent d'autres suite à son audition par le juge Périès.

Il prétend devant le juge qu'il ne se souvient plus de l'heure à laquelle il a quitté la ferme, alors qu'à plusieurs reprises il l'a fixée à 23h30. Il affirme qu'il a tiré trois balles sur l'homme, deux à bout portant dont une qui a traversé la main et une troisième lorsque l'homme était de l'autre côté de la chaussée. Ce sont des affirmations contraires aux résultats de l'autopsie.

Mrs Drummond a été abattue de trois balles, et non d'une ou deux. De plus, elle est tuée vêtue de sa robe, il n'a donc pas pu la voir se déshabiller. Elle aurait consentie à avoir des relations sexuelles avec lui. Les résultats de l'autopsie n'en n'ont révélé aucune.

La petite a fui par la porte arrière. Elle criait peu selon Gaston, et elle est partie en courant vers le pont de chemin de fer en coupant droit entre le mûrier et les buissons. Il l'a poursuivie. Il a tiré une première fois. Le coup a raté, tout comme la seconde fois. Puis il s'aperçut que le chargeur était vide et qu'il n'avait plus de balles. La fillette traversa le pont et dévala le talus. Il se demande comment il l'a rattrapée.

Effectivement, on se le demande bien aussi. Comment un vieillard de 75 ans, se déplaçant avec une canne, très aviné (ce qu'il reconnait, il buvait de trois à cinq litres d'alcool par jour), peut-il rattraper une petite fille à la course ? Quand il arriva sur elle, elle était à genoux. Elle le regarda sans rien dire, sans un cri. Gaston a alors saisi son arme par le canon et lui a envoyé un coup sur la tête.

A cause du choc, la carabine s'est cassée et il l'a jeté dans le courant, à un endroit surélevé à une vingtaine de mètres de l'endroit où Elizabeth s'est affaissée, et en direction de la ferme. Gaston est ensuite revenu sur ses pas. Il constata que la petite ne remuait plus. Il en conclut donc qu'elle était morte. Il alla alors se laver les mains. Il remonta au campement pour s'assurer que les parents étaient bien morts. Il recouvrit le corps de la femme avec une couverture qui se trouvait à terre à côté de la voiture. Puis il prit un lit de camp et il en a recouvert le corps de l'homme. Il n'a ni fouillé la voiture, ni les affaires qui se trouvaient autour. Il a regagné son domicile en empruntant à nouveau le chemin qui conduit au pont. Il traversa ce dernier puis se dirigea à droite sans regarder vers l'endroit où gisait la petite. Il longea puis traversa la voie ferrée et a regagné sa ferme en passant par le sentier qui aboutissait dans la cour.

Il dit s'être couché vers 02h30, le crime ayant été commis vers 01h10. Qu'a-t-il fait entre temps ? On ne lui pose pas la question. Gustave serait sorti à trois reprises. Pourquoi ne lui a–t-il pas demandé d'explications ? Il nie avoir fait des confidences à ses fils. Pourtant, ils en font justement état pour l'accuser.

Le juge est troublé. Il hésite encore à inculper le vieux Gaston. Il convoque le commissaire Prudhomme et lui fait raconter dans le détail la manière dont la veille au soir, le vieillard est passé aux aveux. Puis il décide de confronter le suspect avec ses deux fils, qui ont appris par des indiscrétions les aveux de leur père sans en connaitre le contenu. Lorsque Gustave apprend qu'il va être de nouveau mis en présence de son père, il semble terrorisé. Clovis baisse la tête, les traits crispés.

Gaston leur lance un regard méprisant et lointain. Il semble vouloir les intimider. Le vieux confirme qu'à aucun moment, il ne leur a rien dit de ses actes et il n'a jamais réparé la carabine. Ses enfants répètent qu'ils ont appris la culpabilité de leur père grâce aux confidences de ce dernier. Chacun campe sur ses positions, ne permettant pas de dévoiler un morceau de vérité. A 19h00, Clovis et Gustave quittent le palais de justice.

Le vieux a-t-il agi seul ? Puisqu'il prétend ne s'être jamais servi de la carabine auparavant, pourquoi la prend-il ce soir-là ? Pourquoi en plus du chargeur plein, avait-il pris, comme il l'a affirmé, cinq ou six balles supplémentaires ? Yvette et Marie étaient-elles dans le secret ? Pourquoi les fils se sont-ils tus si longtemps ? Pourquoi Gustave s'est-il laissé condamner sans révéler ce secret ? Qui a achevé la petite Elizabeth ?

Malgré toutes ces questions non approfondies et sans réponse, le juge Périès décide d'ordonner, pour le lendemain, lundi 16 novembre, une reconstitution des faits avant de prendre la décision d'inculper ou non Gaston Dominici.

III. RECONSTITUTION, MENSONGES, ACCUSATIONS ET RÉTRACTATIONS

La voiture Hillman arrive de Digne et se range en bordure de route sous le mûrier où la famille s'arrêta le soir du 04 août 1952. Les curieux et les journalistes sont nombreux. Un point tracasse le juge Périès : l'agilité de Gaston Dominici est-elle encore si vive à 75 ans, qu'il a pu rejoindre une enfant de 10 ans s'enfuyant dans la nuit ?

Gaston, encadré par les policiers et le magistrat, traverse la cour et entre dans le hangar attenant à la ferme. La canne levée, il désigne l'endroit où était cachée la carabine. L'emplacement est le même que celui indiqué par Clovis et Gustave, mais l'étagère ne correspond pas. Il fait le geste de prendre la carabine Rock-Ola. Il ressort sur la route, s'appuyant sur sa canne. Il s'avance d'un pas résolu jusqu'au mûrier, empruntant le sentier le plus proche de la route nationale, ce qui correspond à ses déclarations de la veille. Il longe ensuite les arbres fruitiers, s'enfonce dans la terre fraîchement labourée, puis progresse entre deux rangées de vigne.

A cinq mètres de l'Hillman, il saisit l'arme que le commissaire Sébeille lui tend et s'allonge sur le sol dans la position où il a regardé Mrs Drummond se déshabiller avant d'avoir une relation sexuelle avec elle. Il se relève péniblement et fait mine de reconstituer la dispute avec Sir Drummond dont l'inspecteur

Girolami tient le rôle. Ce dernier recule pour esquiver un coup de poing et le vieillard qui, dans la scène, a lâché la carabine, la reprend aussitôt après et indique que c'est au cours de la bagarre que le premier coup est parti.

L'inspecteur fuit derrière la voiture et Gaston fait mine de tirer un coup de feu. Le vieil homme se porte ensuite à l'arrière gauche de la voiture et indique qu'à cet endroit il a tiré pour la troisième fois en direction de l'homme qui traversait la chaussée. Puis il explique qu'en se retournant, il a tiré sur Lady Drummond qui est tombée sur place.

Le juge note à ce moment une contradiction. Au cours de ses aveux, Gaston a indiqué qu'il a lâché le deuxième coup de feu sur Jack Drummond et à bout portant. Or, il a tiré sur l'inspecteur Girolami au moment où celui-ci s'enfuyait, donc ni complètement de face ni à bout portant. De même, il ne parle pas de l'instant où l'Anglais trébuche, ce qui laisse entier le mystère du lambeau de peau découvert sur le pare-chocs.

On en vient maintenant à la mort de la petite Elizabeth. Tandis que l'inspecteur Amédée rejoue la fuite désespérée de la fillette, Gaston mime de tirer dans sa direction, « *Pan, une dans le pont !* ». Ce détail est important. L'impact de balle dans le pont a été découvert par le capitaine Albert. De plus, dans un journal d'août 1952, un plan des lieux a été publié pour le grand public, et le fameux impact y figure. Un deuxième coup part, « *mais la fillette a continué de courir* ».

Gaston se joint à la poursuite après plusieurs injonctions du juge Périès. Les personnes présentes sont surprises de sa vélocité, mais le patriarche n'est pas en train d'interpréter un rôle. Alors qu'il se hâte vers le pont de chemin de fer, les policiers réalisent soudain qu'il se dirige vers le parapet. Ils parviennent d'extrême justesse à l'empêcher de se jeter sur la voie ferrée, cinq ou six mètres plus bas. C'est une tentative de suicide. Gaston Dominici ne veut pas refaire les gestes qu'il a décrits la veille, le fusil brandi au-dessus de la tête de l'enfant et s'abattant sur elle.

La décision du vieil homme a été si inattendue, sa réalisation si soudaine que les assistants paraissent paralysés par l'incident. Si depuis le début de la reconstitution Gaston a dans la tête l'idée de se supprimer, il l'a dissimulée avec une telle habilité qu'il a trompé tout son monde. Il est saisi de tous côtés par des bras qui veulent à tout prix lui sauver la vie. On le bascule sur le sentier.

Gaston s'écrasant sur la voie ferrée, c'était un camouflet à la justice, le scandale public, le suspect s'évadant dans une ultime pirouette. Le juge Roger Périès considère ce geste comme un aveu irrévocable, une fuite devant la vérité devenue évidente : Gaston Dominici a reculé devant l'épreuve de refaire en public le meurtre sauvage d'une petite fille.

La reconstitution se poursuit, mais cette fois Gaston est surveillé de très près. Il est amené à l'endroit où tomba Elizabeth. Il refuse de simuler les coups de crosse portés à la tête de l'enfant dans un premier temps. Il se borne à déclarer qu'il ne l'a frappée qu'une fois. Devant l'insistance du juge, il consent à mimer le geste fatidique. La carabine étant brisée, il demande sa canne. Il fait rectifier à l'inspecteur jouant le rôle de la petite victime, la façon dont il tient sa tête, l'inclinant davantage d'une pression de la main. Il brandit sa canne qu'il fait retomber avec violence en direction de la tête du policier.

Pour finir, Gaston est conduit jusqu'au bord de la Durance où on lui fait montrer le trou dans lequel il a jeté son arme, et l'endroit où il s'est lavé les mains. Tout le monde revient près de la voiture. Gaston prend un lit de camp près du véhicule, traverse la route et le jette à l'endroit où on a trouvé le corps de Sir Drummond. Puis il étend une couverture sur le sol, à la place où

Lady Drummond est tombée et fait voir le chemin qu'il a pris pour regagner la ferme.

« J'étais saoul ! J'ai agi dans un moment de folie » affirme-t-il au juge Périès et au commissaire Sébeille.

Pour le magistrat, le moment est venu de prendre une décision. Gaston, dans sa répétition de faits et gestes, a montré qu'il avait encore toutes ses jambes. De plus, l'endroit où il affirme avoir tiré sur Sir Drummond a fourni une indication intéressante. La carabine Rock-Ola éjecte les cartouches vides à droite et à trois mètres environ. Or, le point où ont été trouvées la cartouche et la douille à proximité du cadavre de Lady Drummond correspond exactement à celui où aurait pu se trouver le tireur et où s'est placé Gaston Dominici.

Le commissaire Sébeille fait remarquer aussi au juge la façon dont Gaston s'est servi de la carabine. Elle explique à son sens pourquoi en deux endroits les gendarmes ont découvert une douille percutée près d'une cartouche qui ne l'était pas. Sébeille en déduit que la carabine, dont le réarmement se fait automatiquement, a mal fonctionné. Le tireur a donc dû à chaque fois manié le levier d'armement. Or Gaston a fait précisément le geste de réarmer, comme s'il s'agissait de son vieux fusil Gras dont il faut manœuvrer la culasse, le coup tiré. Cela confirme ce qu'il a déclaré : il ne s'était jamais servi de la carabine, ou très peu.

Le magistrat inculpe Gaston Dominici pour le triple meurtre des Drummond. Ainsi, quarante minutes de reconstitution auront suffi au juge Périès pour se convaincre de la culpabilité du vieux paysan dans ce triple assassinat qu'il aurait commis seul. De mémoire de policier, on n'avait jamais vu une opération de cette importance se dérouler dans un temps aussi rapide. Au demeurant, un juge d'instruction est le maître souverain de ses décisions. Aucun appel n'est possible contre une inculpation, décision régalienne laissée à la discrétion du juge d'instruction, considéré selon l'expression « *l'homme le plus puissant du pays* », puisque aucun contrôle n'est exercé sur l'un de ses pouvoirs. Inculpé ne veut pas dire coupable, encore moins condamné.

Sébeille est moins convaincu que le juge Périès, car cette reconstitution, si convaincante pour les magistrats, fait ressortir quelques anomalies. En effet, les gestes que Gaston a accomplis sont en contradiction avec ses déclarations de la veille. Il a eu de nouveau l'audace de prétendre qu'il avait entretenu des relations sexuelles avec Lady Drummond, mais on ne lui demande pas si cette dernière, qui était selon ses dires en chemise, a changé de place après et si elle a pris le temps de remettre sa robe pendant la bagarre avec son mari. Elle n'a pas pu tomber sur place sur un seul coup de feu, les légistes sont formels. Lady Drummond était couchée ou le buste légèrement relevé lorsqu'elle a été atteinte de trois balles. Ce serait alors admettre qu'après « ses rapports » avec le vieil homme, elle serait allée tranquillement s'allonger sur son lit de camp après avoir remis sa robe pendant que le vieillard tirait sur son mari et le poursuivait. Tout cela ne tient pas.

Gaston a fait prendre à l'inspecteur qui tenait le rôle de la jeune Elizabeth une position à genoux alors que là encore, les légistes sont formels : l'enfant était allongée sur le sol lorsqu'elle a été frappée. Enfin, s'il a indiqué le même coin du hangar, il n'a pas montré la même étagère que ses fils pour l'emplacement de la carabine.

Gaston a-t-il agi docilement pendant la reconstitution, appliquant les directives du juge Périès ? Il aurait dû être repris en main pour tenter de réduire ses contradictions et divergences, le faire revenir à un mobile plus vraisemblable que celui du « péché d'amour ». Il fallait tenter de démontrer au vieil homme qu'il se moquait du monde avec sa folle étreinte, qu'il se trompait aussi sur le nombre de balles tirées.

Gaston est inculpé à cause d'aveux qui contiennent tout au plus que ce qui était connu de lui depuis le premier jour, contredisant les autopsies, la balistique, avec un mobile insensé. Les multiples versions des dénonciations de ses fils ne contiennent aucun élément vérifiable, démontrant leur embarras à bâtir une dénonciation homogène. La seule preuve étant l'entrepôt de l'arme dans le hangar. Mais s'est-elle un jour trouvée à cet endroit ?

Pendant la reconstitution, Gaston, n'étant pas inculpé, était entendu en qualité de témoin, donc sans avocat. Le juge Périès a-t-il pris cette décision pour ne pas avoir les avocats de la défense en face de lui ? Car ne doutons pas que ces derniers n'auraient pas manqué de faire ressortir les invraisemblances comme les discordances et incohérences entre les aveux, les faits avérés, les indices matériels, mais aussi le déroulement des opérations. Gaston n'a pas réellement agi de son seul fait, mais il a obéi aux injonctions du magistrat comme de nombreux journalistes présents l'ont rapporté.

Pour sa part, le commissaire Sébeille se demande si le rôle de Gustave n'a pas été plus important. Si ce dernier a menti avec cette constance, était-ce pour couvrir son père ou pour cacher ses propres fautes ? Mais si Gustave est coupable, comment croire que Clovis, lequel aurait dû au préalable recevoir sa confession, se prête à une machination aussi monstrueuse que d'accuser son propre père le sachant innocent ? Malgré tout, l'attitude de Gustave lui paraît pour le moment celle d'un témoin du crime commis par quelqu'un qui lui est cher et qu'il cherche à couvrir à tout prix. Concernant les meurtres en eux-mêmes, il manque toujours le mobile.

Pour le juge Périès, les aveux n'ont pas encore fourni toute leur substance. Avant d'entendre à nouveau Gaston, trois points préoccupent le magistrat : l'origine de l'arme, l'usage qui en a été fait dans les années qui ont précédé le crime, et le rôle exact de Gustave. Il devient évident à l'examen des aveux de son père qu'il a encore menti. Le juge est persuadé que c'est le fils qui a créé le désordre autour de la voiture, cherchant les cartouches manquantes.

Mais Roger Périès convoque d'abord Clovis, devenu le pivot de l'accusation. Il faut au magistrat consolider certains aspects de sa déposition notamment qu'après avoir accusé son père, il conteste avoir reconnu l'arme lorsque Sébeille la lui a présentée. Personne ne songe à lui reprocher son silence de quinze mois. Pourquoi nier qu'il a compris la vérité dès le 07 ou 08 août ?

Le juge tente de savoir à quel moment Clovis n'a plus douté de la culpabilité de son père : lorsqu'il a vu l'arme ou lorsque son père a fait l'aveu ? Clovis est incapable de répondre. Longtemps, il a cru que Gustave « *y était pour quelque chose* ». Même après la découverte de la carabine, même après la confession de son père. Il ne concevait pas qu'un vieillard, si alerte fût-il, ait pu commettre un tel crime. Lorsque Gaston lui a fait ses aveux, il n'a pas osé demander des détails sur la mort d'Elizabeth. Il avait une fille quasiment du même âge et l'épisode lui paraissait trop horrible. Il se demande aussi si son père n'est pas revenu chercher l'arme après s'être querellé une première fois avec l'Anglais.

L'explication d'une sortie nocturne de Gaston avec l'US M1, pour un simple contrôle de l'éboulement, laisse perplexe. Mais si Gaston est venu chercher l'arme après une première altercation avec Jack Drummond, ce qui peut paraître vraisemblable, les circonstances s'alourdissent. Et se pose la question de la préméditation. Gaston voulait-il les menacer pour les faire déguerpir ou bien avait-il décidé de les abattre ?

Clovis a vu la carabine pour la première fois en 1951, alors qu'il bricolait à la Grand-Terre. Elle n'était nullement dissimulée. Il n'a pas songé à en demander la provenance. Elle était déjà rafistolée. Il est resté une bonne dizaine d'années sans venir à la ferme puisqu'il était brouillé avec son père, ce qui explique qu'il ait ignoré la présence de l'arme. Ceci est contradictoire avec la déclaration de Joseph Chauve qui a reconnu son matériel ayant servi à la réparation, vendu sur les marchés à partir du mois de février 1952. Le témoin, parfaitement neutre, avait été affirmatif. Mais ce point important n'est pas soulevé par le magistrat alors que d'évidence, Clovis ment. Cette arme était-elle conservée en un endroit fixe ? Qui l'a réparée ? Qui l'utilisait ? Etait-elle prêtée ? Comment a-t-elle pu se trouver dans les mains du tireur pendant la nuit des meurtres ? Autant de questions qui, pour le moment, n'ont pas de réponse.

De son côté, Paul Maillet refait parler de lui. Le cheminot, depuis la reconstitution, laisse clairement entendre à qui veut l'écouter que son sac n'est pas vidé. Gustave lui aurait confié avoir « assisté à toutes les phases du drame ». Le juge Périès en a vent et convoque le 30 novembre Paul Maillet pour établir s'il est sérieux ou non. Le cheminot raconte à nouveau la confidence de Gustave et ajoute avoir pensé à ce moment précis, que celui-ci avait pu être un témoin visuel. Et il ajoute une nouvelle information : le 07 novembre dernier, il s'est rendu à Manosque avec un camionneur nommé Gauthier. A bord du véhicule, tous deux ont discuté de l'affaire. Le chauffeur lui a confié sa conviction que Gaston était le propriétaire de la carabine.

A son tour interrogé le 05 décembre, Gustave n'est pas plus précis au sujet de cette arme qui s'esquive sans cesse et porte avec elle une bonne part de la vérité. Pour lui, son père a acheté la Rock-Ola à un soldat Américain. Il n'a pas été témoin de cet acte, étant au maquis. Il n'a découvert l'arme qu'en 1951. Jusqu'à cette date, la remise servait à son frère Aimé pour garer une vieille Amilcar qu'il avait acquise. Ce n'est qu'après le mariage de ce dernier que Gustave a utilisé le hangar. Il n'a jamais vu l'arme entre les mains de son père. Pourtant, dès qu'il a su que ce dernier était l'assassin, il a couru au hangar pour savoir si la carabine était encore là. Pourquoi cette prémonition, alors que sa réaction normale aurait été de s'intéresser d'abord au vieux fusil Gras, arme favorite de son père ? Au son des détonations, il ne l'a pas reconnu. Le mystère de la Rock-Ola reste entier.

Le 07 décembre est une journée mouvementée pour les enquêteurs. Gaston se retrouve en face du juge. Il tient à protester de son innocence. Il se plaint d'avoir été interrogé par les policiers du vendredi 13 novembre à 18h00 jusqu'au samedi 14 novembre à 17h00 sans interruption. Il était très fatigué et ne savait même plus ce qu'il disait. Il continue en avançant avoir subi des pressions pénibles mais sans violences physiques.

Le magistrat observe que Gaston fournit une nouvelle explication pour justifier ses aveux. Après avoir invoqué le sacrifice pour « *sauver l'honneur de ses petits-enfants* » et l'occasion de se séparer de son épouse, il évoque désormais la fatigue. Il maintient avoir voulu protéger Gustave que, néanmoins, il n'accuse plus :

« Je ne me souviens pas vous avoir dit ou vous avoir laissé entendre que Gustave était le meurtrier. Je reconnais, par contre, vous avoir dit que je me reconnaissais coupable pour sauver l'honneur de ma famille. Par contre, je ne me souviens pas vous avoir dit que j'avouais dans le but de me séparer de mon épouse. Je vous le répète, j'étais gaga.

- Et la reconstitution ? Vous vous y êtes pourtant prêté de bonne grâce.

- J'étais encore dans le coma. Vous m'avez fait devenir imbécile. Je n'ai protesté de mon innocence que lorsque j'ai repris conscience, le soir de la reconstitution.

- Et l'emplacement de la carabine ?

- Je vous l'ai montré.

- Vous aurez du mal à le nier, des photographies ont été prises.

- Je n'ai fait que désigner un endroit dont les policiers m'ont parlé au cours de mon interrogatoire. »

Si ce point est exact, il relève d'un manque de professionnalisme plutôt gênant.

« De toute façon, la nuit du crime, j'étais couché. Je me suis levé au moment du passage du side-car. J'ai bien entendu les coups de feu mais je n'ai pas bougé. J'ai conduit mon troupeau de chèvres au quartier de Giropey avant de revenir à la Grand-Terre vers 08h00. Je n'ai rien à ajouter, si ce n'est que je suis innocent. »

C'est la marche arrière totale. Gaston n'a rien fait. Malgré les différentes confrontations, il n'a pas mis en cause Gustave, il n'a pas reçu de confidences d'Yvette et il ne sait pas d'où peut bien sortir la Rock-Ola. L'absence de preuve matérielle peut expliquer le comportement du vieux fermier. Après un moment de faiblesse qui l'a conduit à livrer des aveux en partie invraisemblables, Gaston a bien compris que l'édifice judiciaire reposait sur ses paroles et celles de ses fils, les unes ne valant pas plus chères que les autres.

Durant cette même journée, Paul Maillet veut parler de Gustave à Sébeille. Il n'a révélé qu'une partie de la conversation qu'il a eue avec lui à la fin de l'année précédente alors qu'il venait à la ferme pour acheter des pommes de terre. Gustave lui a confié qu'il avait entendu des cris. Les deux hommes se trouvaient sous le gros arbre dans la cour. Maillet posa alors une question :

« Où étais-tu ? »

Gustave lui répondit en Provençal :

« A qui devan dins la luzerne (ici, devant, dans la luzerne !) », accompagnant cette phrase d'un geste qui faisait le tour de la luzerne devant eux.

Mais cette appellation de « luzerne » pose problème. En fait, il y a deux champs de luzerne. Celui qui a été trop abondamment arrosée et dont le terrain a fini par s'ébouler en partie sur la voie ferrée, et celui dont parle Gustave à Maillet. Le premier, qui a été trop arrosé, se trouve au-delà du pont, au nord de ce dernier et sur la gauche de la voie ferrée. Le second, dont parle le fils Dominici, est celui qui fait la séparation entre le corps de bâtiments de la Grand-Terre et le chemin menant au pont. Sur ce terrain se dressent de la vigne, quelques abricotiers et aussi de la luzerne.

Par conséquent, si Paul Maillet dit vrai, un autre mensonge se fait jour, et il est plus édifiant que les autres. Gustave a toujours soutenu qu'au moment du crime, il se trouvait dans sa chambre, effrayé, toute comme sa femme Yvette. S'il était dans la luzerne, il a pu voir le drame. Il se trouvait dehors au moment où les coups de feu ont éclaté et peut-être même dans les moments qui ont précédé les crimes ! A quelle distance ? On peut raisonnablement penser que lorsque Gustave fait cette confidence, il désigne un lieu qui est certainement peu éloigné du campement des Anglais. Quelques dizaines de mètres ? Voir moins ?

Cent-soixante-dix mètres séparent la ferme du campement, distance composée d'un bel écran de végétation. On ne voit rien de la ferme. Et pour tout voir, il faut dépasser ces obstacles végétaux et donc être près du mûrier, donc très avancé, non loin du chemin du pont.

Cela correspond d'ailleurs aux termes qu'il a employés avec Maillet : « *Si tu avais vu et entendu les cris* ». Comment ça vu ? Il était forcément en bordure du verger. Comment peut-on être sûr que cette déclaration est sincère ? A-t-elle été inventée de toutes pièces par le témoin ?

« Avez-vous raconté cette histoire à quelqu'un d'autre ?

- Oui, à Escudier, épicier de La Brillanne, quinze jours ou trois semaines après la confidence de Gustave. »

Sébeille peine à cacher son agacement. Même sa cigarette qu'il vient d'allumer en tremble :

« Pour quelles raisons, lors de votre audition du 27 janvier dernier, ne m'avez-vous pas révélé ce que vous me dites aujourd'hui ? Je vous avais pourtant bien dit qu'il était dans l'intérêt de la justice de dire tout ce que les témoins pouvaient connaître de cette affaire !

- Etant le seul à avoir recueilli cette confidence de la part de Gustave, je craignais que mon seul témoignage soit faible et qu'il pourrait ainsi me faire mentir. Surtout, je pensais par ailleurs que Gustave vous le dirait de lui-même. Gustave, comme pour la question des cris, ne pourra pas contester qu'il m'a déclaré s'être trouvé dehors au moment du crime, de même que l'épicier Escudier ne pourra pas contester que je lui ai révélé ce que m'avait dit Gustave. »

Le cheminot Maillet a livré tout ce qu'il savait, au compte-goutte, non sans difficulté. Emile Escudier confirmera les propos de Maillet. Pourquoi ce dernier ne s'est pas exprimé plus tôt ? C'est Gaston, pour le moment, qui est inculpé, et le balancier penche de plus en plus du côté de Gustave.

Pour le juge Périès, la révélation de Paul Maillet est capitale. Il semble que cette fois, Gustave soit dos au mur. Le 17 décembre, Gustave est convoqué en même temps que Paul Maillet. Ils ne sont pas mis en présence immédiatement.

Lors des coups de feu, Gustave n'a fait que se lever pour aller à la fenêtre. Il n'a rien vu et il s'est recouché. Ce n'est qu'à 04h00 qu'il est sorti de sa chambre, ayant entendu les pas de son père. Il confirme, après une question du juge, qu'il était dans sa chambre et non dans la cour. C'est alors que le juge Périès lui lit le procès-verbal qu'il a dressé après avoir entendu Paul Maillet. Gustave ouvre de grands yeux pleins de colère et d'angoisse, puis proteste vivement.

Paul Maillet et Gustave Dominici sont alors confrontés. Le choc entre les deux hommes est vite assez violent. Paul Maillet est très ferme et maintient ses déclarations. Gustave l'accuse de mentir. Il lui a bien dit qu'il avait entendu les cris, mais de la chambre ! Le juge congédie Paul Maillet et reste avec le fils Dominici.

Un lourd silence s'installe entre les deux hommes. Puis le magistrat reprend patiemment l'affaire dès le début, démontant le mécanisme qui a abouti aux aveux du père. Chaque engrenage est constitué par un mensonge reconnu ensuite par Gustave. D'abord l'endroit où il se trouvait lorsqu'il a alerté Olivier. Ensuite le bras de l'enfant qui remuait. Puis les corps qu'il a touchés, les cris. Il a nié, pataugé, s'est enfoncé, puis s'est mis à table. Pour le juge, il était debout dès les coups de feu et ne s'est pas terré dans sa chambre. Après être resté silencieux un long moment, Gustave se décide à parler :

« Je vais vous dire ce qui s'est passé. J'ai su que mon père était l'assassin non pas à 04h00 mais dès 02h00. Après les coups de feu, nous ne nous sommes pas rendormis. A 01h30, Yvette a donné le biberon à Alain. Puis nous avons éteint la lumière. Deux heures venaient de sonner lorsque j'ai entendu des bruits de pas dans la cour. C'était le père. La chienne n'avait pas cessé d'aboyer. J'ai été étonné parce que je n'avais pas entendu mon père descendre. C'est pourquoi je me suis levé et je suis sorti. J'ai trouvé mon père debout dans la cour à proximité du puits, me regardant m'approcher sans bouger. Il paraissait très agité comme il l'était quelquefois après s'être disputé avec ma mère. Il était sans sa canne. Je lui ai demandé ce qu'il faisait à cette heure et s'il avait entendu les coups de feu. Bien sûr m'a-t-il dit, puisque c'est moi qui les ai donnés. »

Puis Gustave reproduit alors le récit de la scène lorsqu'il la plaçait à 04h00 du matin. Son père s'est rendu à l'éboulement et, en passant à proximité du campement, l'homme, qui était debout, était venu à sa rencontre. Ils avaient eu une discussion à la suite de laquelle il avait tiré avec la carabine. Il a aussitôt songé à la carabine à répétition mais son père ne lui a pas confié qu'il l'avait prise « *pour un tour de chasse* ».

Il est parti affolé vers le talus et c'est là qu'il a vu la petite remuer. Il était bouleversé et il ne s'est pas approché d'elle. Il est remonté au campement, a vu la couverture et le lit de camp sur le corps des parents. Il est rentré en courant à la ferme. La cuisine était éclairée, il a pensé que son père s'y trouvait. Il alla prévenir Yvette sur-le-champ et lui a tout raconté. Cette dernière fut très émue. Ils n'ont pas pu retrouver le sommeil.

Ainsi, Gustave révèle que sa femme a été mise au courant dès les premières heures du drame. On peut s'interroger d'associer sa femme à cette nouvelle version. Il compte sur elle pour recevoir une confirmation de ses dires, et ainsi verrouiller sa propre déclaration. Il s'agit de mettre en place un barrage solide pour contrer les propos de Maillet.

Comment concevoir que la jeune femme, après avoir entendu les coups de feu près de son domicile, puisse rester dans une ignorance totale, ne poser aucune question et se rendormir paisiblement ? On remarquera que le sort de la fillette n'a pas été jugé prioritaire par le fermier.

A 05h00, il s'est levé et est retourné au campement. C'est à ce moment qu'il a soulevé la couverture cachant le corps de la femme. Il assure n'avoir trouvé ni cartouche ni douille. Sa mère n'a jamais rien su jusqu'à l'arrestation du père.

Mais le juge Périès n'est toujours pas convaincu. Ainsi, qui a créé le désordre autour de la voiture ? Pourquoi Gustave a-t-il bougé le corps de Lady Drummond ? N'était-ce pas pour récupérer les fameuses douilles qui manquent toujours ? Et la carabine ? Selon Gustave, elle n'était plus dans le hangar lorsqu'il y est passé à 05h00. Les chargeurs non plus. Depuis, il n'a pas eu le courage de reparler du crime avec son père. Il ne se souvient pas que Clovis l'ait interpellé le jour où Sébeille lui avait montré la carabine. En revanche, à plusieurs reprises, Clovis lui a confié ses soupçons sur Maillet. Gustave laisse-t-il entendre que le cas de Paul Maillet n'est pas clair ? Il maintient aussi qu'il n'était pas dehors lorsqu'il a entendu les cris.

De plus, il s'est tu jusqu'ici car il craignait, ayant vu son père alors qu'il revenait de commettre le crime et s'étant rendu aussitôt sur les lieux, d'encourir une responsabilité. Yvette, surtout, redoutait qu'on puisse le considérer comme complice.

Le magistrat procède à une confrontation entre Gustave et Clovis. Le cadet des Dominici retrouve comme par enchantement la mémoire. Les deux frères ont bien parlé de la disparition de la Rock-Ola et cet échange a eu lieu avant l'arrestation de Gustave.

Le lendemain, le magistrat se rend à la Grand-Terre pour interroger Yvette. Il s'installe dans la cuisine avec la jeune femme.

Gustave a sans doute tout expliqué à sa femme lorsqu'il est revenu de Digne. Dès le début de l'interrogatoire, Yvette fond en larmes. Elle reconnait avoir menti depuis le début. Depuis un an, elle est sur les nerfs, revivant sans cesse cette nuit tragique. Ils ont entendu des cris en même temps que les coups de feu. Ils étaient couchés. Comme son mari, elle contredit formellement Paul Maillet. Gustave n'était pas dans le champ de luzerne. Mais il s'est levé un instant après.

Un quart d'heure plus tard, il était de retour. Il titubait comme un homme saoul. Son père avait tué les Anglais. Son mari s'est recouché. Elle n'a pu retrouver le sommeil que par bribes. Elle s'est levée un instant après Gustave et a attendu dans la cour avec sa belle-mère. Son mari est revenu et lui a dit qu'il avait vu la fillette le visage ensanglanté. Elle ne peut se rappeler combien de fois Gustave est retourné sur les lieux du crime. Pour sa part, elle n'a jamais répété à sa belle-mère ce que Gustave lui avait confié. En présence de son beau-père, elle n'a fait aucune allusion. Elle s'est même arrangée pour lui parler le moins possible. Dans la matinée du 05, Gustave lui a fait savoir que Gaston s'était servi de la carabine Américaine qu'elle n'avait jamais vue pour sa part.

On fait entrer Gustave. Il reconnait qu'à 02h30 il n'a pas voulu dire à sa femme que l'enfant était vivante. Mais dans les procès-verbaux, on ne trouve pas trace d'une observation quelconque du juge sur une divergence qui existe pourtant entre les déclarations des jeunes époux. Yvette, la plus rebelle, s'est décidée à avouer. Pour le juge, l'enquête n'a jamais touché d'aussi près la réalité des faits. C'est sur cette pensée qu'il quitte la ferme.

Est-il vraisemblable qu'ayant vu la fillette gisant sur le talus à 02h30, le jeune fermier ne s'en soit pas approché ? Faut-il se contenter de son explication sur la manipulation qu'il a fait subir au corps de Lady Drummond ? Etait-il oui ou non dans la luzerne ?

A chaque fois que Paul Maillet s'est décidé à parler, Gustave a toujours perdu. Pour Roger Périès, le cheminot ne ment pas, Gustave lui a confié qu'il était dans la luzerne. Mais qui a vu Gustave ? Tous ses mensonges n'ont-ils pas qu'un motif : cacher une participation partielle aux crimes de son père ? C'est une hypothèse à ne pas écarter. Mais comment la vérifier ?

Le 28 décembre 1953, on vient chercher Gustave au matin. Il a maintenant l'habitude. Il se laisse conduire sans un mot jusqu'au cabinet du juge. Au fil des questions, Gustave maintient qu'il était dans sa chambre au moment des cris, qu'il n'est pas allé voir son père pour le questionner sur les coups de feu, et qu'il était sorti dans la cour de la ferme uniquement parce qu'il avait écouté son père « tourner ».

Le juge tente de dresser un inventaire exact de ce que Gustave a vu au cours de ses différents passages sur le campement. Où étaient les lits de camp, les couvertures, les corps ? Gustave reste sur la défensive et se garde de toute précision qui pourrait menée à en déduire qu'il a déplacé un objet quelconque. Même l'impatience du juge pendant l'interrogatoire n'a de prise sur lui.

Il jure au magistrat qu'il a dit toute la vérité le 17 décembre. Il paraît exténué. Depuis le début de l'affaire, il est l'homme en première ligne, le plus exposé, celui qui subit tous les chocs, harcelé par les enquêteurs, secoué par les siens dès qu'il donne un signe de faiblesse. Il reste gêné et veut cacher le climat actuel de la Grand-Terre.

En effet, à son retour de Digne, le 15 novembre, il s'était justifié aux dépens de Clovis. Toutes ses sœurs étaient présentes. Elles l'ont engueulé pendant des heures, en lui demandant s'il n'était pas devenu fou. Il a donc chargé Clovis de tous les maux. Par la suite, il a tenté d'expliquer aux femmes que leur père lui avait tout de même avoué son crime. Mais elles ne veulent pas encore le croire. Gustave est relâché peu après midi.

Le 30 décembre 1953 est le jour de la grande confrontation entre Gaston et ses fils. Roger Périès fait d'abord venir le vieux qui retire tous ses aveux en affirmant que les « *flics l'ont rendu fada avec leurs questions sans fin.* »

On donne l'ordre de faire venir Gustave qui apparaît pâle, crispé, suivi par l'œil narquois de son père. Le juge commence par lire de bout en bout les accusations qu'il a émises contre son père. A la question « *Les confirmez-vous ?* », répond un long silence. Avec calme, le juge réitère sa question. Il lui fait remarquer qu'à six reprises il a indiqué avoir reçu la confidence de son père expliquant qu'il était le meurtrier de la famille Drummond. Gustave baisse la tête et revient sur les accusations portées contre son père, en disant que les policiers l'avaient brutalisé pour les obtenir. Le magistrat se tourne vers Gaston. Lui aussi a accusé son fils. A son tour il nie avoir dit que Gustave avait tué les Anglais.

Si tout en innocentant son père Gustave persiste à dire qu'il était dehors à 02h30, qu'y faisait-il ? Se trouvait-il dans la luzerne, oui ou non ? Poser ces questions, c'est peut-être résoudre l'affaire de Lurs. Mais le juge s'y refuse. Le moment n'est pas venu de s'engager sur cette voie. Il a en main un dossier contenant des aveux et des accusations. L'inculpé se rétracte et l'un des témoins à charge aussi. Pour le moment, la logique commande d'aller jusqu'au bout et de savoir si le second pilier de l'accusation tient encore. Position rationnelle, estime Roger Périès, qui impose sa volonté.

C'est au tour de Clovis d'être confronté au père. Massif, la voix rugueuse, il n'ôte pas une virgule à ce qu'il a déjà dit. Son père est coupable. Père et fils s'affrontent alors rageusement. On ne se fait grâce de rien. La haine s'écoule comme le contenu d'un fruit pourri. Clovis fait face avec fermeté. Roger Périès le libère. Le vieil homme est ramené dans sa cellule.

En fin d'après-midi, le magistrat revoit Gustave. Persiste-t-il dans ses rétractations ? La réponse est négative, et confirme que son père lui a bien avoué qu'il avait tué les Anglais. Pourquoi l'avoir nié ce matin ? En face de son père, il n'a pas eu le courage. Le juge tente une nouvelle fois d'obtenir de Gustave qu'il reconnaisse s'être trouvé dehors au moment du crime. En vain.

A partir du 12 janvier 1954, Gaston subit pendant trois semaines un examen d'expertise mentale. Les experts le déclareront responsable de ses actes, parfaitement normal et extrêmement maître de lui. Ils n'ont découvert aucune tare ou maladie mentale. Solide, bien équilibré, plein de bon sens, Gaston a atteint la vieillesse dans un état remarquable d'intégrité psychologique.

Il est incontestable que le triple crime a été maquillé. Gaston Dominici a tué. Il l'a dit, puis s'est rétracté. Mais de tous les interrogatoires, il ressort que c'est un de ses fils qui a changé les cadavres de place, qui les a recouverts l'un d'une couverture, l'autre d'un lit de camp. Ce n'est pas Gaston qui a enlevé, puis a replacé les couvertures sur les vitres de la voiture. Ce n'est pas Gaston qui a ramassé les douilles éjectées sur les lieux du crime et les balles non percutées. Ce n'est pas Gaston qui a simulé un pillage en règle de l'Hillman.

Alors que le procès va s'ouvrir, on ignore encore sur quels éléments repose la préméditation retenue pour le qualifier de triple assassinat. Le mobile du crime est encore à débattre. Le rôle passif ou complice de quelques personnes n'a pas été éclairci. C'est ainsi que Gaston Dominici va être jugé, seul.

TROISIÈME PARTIE

LE PROCÈS

I. CHER PAPA...

Sur l'honnêteté et l'intégrité de Roger Périès, aucune critique, même voilée, n'a jamais été faite. C'est un homme loyal et sincère avec qui les avocats aiment travailler car jamais il ne leur ménage de mauvaise surprise. Pour la procédure, il applique strictement la loi. Dans les interrogatoires et les confrontations, il s'efforce de tenir la balance égale. Il est maintenant seul pour compléter et mettre en état le dossier. Il ne peut compter que sur lui-même et mène sa tâche en solitaire, ne confiant plus à Sébeille que des commissions rogatoires sur des points de détails.

Il tient dans ses mains une lettre datée du 10 janvier 1954 que Gustave destinait à son père :

« Cher papa, excusez-moi, je souffre terriblement aussi. Je pense à vous plus que jamais et je vous promets d'être fort et de dire la vérité même devant des menaces. Il faut que la vérité se fasse jour. »

L'écriture est maladroite et heurtée. Traduit-elle une réelle émotion ou bien seulement le bas niveau d'instruction du jeune fermier ? Cette lettre est parvenue tout naturellement au juge. Dans les prisons de France fonctionne une censure. Tout écrit adressé aux détenus ou expédié par eux est lu par le surveillant-chef. L'objectif est d'empêcher les captifs de mettre au point un projet d'évasion en s'assurant des concours extérieurs. De plus, le juge d'instruction a le droit d'être tenu au courant de la correspondance lorsque, reliée aux faits motivants la détention, elle peut les éclairer d'une manière ou d'une autre. Nul piège dans cette réglementation connue de tous.

A la lecture de cette lettre, Roger Périès en est persuadé : Gustave titube sous les coups que sa famille lui assène. Le 04 février 1954, Gustave est à nouveau interrogé. Clovis est prié également de se tenir à disposition de la justice. Le magistrat tend à Gustave la lettre saisie et lui demande s'il maintient ses accusations ou non. La réponse fuse :

« Non. »

En réalité, il ne sait rien de cette affaire et revient sur toutes ses déclarations. Il reprend sa version d'août 1952, parlant comme si rien ne s'était passé entre-temps. Oubliée la confrontation avec Olivier qui a entrainé le premier aveu, oubliés le témoignage de Ricard et le changement de position du corps, oubliés la déposition de Paul Maillet et les cris entendus, oubliée la confidence de Roger Perrin. On efface tout et on recommence. Il est de nouveau en contradiction avec tous les témoins.

Par rapport aux menaces qu'il évoque dans sa lettre, il cible la police qui l'aurait menacé et mis la pression deux jours durant. Mot pour mot il répète ce qu'il a dit au début : il voulait que son père sache qu'il a menti. Il est prêt à décrire encore ses faits et gestes durant la nuit tragique. Mais Roger Périès l'arrête. Clovis est convoqué.

Gustave, confronté à son frère, change de comportement. Son assurance faiblit, ses épaules se creusent et il détourne les yeux pour ne pas affronter le regard de son frère. Au contraire, Clovis se tient debout, décidé. Le juge lui révèle le contenu de l'entretien qu'il vient d'avoir avec Gustave. Il n'est pas étonné du revirement. Toute sa famille monte le coup à Gustave. Il exhibe lui-même une lettre de menaces d'un de ses frères. Sa position reste la même :

son père est coupable et il a eu une conversation avec Gustave le 08 août, lorsqu'il a constaté la disparition de la carabine. Mieux, lorsqu'il a demandé à Gustave, quelques jours après le crime, si c'était lui qui s'était servi de la carabine, celui-ci lui a répondu par la négative, que c'était le père qui avait tiré les coups de feu. Gaston lui avait dit le matin en partant garder ses chèvres. La mémoire revient donc soudainement à Clovis qui, jusque-là, disait qu'il n'avait parlé du père avec Gustave qu'après sa sortie de prison.

Gustave reconnait qu'il a eu une conversation avec Clovis le 08 août, qu'il a déjà vu la carabine et revient alors sur sa dernière déclaration et accuse de nouveau son père d'être le coupable des meurtres. Gustave n'hésite pas à s'engouffrer derrière la nouvelle déclaration de Clovis, comme s'il se sentait plus à l'aise en second rideau.

« Pourquoi êtes-vous revenu sur vos accusations ? demande le juge Périès. »

Pour toute réponse, il reçoit un haussement d'épaules. A 19h00, le juge reste seul avec Gustave. Le juge a en face de lui un homme instable, influençable, contre lequel pèsent de forts soupçons. Minutieusement et patiemment, le magistrat énumère les retournements de Gustave selon l'heure ou le jour, niant ou avouant selon qu'il est mis en présence de son père ou de son frère.

Dans l'hypothèse où il aurait achevé la fillette, ou simplement assisté à la tuerie sans s'y opposer, on comprend que devant son père, le jeune fermier ait peur d'être accusé par lui, et ce serait la raison qui le pousserait à se rétracter dès qu'il se trouve en sa présence. Mais aucun témoignage ne vient conforter ces suppositions. Clovis met en cause son père et lui seul. Gaston nie toute participation et ne sait rien de ce qui a pu se produire. Gustave affirme qu'il était couché au moment des faits.

Roger Périès sent que son instruction commence à s'essouffler. Il a ordonné une expertise dont il attend beaucoup : celle de la graisse ayant servi à la Rock-Ola. Il a fait saisir les fusils de Gustave, le vieux Gras de Gaston, mais aussi les armes de Clovis et de la famille Perrin. De la comparaison des graisses, il sera peut-être possible de déduire le propriétaire ou les utilisateurs de la carabine.

Selon les experts, Les matières grasses utilisées pour la carabine présentent des caractères physiques approchants, démontrant leur appartenance à un même type structural, ou très voisins de celles employées pour le fusil 6844 et le Simplex. En revanche, il n'existe aucun rapport de graissage entre toutes les armes saisies y compris celles de la Grand-Terre.

Le Simplex et le fusil 6844 appartiennent à Clovis. Si la graisse de la Rock-Ola est la même que celle employée par Clovis, cela ne signifie-t-il pas que celui-ci a eu en main la carabine et qu'en chasseur soigneux, il l'ait graissée ? Mais lorsqu'on l'interroge à ce sujet, il répond qu'il n'emploie jamais de graisse minérale, mais de l'huile d'olive de sa récolte.

Mais l'huile d'olive finit par abîmer les parties métalliques en raison de son acidité et les experts ont retrouvé des traces d'huile minérale. Peu importe, il a donné ses armes à réparer et c'est sans doute l'armurier qui a employé la matière grasse dont l'expert a retrouvé des traces. De leur côté, les experts ne peuvent pas faire un rapprochement certain entre les graisses. La vérité ne viendra donc pas de cet élément matériel que sont les graisses d'armes et de leur analyse scientifique.

Néanmoins, on peut s'étonner qu'une telle expertise arrive si tard. Les conclusions auraient pu être connues dès août-septembre 1952 et auraient pu orienter différemment les soupçons et investigations. Seul le graissage des armes de Clovis présente une forte similitude avec celui de la Rock-Ola. En revanche, tous les graissages des autres armes sont nettement différents. Cela conduit à ce que la carabine était au moins entretenue par Clovis. En était-il le propriétaire ? Dans l'affirmative, il est impossible qu'il l'ait laissée à la Grand-Terre alors qu'il était fâché avec son père. Il est donc permis de penser que la Rock-Ola ne s'est jamais trouvée dans le fameux hangar. Alors où ? A la Serre ? Et Zézé l'aurait prise avec lui quand son oncle est passé le chercher le soir du 04 août 1952 ?

Le juge Périès apprend par une dépêche d'agence que Gustave a assuré à un journaliste que son père est innocent et qu'on l'a forcé à l'accuser, et qu'il n'a fait que suivre son frère Clovis. Le magistrat voit rouge : il mandate les gendarmes d'aller chercher le fermier le 23 février. Il n'y a pas quinze jours que Gustave a confirmé ses accusations. Le juge commence l'entretien sans douceur :

« Est-il vrai que vous avez dit à vos frères et sœurs que vous aviez accusé votre père qu'après Clovis ?

- Oui, répond le fermier.

- Mais c'est un mensonge ! hurle le magistrat. »

Gustave secoue la tête. Il n'est pas d'accord :

« J'ai dit à ma famille que je n'avais accusé mon père que parce que Clovis m'avait rapporté la conversation avec lui du temps que j'étais en prison. »

Gustave n'a pas imaginé ce nouveau revirement seul. Il n'en a pas l'intelligence. Mais il reconnait devant le juge qu'il a révélé à sa famille l'aveu fait par le père dès le 05 août dans la nuit. Il n'a donc pas pu dire à ses frères et sœurs qu'il ignorait la culpabilité de Gaston jusqu'à sa conversation avec Clovis.

« Alors Gustave, avez-vous oui ou non fait cette confidence aux vôtres ? »

Il le reconnaît enfin :

« Mes sœurs me répètent sans arrêt que je ne dois pas accuser le père. Pour elles, il est innocent. Même moi, je viens à me demander s'il est coupable ou non. Il était peut-être saoul et a raconté n'importe quoi. Dans toutes ses lettres, il écrit qu'il est innocent. Il m'est difficile de l'accuser. »

Le juge tente alors de démontrer à Gustave combien sa nouvelle position peut devenir rapidement intenable :

« N'avez-vous pas dit à votre famille que vous avez vu la carabine ?

- C'est exact mais je me demande encore comment elle a pu venir dans le hangar. Je ne sais pas si elle appartenait à mon père et je ne lui en ai jamais parlé.

- Et les coups de feu ?

- J'étais tout simplement couché et n'ai pas bougé de mon lit. Je n'ai pas songé à aller demander à mon père s'il les avait lui-même perçus. »

Seul Clovis ne varie pas dans ses déclarations. Il subit de toute évidence moins que Gustave l'influence du vieux. Gustave, lui, est un faible pour qui le père reste une importante figure d'autorité. Il est aussi totalement dominé par sa femme Yvette. Est-ce elle qui l'a convaincu de dissimuler la vérité ?

Le 25 février, c'est Gaston qui comparaît à nouveau. Le juge Pèriès l'informe des revirements successifs de Gustave. Le vieux avance que si Gustave agit de la sorte, c'est qu'il est poussé par son frère Clovis. Une ancienne querelle oppose Gaston et Clovis. Quelle est la part de vérité dans les accusations du fils ?

Puis Gaston s'intéresse à son petit-fils Zézé :

« Sans l'accuser, car dans le fond, étant couché, je n'ai pas vu le criminel, j'ai l'impression que celui-ci pourrait être mon petit-fils Roger Perrin. C'est un rouleur et il n'est pas impossible qu'il soit venu rôder le soir du crime aux abords de la Grand-Terre. Puisque l'arme appartient à Clovis, comme le croît mon avocat maître Charrier, je suppose qu'il l'avait prêtée à son neveu Roger Perrin. »

Après avoir mis en cause son fils Gustave, voilà que le vieux fermier se tourne maintenant vers son petit-fils. Gaston est aussi en mauvais termes avec sa fille Germaine, mère de Roger. Est-ce pour cela que Gaston accomplit de tels efforts pour faire porter les soupçons sur Zézé ? Mais, une fois de plus, il reste vague dans ses propos, prenant bien soin de redire qu'il était couché. Il fait part d'une impression, sans accuser. Il suppose.

Le juge Périès reprend le dossier Roger Perrin et l'étudie longuement, assez pour se convaincre qu'il ne peut achever l'instruction sans soumettre l'adolescent à un interrogatoire poussé.

Devant le juge, le 08 mars, le jeune garçon ne modifie ses dépositions antérieures que lorsque vraiment il ne peut tenir debout face au vent. Il a parfois menti, comme avoir caché qu'il a appelé Galizzi à la rescousse, affirmant qu'il l'avait chargé de prendre son lait le matin du 05 août. Mais il ne sait pas encore pourquoi. Mais on s'aperçoit que l'édifice mis en place avec le concours de Galizzi n'avait pas d'autre objet que de créer un alibi uniquement pour prouver aux enquêteurs qu'il s'était levé à 05h00 au lieu de 7.

Le jeune homme s'obstine à soutenir qu'il a appris le crime par Faustin Roure après 07h00. Et s'il a fait mentir Galizzi, c'est pour persuader les gendarmes que son comportement ce matin-là a été le même que les autres jours. Il maintient néanmoins que les

Anglaises sont venues à la ferme et, s'il a attendu plusieurs mois avant de faire cette confidence, ce fut par rapport à sa tante Yvette qui lui avait recommandé de ne rien dire. Tel est le seul élément concret que tire le juge de cette audition.

Le courrier posé sur le bureau du juge est signé par Clovis le 29 janvier à l'intention du beau-père de Gustave, Louis Barth. Ce dernier, en l'absence de Gaston, dirige plus ou moins la Grand-Terre. Il est l'un des plus farouches animateurs de la campagne en faveur du détenu. Les avocats de Gaston ont transmis au juge la missive en question :

« ...Faites que Gustave ne se rétracte pas. Beaucoup de choses pèsent sur lui alors qu'il est innocent en tout, vu que c'est ce vieux bandit qui a fait le mal. Il sait ce qu'il a derrière lui, sa femme et ses beaux petits. Il agit mal, il se laisse influencer par ses frères, beaux-frères et sœurs. Et surtout recommandez bien à Gustave de faire attention à ce qu'il fait... »

Que craint Clovis qui, sans doute, connait précisément les évènements de la nuit tragique ? Que pourrait redouter Gustave s'il n'a pas participé aux crimes ? La justice ne va pas l'accuser sans motif. Faut-il s'attendre à une mise en cause précise de la part de Gaston, ce qui nécessiterait une dénonciation totale ? Pour Louis Barth, il s'agit d'un chantage qui explique clairement pourquoi Gustave a craqué : il a été soumis à la contrainte conjuguée des policiers et de Clovis.

Roger Périès fait venir ce dernier à son cabinet le 20 mars. Furieux de ce rebondissement qui l'oblige à jouer une nouvelle fois les traitres, il déclare que la lettre a été écrite par sa femme, mais il était au courant et il ne l'a pas dissuadée de l'envoyer. Il ne se fâche pas quand on lui apprend que son père prétend que la carabine lui appartenait. C'est un menteur. Il avance ça pour se tirer d'affaire. Aucune question n'est posée sur les conclusions relatives au graissage des fusils. On ne cherche pas non plus à comprendre la teneur précise des craintes que Clovis pourrait nourrir à l'égard de son frère.

Le juge procède à l'interrogatoire définitif de Gaston Dominici le 21 avril, formalité qui a pour but de fixer de manière irrécusable la position finale de l'accusé. Pas de surprise, le vieil homme conteste formellement être l'assassin.

Le 06 mai 1954, l'inculpé est renvoyé devant la cour d'assises des Basses-Alpes, mais ses avocats déposent un pourvoi contre l'arrêt de renvoi. La chambre criminelle de la cour de cassation est saisie. Au mois de juin, Roger Périès décide de clore son instruction.

Le juge va écrire le mot « fin » au bas du dossier, mais il lui démange de rajouter « oui mais »… Pas de mobile, sinon des hypothèses, l'incertitude sur la propriété de la carabine, la fâcheuse impression que laissent Gustave et Roger Perrin. Mais l'accusation dispose, selon le magistrat, d'un ensemble cohérent. Pour Roger Périès, il est impossible que Gaston Dominici se soit accusé pour sauver l'un ou l'autre des membres de sa famille. D'un geste lent, il signe l'ordonnance de « soit communiqué » le dossier à la chambre des mises en accusation.

Le 01er juillet, le conseiller Patin prend connaissance du mémoire déposé pour Gaston par Maître Mayer, avocat au Conseil d'Etat et à la cour de cassation. Présidée par Monsieur Battestini, la chambre criminelle de la cour de cassation examine le 22 juillet le pourvoi. Elle relève que Gaston Dominici n'a avoué au juge d'instruction qu'après lui avoir laissé entendre que le véritable meurtrier était son fils Gustave, et que lui-même ne s'accusait que parce que étant le plus vieux, il lui appartenait de sauver l'honneur de son fils.

L'arrêt rendu le soir même suit l'avis du conseiller rapporteur, Monsieur Maurice Patin et de l'avocat général, Monsieur Victor Dupuich. Les deux premiers moyens sont rejetés, les deux derniers admis, car ils concernent des omissions prescrites à peine de nullité par la loi du 08 décembre 1897 sur l'instruction judiciaire. L'arrêt de renvoi de la chambre des mises en accusation de la cour de Grenoble devra désigner un juge d'instruction pour procéder à l'interrogatoire définitif et rédiger l'ordonnance de renvoi devant la chambre des mises en accusation.

Le 18 août, à la prison de Grenoble où il a été transféré, Gaston Dominici est interrogé par le juge d'instruction, Paul Avrillier. Le magistrat reprend le dernier interrogatoire récapitulatif et dicte à son greffier un deuxième texte ne différant du premier que sur des points de détail et dont la lecture soulève des protestations de la part de l'inculpé. Les avocats demandent, comme leur client, une confrontation entre Gaston Dominici et ses fils Clovis et Gustave.

Le 08 septembre, la chambre des mises en accusation de Grenoble, à qui le nouveau dossier est transmis, rend son arrêt. Gaston Dominici est de nouveau renvoyé devant la cour d'assises des Basses-Alpes. La demande de confrontation de l'inculpé avec ses fils est repoussée. La chambre des mises en accusation estime que ces demandes n'ont d'autre but que d'entraver le cours de la justice et de retarder l'heure du jugement.

II. QUE LE SPECTACLE COMMENCE !

La date du procès est fixée au 17 novembre 1954, mais à mesure que ce jour approche, les autorités sont de plus en plus préoccupées. En l'absence d'aveux, le dossier ne comprend que bien peu d'éléments concrets. Certes, certains aspects de la vérité ont été révélés, mais les zones d'ombre demeurent trop nombreuses. Quelle est la nature de l'évènement qui a déclenché l'agression ? A qui appartient vraiment la carabine Rock-Ola ? Quel a été le rôle exact de Gustave dans les meurtres ? Les réponses apportées par les Dominici varient à chaque fois qu'on leur pose ces questions. Rétractations, accusations et versions différentes se succèdent, si bien que la cour va avoir beaucoup de peine à ne pas perdre le fil des débats.

La salle du palais de justice de Digne, où avait été jugé Gustave, est bondée. Le procès de Gaston Dominici se déroule sous la présidence du conseiller à la cour d'appel d'Aix-en-Provence Marcel Bousquet. A ses côtés, le premier assesseur, Monsieur Roger Combas. L'accusation est représentée par le procureur Monsieur Sabatier et l'avocat général Monsieur Calixte Rozan. Le vieux Dominici a pour défenseurs maîtres Emile Pollack, Pierre Charrier et Charles-Alfred. Maître Claude Delorme est partie civile. La plupart des membres du clan Dominici sont présents, même si des ordres ont été donnés pour que Clovis, Roger Perrin et sa mère soient tenus à l'écart du reste de la famille.

Concernant les jurés, les avocats repoussent la présence d'une femme, réaction logique dans une affaire où une enfant a trouvé une mort atroce. Prennent place auprès de la cour cinq cultivateurs : Messieurs Elie Aillaud, Paul Auzet, Marcel Bernard, Jules Martin, Telmon Sube, un boucher : Jules Vendre et un boucher en retraite : Louis Alaincourt. Monsieur Bousquet fait désigner deux jurés suppléants.

Les débats promettent d'être longs. Le manque de preuve matérielle, aussi bien dans un sens que dans l'autre, fait dire au président Bousquet :

« Notre tâche est lourde, aussi bien pour vous, messieurs les défenseurs, que pour nous, car nous partons à la recherche de la vérité. »

Fort de ce constat peu rassurant, il n'y a aucune raison pour que les uns et les autres changent d'attitude et cessent de s'envoyer au visage des accusations réciproques.

Gaston Dominici, apparemment de bonne humeur, s'assit dans le box des accusés et écoute le long préambule. Ses premiers échanges avec le président sont marqués par un humour truculent, mais une fois que les questions se font plus précises, le vieux paysan en revient obstinément à ses déclarations initiales :

« Les coups de feu m'ont réveillé. J'ai pensé que c'étaient des braconniers de l'autre côté de la Durance.

- Et ces braconniers, ils chassaient avec quoi ?

- Je sais pas, je leur ai pas demandé.

- Au moment du crime, Lady Anne était debout ou couchée ?

- C'est moi qui étais couché. »

Il s'est levé comme à son habitude pour aller mener ses chèvres au pâturage, et n'a appris la nouvelle du drame qu'à son retour. Les « *fables* » au sujet de sa culpabilité ne sont intervenues qu'à la suite des pressions sans relâches exercées par les policiers.

Les lieux du crime. Le puisard, la voiture Hillman, le mûrier, le pont…
(© Collection Philippe Zoummeroff)

CROQUIS des LIEUX du CRIME   N° 2

Le 5 Août 1952

Plan détaillé de la scène de crime établi par la gendarmerie (© BC AD.04)

Après-midi du 05 août 1952. On aperçoit au premier plan la traction des policiers et, au fond, le camion venu chercher les corps des victimes (© Archives le Provençal)

L'arme du crime
(© BC AD.04)

Le juge Périès
(© Archives Le Dauphiné Libéré)

Les habitants de la Grand-Terre au grand complet. De gauche à droite : Yvette, Gustave (avec son fils Alain sur les genoux), Marie et Gaston. (© PVDE Bridgeman Images)

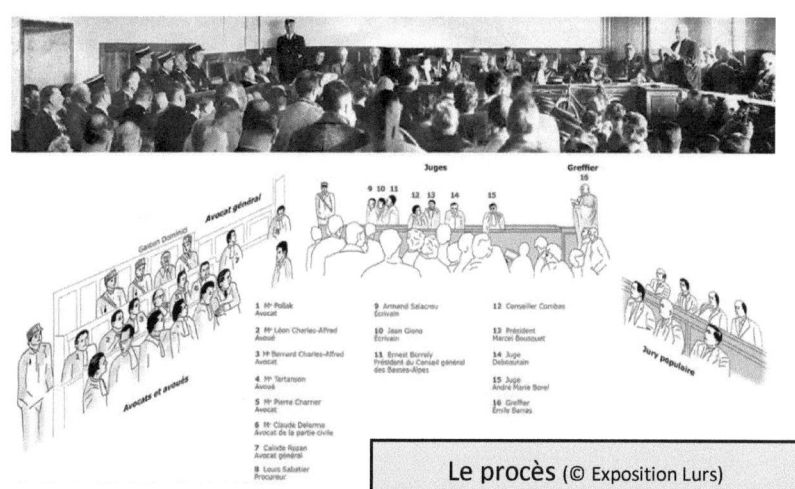

Juges
9 10 11 12 13 14 15

Greffier
16

Avocat général
Gaston Dominici

1 Me Pollak
Avocat

2 Me Léon Charles-Alfred
Avoué

3 Me Bernard Charles-Alfred
Avocat

4 Me Tartanson
Avoué

5 Me Pierre Charrier
Avocat

6 Me Claude Delorme
Avocat de la partie civile

7 Calixte Rozan
Avocat général

8 Louis Sabatier
Procureur

9 Armand Salacrou
Écrivain

10 Jean Giono
Écrivain

11 Ernest Borrely
Président du Conseil général
des Basses-Alpes

12 Conseiller Combas

13 Président
Marcel Bousquet

14 Juge
Debsaunain

15 Juge
André Marie Borel

16 Greffier
Émile Barras

Avocats et avoués

Jury populaire

Le procès (© Exposition Lurs)

Gaston au tribunal de Digne (© Archives Le Dauphiné Libéré)

Le vieil homme refuse toujours de mettre la justice sur la voie, se contentant une fois encore de nier et de contester ses aveux. Il résume sa position d'une phrase :

« Ce que j'ai dit, je l'ai dit, mais je ne l'ai pas fait ! »

Soit, mes aveux existent mais ils ne correspondent à aucune réalité.

La différence de langage existant entre le magistrat et l'accusé frappent instantanément l'assistance. Jean Giono, présent au procès, notera plus tard que l'accusé ne dispose que d'un vocabulaire très restreint, une quarantaine de mots, tandis que le président ou l'avocat général sont capables d'en utiliser des milliers. C'est peut-être un peu exagéré, mais il n'en reste pas moins que souvent Gaston Dominici demeure sans réponse, n'ayant pas compris la question formulée en des termes dont la portée lui échappe en partie.

« Je suis franc-z' et loyal » dit-il à chaque tournant de dialogue.

La mauvaise liaison qu'il opère peu faire croire qu'il dit « Je suis un Français loyal », voulant mettre en valeur sa sincérité et sa franchise. De même, lorsque le président lui pose la question :

« Etes-vous allé au pont ? (le pont du chemin de fer) »

Pour lui qui n'emploie jamais le verbe « aller » pour dire « aller quelque part », il croit qu'il s'agit de substantifs : une allée d'arbres par exemple. D'où sa réponse :

« Allée ? Il n'y a pas d'allée. Je le sais, j'y suis été. »

Vers 18h00, Gaston Dominici demande à ce que l'audience s'arrête pour aujourd'hui. Il a tenu comme un roc, infatigable. Mais maintenant son visage s'est creusé, ses épaules se voûtent et sa voix faiblit. Il cherche ses mots, bafouille, répond avec retard.

« Mon client est fatigué de parler et moi de me taire » conclut Maître Pollack.

L'audience est renvoyée au lendemain.

A peine cette première journée achevée que l'attitude du président Bousquet, dans sa façon de conduire l'interrogatoire de Gaston Dominici, fait l'objet de commentaires. Pour beaucoup, ce ne fut qu'un long monologue en forme de réquisitoire du magistrat. Chacun sent que le dossier n'est composé que d'aveux. Mais valent-ils des preuves ?

Le lendemain, l'interrogatoire de Gaston Dominici est suivi d'une série de rapports psychiatriques peu concluants. Maître Pollak tient à affirmer que son client n'a pas fait l'objet de violences policières mais d'un interrogatoire démesuré :

« Il a avoué neuf fois ! prétend le président.

- Cinq seulement ! conteste l'avocat. Je ne pense pas que ces choses se jugent à la majorité ! »

Le Docteur Dragon, médecin généraliste qui avait examiné les cadavres le matin du 05 août, fait ensuite part de ses conclusions. Sa déposition déclenche une discussion animée car elle touche à la véritable énigme du procès : quand et comment la petite Elizabeth a-t-elle été tuée ?

La petite fille était allongée comme un enfant qui dort. Ses cheveux lui masquaient une partie du visage. Deux plaies étaient visibles, montant en oblique depuis la racine du nez, une à droite, l'autre à gauche. Ses plaies ne saignaient pas abondamment. Du sang suintait des oreilles et des narines. Le corps ne portait aucune trace de violence et ses pieds étaient nus. Les souliers de la petite fille n'ont jamais été retrouvés. Que sont-ils devenus ?

A son avis, Elizabeth a été frappée alors qu'elle était étendue sur le sol, soit exactement le contraire qu'a fait Gaston lors de la reconstitution. Les blessures n'ont pu être faites sur l'enfant à genoux, sinon elles auraient concerné le haut du crâne. La plaie à l'oreille droite a pu être provoquée par une balle ou un coup de crosse.

Le docteur Dragon a été étonné de constater que les pieds de l'enfant ne portaient aucune trace ou ecchymose. Lorsqu'il fait cette remarque au commissaire Sébeille, ce dernier lui répond qu'une expérience a été faite avec une fillette du même âge et qu'il n'a aperçu aucune blessure. Mais l'explication fournie par le policier ne le convainc pas : on ne peut pas comparer la course éperdue dans la nuit d'une fillette qui a peur avec celle d'une enfant que l'on fait courir tranquillement pendant le jour.

Mais l'avocat général Rozan n'est pas d'accord. En effet, il ne faut pas parler du sentier tel qu'il est à ce jour, piétiné depuis deux ans par des centaines de curieux. A l'époque, il était tapissé d'herbe, ce qui explique l'aspect intact des pieds de l'enfant. De l'herbe en effet, mais surtout du thym, des chardons et du carthame plein d'épines. Même en sandales, le risque d'écorchures était réel.

Selon le médecin, Elizabeth n'est pas morte sur le coup, mais deux ou trois heures après ses parents. Il se peut donc qu'elle ait été tuée en deux temps, étourdie par un premier coup de l'assassin, puis achevée lorsque le coupable s'aperçut qu'elle vivait encore. Il est concevable également qu'elle ait été transportée à l'abri du talus pour que le meurtre s'accomplisse en dehors des regards.

Or, Gustave déclare avoir vu cette enfant vivante, qu'elle bougeait le bras. Et c'est ce qui a motivé sa condamnation en novembre 1952 pour non-assistance à personne en danger. L'a-t-il vue avant ou après les coups fatals ? Cette déclaration détruit toute la partie de la reconstitution du crime qui se rapporte au meurtre de la petite fille. La poursuite entre Gaston et la fillette n'aurait pas eu lieu.

Une question se pose : Gustave Dominici, lors de la découverte d'Elizabeth inconsciente mais encore en vie, l'a-t-il achevée comme une bête blessée ? Cette hypothèse est rendue plausible par le récit fait par Maillet de sa conversation avec Gustave : celui-ci lui aurait dit avoir vu le bras gauche de la petite fille bouger au moment où il arrivait. La fillette râlait... Il avait pensé que toute aide était inutile... Il était effrayé...

L'avocat général Rozan estime que le docteur Dragon fait une hypothèse, pas davantage, et elle est fausse. Qu'importe pour le bon docteur : la rigidité cadavérique n'était pas la même chez les parents et chez l'enfant. D'ailleurs, il a pu faire bouger les membres d'Elizabeth très facilement tandis qu'il lui a été impossible de déplier le bras de son père.

Il n'y avait pas de sang sous le corps de Lady Anne. Par contre, de l'autre côté de la voiture, derrière un petit puisard d'arrosage, et entre ce puisard et les buissons, le docteur a relevé une grosse mare de sang. Elle avait imprégné la terre sur trois centimètres de profondeur. C'est la seule et unique fois où l'on parlera de cette mare de sang. Mise en avant et oubliée aussitôt. On n'en parle plus. Pourquoi ?

Car à la reconstitution, ni Gaston, ni personne n'a pensé au puisard. Tous les mouvements que Gaston a effectués se sont réalisés loin de ce système de drainage. D'après ses gestes, personne n'est allé se vider de son sang vers ce lieu. Pour la Cour, il est donc inutile de se soucier de cette mare de sang, qui a pourtant imprégné le sol sur trois centimètres de profond.

Le témoignage du docteur, qui déplaît fortement à la Cour, est suivi par ceux de deux experts, les docteurs Jouve et Nalin. Le premier est un chirurgien estimé et respecté, spécialiste des blessures crâniennes. Il n'a pas examiné la dépouille de l'enfant, mais la Cour souhaite l'entendre. Il affirme que l'on ne meurt pas forcément sur le champ, même si on a le crâne horriblement fracassé. Il ajoute également que la rigidité cadavérique ne s'empare que lentement des enfants. La « rigor mortis » pouvait raidir Sir Jack Drummond et sa femme et laisser Elizabeth toute molle, quoique morte à la même heure.

Le docteur Dragon ne revient pas pour contredire son collègue. La Cour est satisfaite. Désormais, on ne teindra compte que de l'opinion du docteur Jouve. Les déclarations du docteur Dragon, qui lui a vu les corps, seront considérées comme manifestations de « vieille médecine de campagne ».

Le docteur Nalin a fait l'autopsie en compagnie du docteur Girard, décédé en septembre 1954. Il est donc seul pour rapporter leurs constatations. Il n'est pas d'accord avec le docteur Dragon.

Sur la mort des parents, il est formel : elle fut presque immédiate. Quant à la fillette, il fait une distinction : le premier coup a pu être porté alors que la petite victime était à genoux, le second alors qu'elle était allongée. Mais il n'est pas impossible que le meurtre de l'enfant ait été commis en même temps que celui de ses parents. En effet, la rigidité cadavérique s'empare plus lentement du corps d'un être jeune que d'un adulte. Il peut s'écouler deux ou trois heures avant que les membres d'un enfant soient dans un état identique à ceux de grandes personnes décédées à la même seconde. Pour lui, par conséquent, rien ne s'oppose à ce que le drame se soit déroulé en quelques secondes.

Le docteur Nalin fournit une explication pour la mare de sang que l'on a retrouvée près du puisard. Jusqu'ici, elle n'entrait pas dans le schéma du drame tel qu'il résultait des aveux et de la reconstitution. Mais il pense que cette trace a pu être laissée par Sir Jack Drummond au cours de sa fuite : il avait été blessé au foie et ce sont des plaies qui saignent abondamment.

De plus, à son avis, il est impossible que la déchirure constatée sur la main de l'homme ait pu être causée par une balle. Selon lui, la main aurait été déchiquetée. Par conséquent, sur ce point également, la reconstitution est fausse.

Pour Maître Pollak, Sir Jack s'est blessé en trébuchant sur le pare-chocs de la voiture, incident qui ne figure pas dans la confession de l'accusé. On a retrouvé d'ailleurs à cet endroit un lambeau de chair. Qu'est-il devenu ? Personne n'en sait rien. C'est le docteur Girard qui l'avait analysé. Depuis, il a disparu du dossier.

Si la défense tire brièvement avantage de cette polémique, cette aubaine va être rapidement effacée par le témoignage des époux Marrian. Ce couple, qui avait accueilli les Drummond lors de séjours précédents en France, soulève l'écœurement de la salle en relatant sa visite sur les lieux du crime, le jour des obsèques de leurs amis. Le vieux paysan leur avait montré les endroits où Elizabeth et ses parents étaient morts, puis s'était attardé à leurs côtés, main tendue, comme un guide attendant de recevoir un pourboire. En entendant cela, le vieux Dominici bondit sur ses pieds, brandit le poing et les traita de menteurs. Cet éclat est peut-être compréhensible, mais il a pour effet de montrer aux jurés que l'accusé possède un caractère sanguin qui peut s'enflammer en un instant.

Après les Marrian, la cour entend divers témoins présents le 05 août aux alentours des lieux du crime, ainsi que les gendarmes qui ont procédé aux premières constatations. Ces dépositions soulignent les mensonges accumulés par Gustave Dominici lors de son propre procès.

Vient se présenter l'expert en balistique qui a analysé la graisse appliquée sur la carabine Rock-Ola. Le juge Périès, en plus de l'arme du crime, avait confié à cet expert différentes armes de chasse, saisies chez Gustave, Clovis et Paul Maillet, ainsi que trois carabines Américaines que des paysans avaient apportées aux enquêteurs. L'arme, qui portait des substances grasses, a-t-elle pu être graissée avec la même matière que l'une quelconque de ces armes ? Deux de ces armes, dont le propriétaire était Clovis Dominici, avaient été graissées avec une matière présentant des propriétés identiques aux traces relevées sur la carabine Rock-Ola. Cela ne signifie pas qu'il s'agisse d'une même graisse, mais de substances grasses voisines.

Les armes saisies chez Clovis étaient graissées à l'huile d'olive de sa récolte personnelle. Il n'y a pas, à l'analyse, une huile d'olive semblable à une autre pour ces huiles de propriétaires. De plus, lorsqu'on est venu demander de l'huile d'olive à Clovis, il a donné non de l'huile de l'époque du crime, mais de l'huile de la récolte nouvelle. Intéressant cette histoire d'huile d'olive. Mais la Cour ne va pas plus loin. On s'arrête là.

19 novembre, jour de la sainte Elizabeth. Apparait à la barre Aristide Panayotou qui, vers la fin août 1952, déclara qu'il avait assisté au meurtre. Il se confirma par la suite qu'il mentait ou inventait. Il n'accuse pas Gaston Dominici puisque le personnage qu'il a décrit ne ressemble en rien à l'accusé. Il maintient avec fermeté qu'il a vu « *un homme de 40 ans avec des leggins tirer sur un autre qui traversa la route en titubant* ». Il est bientôt aux prises avec le président et l'avocat général qui lui rappellent ses contradictions et ses mensonges. Panayotou n'en est pas troublé. Il montre une grande fermeté et une belle insouciance devant les magistrats avant de quitter la barre.

Arrive Jean-Marie Olivier qui fit trébucher Gustave. Il est écouté dans l'indifférence générale. Faustin Roure, le brigadier de la SNCF, vient parler de l'éboulement. Gustave le lui a signalé mais il ne lui a donné aucune consigne. Il a découvert les corps au matin.

Après une suspension, la Cour fait entrer Jean Ricard dont le témoignage a été décisif dans l'affaire. L'homme redit son passage à pied sur la route, son observation du corps sous une couverture, allongé en parallèle de la voiture.

La déposition du capitaine Albert est un rapport minutieux des investigations qu'il a menées. On sent le militaire d'une honnêteté d'acier et d'un grand courage moral. Il s'interdit d'interpréter. Il reconnaît que malgré les précautions prises, les empreintes de souliers à semelles de crêpe découvertes sur le sentier n'étaient plus visibles lorsque le car technique parvint sur les lieux du crime. Elles posaient un problème puisque les pieds semblaient aller dans des directions opposées. Mais elles ne livrèrent pas leur secret. Quant au chemin que parcourut Elizabeth, que le gendarme vit en l'état où il se trouvait avant l'invasion de la foule, il le décrit peu formé, avec des touffes d'herbes dispersées.

Le capitaine rapporte également une conversation qu'il a eue avec le vieux Gaston le 08 août. Ils échangeaient sur l'affaire lorsque le vieux Dominici a parlé de la petite Elizabeth avec ses mots : « *Quand on a tiré sur la petite…* ». Le capitaine Albert l'a alors coupé, et il reconnaît qu'il a eu tort. Il avait en effet remarqué la légère blessure que la fillette avait à l'oreille. Or, aucun journal n'en avait parlé. Son interruption avait tout gâché car le vieil homme se mit à rougir et à bafouiller.

Le souci, au moment du procès, est qu'il n'y a nulle trace de cet incident dans le rapport du gendarme. Ce dernier, au moment des faits, n'avait attaché aucune importance à ces propos. Après tout, le vieillard, ayant vu les corps, avait pu comme lui remarquer l'excoriation à l'oreille et faire la même déduction. La défense ne se fait pas prier pour le reprendre, estimant qu'il est inutile de rapporter un entretien qui se transforme après coup en charge supplémentaire.

Puis le gendarme est interrogé par la défense sur le jeune Roger Perrin. Et il a une idée très précise sur le personnage. Pour lui, le jeune homme a couché à la Grand-Terre et ses mensonges multiples et variés lui servent à cacher ce fait. Roger a-t-il ou non couché à la Grand-Terre ? Il est temps de poser cette question au vieux Gaston, et elle est essentielle puisque le premier jour l'accusé a déclaré que, s'il avait des soupçons, ceux-là ne pouvaient reposer que sur l'adolescent. Mais le vieil homme ne peux pas dire si son petit-fils a couché ou non chez lui.

Est-il concevable que l'on ait caché à l'autoritaire vieillard la présence de son petit-fils ? Est-il possible même qu'il ait ignoré que le garçon ait couché à la ferme ? Le président Bousquet tente de savoir si parfois Zézé, qui a passé une partie de son enfance à la Grand-Terre, y revenait de temps en temps la nuit. Et si oui, dans quelle chambre dormait-il ? A ces questions, Gaston ne répond pas. Il accuse donc sans fournir le plus petit commencement de preuve. Attitude pour le moins déconcertante. S'il connaît la vérité ou seulement une partie de celle-ci, il vient de laisser échapper une occasion de la dire.

Le 20 novembre, le clan Dominici se présente à la barre. Le premier à s'exprimer est Roger Perrin. Pour l'accusation, le principal intérêt de ce témoin réside dans son récit de la visite des Drummond à la Grand-Terre. Râblé, rond des épaules, le regard sombre et inexpressif, les oreilles exagérément développées, il est vêtu d'un pantalon bleu sombre et d'une veste mal ajustée. Ses larges mains reposent sur la barre des témoins. Il semble mal à l'aise. Il n'a pas prêté serment, puisqu'il est le petit-fils de l'accusé.

Dès le début, il est évident que l'adolescent est disposé à dire n'importe quoi sans que l'on puisse discerner les motifs de ses délires. Inconscience ? Incapacité à se tenir dans les chemins de la vérité ? Désir de décourager ceux qui le questionnent ? Roger Perrin peut tout aussi bien être un faible d'esprit qu'un malin qui sait tromper son monde.

L'emploi du temps qu'il fournit n'est même plus celui qu'il a donné aux gendarmes. De toute manière, il n'a pas couché à la Grand-Terre et son oncle ne s'est pas arrêté ce soir-là. Le matin, il a été informé des meurtres par Roure, le brigadier-chef de la SNCF. Durant l'enquête, sur ce point, Roure a été hésitant. Il ne se souvenait pas très bien avoir vu Roger Perrin et niait fermement les propos que l'adolescent lui avait prêtés. A la barre, il va dire que depuis, la mémoire lui est revenue. Il déclare :

« C'est exact. Je me suis arrêté à la ferme de la Serre. Je l'avais oublié. Je me suis dit : si Roger en est sûr, c'est que c'est vrai. Je ne voudrais tout de même pas le faire mentir ce petit. »

S'agit-il de ne pas faire mentir Roger ou de dire réellement ce que l'on sait ? Quitte à reconnaître qu'on ne se souvient pas. Après tout, ce n'est pas interdit.

Zézé est arrivé sur les lieux du drame à 07h00 et il a aidé son grand-père à mettre la couverture sur le corps de la fillette. Il a menti aux gendarmes car sa tante Yvette lui avait dit de ne rien raconter. Or devant le juge Périès et le commissaire Sébeille, le jeune garçon n'a rapporté cette consigne de la jeune femme qu'en ce qui concerne la visite des Anglaises à la ferme. Pourquoi l'étendre maintenant à son propre alibi ?

Les questions se succèdent de la part du président Bousquet, de l'avocat général et de Maître Pollack. Peu importe qui l'interroge, Roger Perrin ne donne de ses inventions aucune explication satisfaisante. A force de mensonges, le jeune homme parvient à égarer tout le monde, tant et si bien que d'autres questions surgissent.

L'une de ces questions est de savoir si Roger Perrin a passé la nuit du triple meurtre à la ferme de son grand-père. Cette possibilité s'avère lourdes de conséquences : Gaston laisse entendre que le jeune homme pouvait bien être le meurtrier, et que Gustave et Clovis l'ont accusé pour couvrir leur neveu. Le grand-père et le petit-fils sont-ils liés par un secret dont ils savent l'un et l'autre qu'ils ne peuvent se délier ? Roger Perrin n'a pas peur parce que le vieillard ne peut rien contre lui, puisqu'il n'était pas à la Grand-Terre. Le vieux lance-t-il ces accusations en sachant très bien qu'il ne peut les confirmer ? On ne chercha pas à examiner de près ces points pourtant essentiels.

Gaston maintient qu'il ne sait pas si Roger à coucher à la ferme le soir du crime. Maître Pollack entreprend une ultime offensive. En arrivant sur les lieux, Roger Perrin a-t-il vu le pyjama de Sir Jack ? Le garçon le confirme et l'avocat exprime sa surprise : l'homme était caché sous un lit de camp et il était impossible d'apercevoir le vêtement de nuit. C'est donc qu'il a vu le corps avant la pose du lit pour le recouvrir. C'est donc qu'il était à la Grand-Terre.

Le pyjama bleu n'est pas dans le dossier. Et c'est très grave car en effet, Sir Jack portait un pyjama bleu. L'adjudant de gendarmerie présent sur les lieux affirme qu'on ne pouvait pas voir le cadavre, entièrement recouvert du lit de camp. L'autre gendarme confirme les dires de son collègue.

L'avocat général extrait du dossier des photos. A son sens, elles prouvent que le pyjama dépassait légèrement. Maître Pollack avance que les gendarmes ont écrit le contraire. Controverse qui se prolonge et qui est une parfaite illustration de cette affaire : le fait le plus banal en apparence devient le sujet d'une querelle sans issue.

C'est comme le seau en toile des Anglaises. Elles l'avaient lorsqu'elles sont venues chercher de l'eau à la ferme. Mais il n'a jamais été retrouvé. Cependant, Roger Perrin affirme qu'elles en avaient un. Sa tante Yvette nie cette visite. Si le jeune homme dit vrai, il n'a pas pu inventer ce fameux seau. Par conséquent, il l'a vu et donc il était à la Grand-Terre.

La mère de Zézé est appelée à la barre. Elle maintient que son fils a couché seul à la Serre, qu'il n'allait plus à la Grand-Terre depuis qu'elle était fâchée avec son père. Pourtant, elle a déclaré que si Gustave était passé chez elle le soir, il aurait emmené son neveu pour ne pas le laisser seul. Ils étaient très proches malgré la brouille familiale. Ils braconnaient ensemble. Mais Germaine nie avoir fait une telle déclaration qui figure pourtant dans les procès-verbaux. Alors comment l'expliquer ? La jeune femme garde le silence, dans la plus pure tradition Dominici.

III. QUERELLES FAMILIALES

Il devient évident que les querelles familiales vont dominer les débats. Ainsi, quand Paul Maillet se présente à la barre, Gaston Dominici l'accuse d'avoir comploté contre lui avec Clovis. Le témoin, émaillant son discours de citations en Provençal, de serments et de liaisons « *mal-t-à-propos* », raconte qu'il a été informé du massacre par son collègue Bourgues. Il s'est rendu à la Grand-Terre à midi, par curiosité. :

« J'ai z'été à la ferme sur mon motocycle, marque Saint-Etienne... »

C'est là qu'il a entendu Gaston dire qu'il avait « *recouvert le corps de la petite* » et qu'il a appris par Gustave la découverte d'Elizabeth encore vivante. A la fin août, la police est venue perquisitionner chez lui et a découvert deux armes Sten. C'est le lendemain que Gustave a évoqué devant lui avoir « *vu* » et « *entendu* ».

« Avez-vous remarqué la carabine chez les Dominici ? demande le président.

- Non.

- Pourquoi avoir attendu si longtemps avant de dire ce que vous saviez ?

- Parce que j'étais un ami de Dominici et que ce n'était pas à moi de le dire, mais à lui. Je me suis résolu à parler parce que le déshonneur planait sur mon honneur.

- Maillet, vous êtes un malhonnête homme ! Vous avez comploté votre coup avec Clovis ! gronde le vieux

- N'exagérez pas, intervient le président, ce n'est pas à vous d'insulter un témoin !

- C'est qu'aussi, il dit toujours des conneries ! réplique Gaston en haussant les épaules. »

Lundi 22 novembre. Les mensonges de Roger Perrin ne contribuent pas à la clarté des débats. Maître Pollack le sent bien et demande au président que les membres de la famille Dominici prêtent serment. Le procès dépend de leur sincérité. Il est impossible de faire du sentiment alors que la vie d'un vieil homme est suspendue aux dires de ses proches. Les Dominici doivent savoir qu'en arrivant à la barre, qu'ils encourent les mêmes peines que l'accusé au cas où leur honnêteté leur ferait défaut.

Aux termes de la loi Française, il est d'usage de dispenser les membres de la famille d'un accusé de prêter serment pour ne pas les placer dans une situation trop pénible, mais Maître Pollak se plaint de ce que les Dominici se servent de ces dispositions comme d'un permis de mentir. Malgré le bien-fondé de cette plainte, la cour refuse cette requête après avoir délibéré. Cette décision a un goût amer pour beaucoup.

« Eh bien, les témoins sauront qu'ils peuvent mentir sans risques ! » se lamente Maître Pollak dont l'initiative était pleine de bon sens et d'une grande habileté.

En effet, le seul moyen de faire sortir Gaston de sa situation inconfortable, était de faire éclater le bloc familial et d'obliger Gustave et Roger à dire ce qu'ils ont vraiment fait la nuit du crime. Le magistrat pouvait ainsi espérer atténuer la responsabilité de l'accusé.

Le commissaire Sébeille arrive à la barre, et retrace pendant plus de deux heures son enquête. On pensait que le policier, dont ce n'était pas le métier de faire des discours, allait être écrasé par Maître Pollack. Il parla simplement, avec un vocabulaire propre qui est celui des gens qui ne cherchent pas à impressionner le public par des effets oratoires.

Il rapporte des faits dont l'enchainement apparaît le plus logique du monde. Il ne dissimule pas ses doutes. S'il lui est apparu très vite que le vieux Gaston pouvait être suspecté, il n'a pas écarté deux possibilités : la participation de Gustave à l'une des phases du crime, et la présence de Roger Perrin à la Grand-Terre. Il raconte dans le détail la façon dont ont été obtenus les aveux, insistant sur la chronologie qui lui paraît essentielle : c'est Gustave et non Clovis qui a accusé le premier le père. Il ne peut être question d'une pression exercée par Clovis sur son frère, puisqu'il était absent lorsque Gustave s'est écroulé en pleurs sur l'épaule du policier.

Les questions de Maître Pollak s'enchaînent, rendant parfois les débats houleux. L'avocat s'étonne, par exemple, que le commissaire ait pu sans sourciller enregistrer des aveux qui ne correspondaient pas à la réalité. N'a-t-il pas été également surpris des mensonges de Gustave et Clovis, même après leurs accusations ? Le magistrat énumère ensuite une série de faits qui selon lui pourraient permettre de penser que la police a « monté » l'affaire : curieusement, Gaston Dominici donne comme mobile de son crime celui que le commissaire Sébeille suggérait dans son premier rapport. Paul Maillet parle après que l'on eut découvert chez lui des mitraillettes. Roger Perrin est considéré comme un mythomane, mais on se sert de lui comme s'il détenait la vérité. Combien faut-il de menteurs pour faire une vérité ? Mais même avec des menteurs, il est possible en les mettant en opposition et en comparant leurs dires de parvenir à une certaine vérité.

A la suite de son confrère, Maître Charles Alfred fait remarquer à Sébeille qu'il a fort mal interprété l'existence des cartouches non percutées à proximité des cadavres. Le commissaire en a déduit que le meurtrier, ne sachant pas se servir de la carabine semi-automatique, croyait que l'on devait réarmer à chaque coup, ce qui amenait l'éjection de la cartouche engagée dans le canon par le départ de la précédente. Or, dans le rapport de l'armurier, l'avocat a relevé que ces cartouches non explosées étaient « *légèrement percutées* ». L'expert l'explique par le fait que les projectiles n'étaient pas de la même marque que l'arme. Le commissaire a-t-il prêté attention à cette conclusion et modifié son point de vue ? Edmond Sébeille reconnaît que le problème lui a échappé, ce qui choque les journalistes Britanniques. Ils s'étonnent de nouveau que justice et police fassent ici assaut de psychologie et méprisent à ce point l'enseignement des éléments matériels.

Comme la loi l'exige, le président donne la parole en dernier à l'accusé. La salle fait silence et Gaston Dominici se lance dans un long et laborieux monologue composé de phrases hachées dont certaines n'ont aucun lien les unes avec les autres. Il semble se parler à lui-même comme s'il remuait des souvenirs. Sa voix baisse et on perçoit mal ses paroles.

Le mardi 23 novembre, les auxiliaires de police qui ont recueilli les aveux du vieux Gaston se succèdent. Avec minutie, ils rapportent ce qu'ils ont vu et entendu. Au moment où il s'abandonne devant Guérino, Gaston n'est plus soumis à aucune pression. C'est lui qui déclare : « *Ils m'ont pris pour un maraudeur* ». Et le gardien souligne qu'il s'est tu, paralysé par les consignes qu'il avait reçues : écouter et garder le silence, ne rien provoquer, ne rien suggérer. D'ailleurs, il ne connaissait pas grand-chose de l'affaire. Il aurait été bien incapable de souffler quoi que ce soit à l'accusé.

Peu avant midi, le procès entre dans une nouvelle phase : c'est au tour de la famille Dominici d'entrer en scène. Elle forme un bloc qui, pendant tout le procès, refuse de se dissoudre, même pour la nuit, où des matelas ont été installés dans tous les coins de la Grand-Terre. La première à apparaitre est Marie Dominici, dit « La Sardine ». A aucun moment elle ne tourne les yeux vers son mari. Ce qu'elle dit recoupe en tout point la thèse officielle de la famille. Elle n'a rien vu, rien entendu, sinon les aboiements du chien qui pour elles n'ont eu aucune signification. Elle a appris le crime au matin. Les Anglaises ne sont pas venues le soir à la ferme et elle n'a pas songé à aller vérifier si l'enfant pouvait recevoir encore des soins. Elle n'a jamais vu la carabine, bien que tous les jours ou presque elle se rende au hangar.

Puis, à la surprise de tous, Gaston lui demande si, quand il est rentré le matin à la maison, son pantalon était mouillé, taché de sang. Elle répond calmement que le pantalon de son mari était sec, sans aucune tache. Réponse qui est destinée à l'accusation puisque selon certains témoins, et notamment l'inspecteur Girolami, un pantalon séchait sur le fil de la cour de la Grand-Terre dans l'après-midi du 05 août. Gaston, dont la mémoire fait défaut quand est abordée la séance d'aveux de novembre 53, se rappelle très bien que les policiers ont parlé d'un pantalon qui séchait dans la cour de la Grand-Terre le matin du crime. L'interrogatoire n'est pas poussé plus loin. La partie civile reste muette. Personne ne songe à demander au vieux ce qu'il entend par « *quand je suis rentré à la maison.* »

Vers 15h00, Yvette fait son approche dans le prétoire. Elle ne semble ni intimidée, ni inquiète. Malgré une nouvelle tentative de Maître Pollak pour réclamer le serment de tous les Dominici,

Yvette est entendue sans. La jeune femme revient à sa première thèse à laquelle elle est bien obligée d'ajouter quelques détails gênants. Avec son mari, ils ne se sont pas levés lors des coups de fusil et ils n'ont appris le drame qu'au matin. Mais elle est bien obligée de reconnaître que son mari lui a dit que « *l'enfant vivait encore* ». Elle ne s'est pas dérangée pour aller voir si elle pouvait lui apporter quelque secours. Chacun réagira selon son ressenti devant une telle indifférence.

On fait remarquer à la jeune femme que le 18 décembre 1953, elle avait fait une tout autre déclaration. Ce jour-là, en effet, elle reconnaissait que Gustave s'était levé aussitôt après les coups de feu et qu'il avait vu son père tourner dans la cour. Il était descendu et le vieillard lui avait fait l'aveu de son crime. Comment a-t-elle pu faire une telle déclaration si elle ne représente pas la vérité ? Elle a même donné des précisions : son beau-père semblait abattu comme un homme ivre. Ce ne sont pas des circonstances qu'on invente. Mais c'est le juge qui lui a dit que si elle ne disait pas la même chose que Gustave, cela irait mal pour lui. Elle a eu peur que la justice les prenne tous les deux.

Elle récuse donc dans son intégralité sa déclaration du 18 décembre. Son mari a été frappé. Il le lui a dit. Cette révélation ne suscite aucune réaction. Elle assure que Gustave lui a juré qu'il n'avait parlé parce que Clovis l'avait fait. Maître Delorme lui démontre alors qu'il est impossible qu'elle l'ait cru, puisqu'elle savait que Clovis n'était pas encore au palais de justice le 13 novembre 1953 lorsque Gustave s'écroulait en pleurs sur l'épaule du commissaire Sébeille. A aucun moment, malgré quelques moments de faiblesse, elle ne perd son sang-froid, revenant inlassablement à la version de départ : ils ne se sont pas levés. Elle tient tête aux uns et aux autres, insouciante, crâneuse et insensible. Retournée s'asseoir dans la salle pendant que l'audience se poursuit et que toute la famille se déchire, Yvette lit. Mais quoi donc ? « Quand l'amour vaincra ». Ça ne s'invente pas.

Pendant le procès, Clovis reste le plus souvent seul. Il souffre et ne veut parler à personne. Il fuit les journalistes et même ses amis. Il trouve dans son courrier des lettres d'injures. L'une d'elles contenait une photo de lui découpée dans un journal : l'expéditeur anonyme avait crevé les yeux à coup d'épingle, geste de malédiction. Il en eut la gorge serrée. Mais il maintient tout ce qu'il a préalablement déclaré. Il se rend bien compte des accusations qu'il porte contre son père.

A une question du président, Gaston répond :

« Si mon fils Clovis m'accuse, c'est qu'il veut sauver quelqu'un de la maison.

- Et qui donc ?

- Ça, je ne peux pas le dire. »

Puis s'adressant à Clovis :

« Toi avec ton frère, tu en as sur la conscience. »

Et sans que personne ne relève quoi que ce soit, Gaston lance au président :

« C'est lui qui a mis la bague au fusil... Je le suppose. »

L'audience est suspendue. Mais avant de conclure, le président fait avouer à Clovis deux faiblesses qu'il a eues lors de l'enquête. Celui-ci reconnaît avoir conseillé à son frère de ne pas dire que la petite Elizabeth était encore vivante quand qu'il l'a découverte le matin du crime. C'est également lui qui a recommandé à son frère de ne jamais parler des cris qu'il avait entendus dans la nuit.

Le mercredi 24 novembre, les questions pleuvent sur Clovis qui n'y répond qu'à demi-mot. Or, Clovis a continué à mentir, même après avoir accusé son père, et sur un point capital : la carabine. A-t-il déjà eu cette arme entre les mains ? D'autres membres de la famille s'en seraient-ils servis ? Veut-il les couvrir ? Pourquoi est-il le seul à avoir vu cette carabine et pas les autres membres de la famille ? Ou était-elle exactement ? Lui appartient-elle ? Cette arme, visiblement, le gêne.

Il explique qu'il a été mis à l'écart par sa famille pour avoir maintenu ses accusations contre son père. Gaston déclare alors que Clovis a conspiré avec Gustave. Dans cette famille, on a accumulé depuis des années mensonges, non-dits, égoïsmes et petits règlements de compte. L'assassinat de cette famille Anglaise et la mise en accusation du père par ses fils font tout exploser. Un violent psychodrame familial est en train de se jouer devant des spectateurs médusés devant tant de déballage. Gaston, debout, le doigt tendu vers Clovis, invective ce dernier :

« Je vais te le dire à qui elle est la carabine. Elle est à toi. Je le sais. C'est toi qui l'as arrangée. Je le sais. »

Tiens, il prétendait qu'il ne l'avait jamais vue ! Cet élément semble quand même très important. Personne ne bouge. Tout se passe comme si le président était sourd. Ces propos musclés se poursuivent durant quelques minutes sans rien apporter au débat. Gaston n'a rien à répondre aux accusations de son fils. Il cherche quelque-chose à reprocher à ce fils qui l'accuse. Et tout ce qu'il trouve est :

« Tu as toujours été un braconnier, de jour et de nuit ! »

Le braconnage, selon les critères moraux en vigueur chez les Dominici, parait autrement plus grave que le meurtre.

Les Dominici ne pensent qu'à leurs petites histoires. Les Drummond semblent oubliés, rayés de leur univers mental. Le président Bousquet, après avoir repris la main et parlé des différentes analyses des graisses, demande à Clovis :

« Est-ce que vous ne vous êtes jamais servi de cette carabine ?

- J'avais trois fusils, et jamais cette carabine n'est rentrée chez moi.

- Pourtant, vous n'alliez pas un peu braconner le soir ?

- Jamais.

- Si tout le monde était comme vous, les bois seraient vite repeuplés. »

Le président ordonne une suspension de séance. Gaston, agité de tremblements, quitte son banc pour quelques minutes en compagnie des gendarmes. Après une courte pause, l'audience reprend.

Avant d'entrer dans la salle d'audience, Gustave, les yeux fermés, détourne le visage. Il n'est pourtant pas aveuglé par les flashs. Il semble porter sa croix. Ses traits sont creusés. Il tient devant lui sa mère comme un bouclier. Sa femme est à ses côtés. Tous les visages sont tendus, tous les yeux ouverts, sauf les siens.

Comme sa femme, il revient à ses déclarations du début. Il ne s'est levé qu'à 05h00 et c'est à ce moment qu'il a découvert le corps de l'enfant. Il revient même sur les aveux qui ont justifié sa condamnation en décembre 1952 : il n'a jamais vu le bras de l'enfant bouger.

Les policiers l'ont frappé. Ils l'ont fait accuser son père. Mais ce dernier est innocent. Clovis « *voulait faire du père un assassin* ». C'est pour cela qu'il a pleuré sur l'épaule de Sébeille. Ensuite, il a désigné l'emplacement de l'arme parce que Clovis lui a montré un croquis.

Son récit est fabriqué. Avec Yvette, ils ont dû travailler des jours et des jours pour le mettre au point, pour l'apprendre par cœur. On sent, dans la constitution des phrases, l'application d'un élève studieux. Yvette a dû trouver les verbes qu'il fallait, les temps qu'il fallait... Puis il se tait. Il n'a plus rien à dire. Le président Bousquet, en dévisageant Gustave d'un air sévère, dit :

« Bon ! Alors, nous allons commencer. »

187

Le président tente d'arracher à la force du poignet cette vérité qui ne cesse de s'échapper, et Gustave, avec obstination et sang-froid déchire inlassablement le tissu qui se reconstitue. Il aurait été donc frappé ? Il en a confié le fait au juge Périès. Mensonge ! clame ce dernier.

Le président reprend en compagnie de Gustave l'examen de tout le dossier. Le magistrat lui fait dire qu'il s'est laissé condamner à Digne en s'accusant, en déclarant faussement qu'il avait vu l'enfant bouger alors qu'elle était parfaitement morte. De même, il a donné raison au motocycliste Olivier alors que celui-ci mentait pour des motifs d'ailleurs imprécis.

Trois fois le juge Périès revient à la barre. Il oppose le démenti le plus formel au témoin. Pour lui, il n'y a aucune logique dans les propos de Gustave, et qu'il ment encore. Le président Bousquet poursuit son assaut. Il énumère les précisions que Gustave a données auparavant, les coups de feu, les cris, le père qui tournait comme un fou dans la cour, sa confidence et la conversation qu'il a eue avec sa femme. Tout a donc été inventé ?

La salle gronde. Cette ambiance hostile surprend et dérange Gustave. Monsieur Bousquet, tenant Gustave sous son emprise, essaie dès lors de le faire se contredire un maximum :

« Vous êtes allé chez Monsieur Roure au sujet de l'éboulement de terrain. Vous êtes passé devant la ferme de la Serre. Vous y êtes-vous arrêté ?

- Non.

- Non ? C'est sûr ? Est-ce que ce soir-là Roger Perrin a couché chez vous ?

- Non.

- Bon ! Ensuite vous êtes rentré à la Grand-Terre et vous vous êtes couché à 22h00. Vous avez entendu des coups de feu dans la nuit.

- Oui. Cinq à six coups de feu.

- Et qu'est-ce vous avez fait ?

- Ma femme s'est prise de peur. Nous avons entendu les chiens et ils nous a semblé entendre également des cris. Après, nous avons sommeillé.

- Le matin à 05h00, qu'avez-vous fait ?

- Je me suis levé, et je me suis rendu à l'éboulement. Je suis passé par la route nationale.

- Par conséquent, vous êtes passé par le campement ?

- A côté !

- Et vous n'avez pas remarqué le lit de camp ? Est-ce que vous avez pensé aux Anglais en entendant des coups de feu dans la nuit ?

- Non. On n'a pas compris d'où venaient les coups de feu.

- Et vous l'avez dit pourtant ! Et vous êtes passé à côté du campement le matin, sans penser à ces coups de feu dans la nuit ?

- Non ! Je n'ai pas pensé que c'étaient ces gens qui avaient été attaqués.

- Bon ! Et vous êtes passé par le pont ?

- Oui ! Et c'est là que mes yeux se sont portés sur la gosse. Et c'est là qu'il m'a semblé qu'elle bougeait le bras.

- Vous avez dit qu'elle râlait et vous avez été condamné pour cela !

- J'ai dit que j'avais vu le bras gauche bouger, mais je ne savais pas qu'elle était vivante.

- Comment ! Elle bougeait le bras et elle était morte ? Vous avez dit qu'elle râlait !

- Non, je ne l'ai pas dit. J'ai parlé seulement du bras.

- Vous avez été condamné parce que vous aviez vu cette fillette vivante, et aujourd'hui vous dites qu'elle était morte ? C'est incroyable !

- J'ai vu seulement le bras bouger.

- Et après, qu'est-ce que vous avez pensé ?

- Je n'ai rien pensé.

- Qu'avez-vous fait après ? Qu'avez-vous pensé ?

- J'ai pensé à donner l'alerte.

- Non ! Avant ! Vous l'avez dit aux policiers ce que vous avez pensé !

- Rien ! Je n'ai rien pensé !

- Vous avez pensé à ne pas mettre des empreintes sur le corps de la fillette pour ne pas avoir d'ennuis avec la police ! Bon ! Et vous avez arrêté Monsieur Olivier.

- Oui.

- Où étiez-vous alors ?

- Je suis sorti du chemin de terre. J'ai vu Olivier et je lui ai fait signe.

- Non ! Monsieur Olivier vous a vu surgir de derrière la voiture.

- Ce n'est pas vrai !

- Et pourquoi avez-vous reconnu par la suite que Monsieur Olivier avait raison ?

- Je l'ai reconnu mais il mentait.

- Et Monsieur Ricard ? Vous ne l'avez jamais vu sur la route ?

- Non ! Je l'ai déclaré comme suspect à la police.

- Comme suspect ! C'est un comble ! Vous avez dit que vous aviez entendu des voix et que vous vous étiez couché dans le ravin. Puis vous avez dit que vous aviez retourné le corps de Lady Drummond pour voir si elle était vivante.

- Eh bien là j'ai menti !

- Mais vous avez menti constamment ! Et pour Sir Drummond, vous n'avez pas eu besoin de retourner le corps pour vous rendre compte qu'il était mort ? Alors que pour Lady Drummond, il a fallu que vous retourniez le corps ?

- Tout cela, c'est faux !

- Ah bon ! Et à quelle heure avez-vous vu Roger Perrin, le matin de la découverte du crime ?

- A 8 ou 9h00.

- Comment est-il arrivé ?

- A bicyclette.

- Vous ne l'avez pas rencontré sur la route ?

- Je ne me souviens pas.

- N'étiez-vous pas avec votre père sur la route ?

- Non ! J'étais sur mon vélo.

- Quand vous êtes revenu sur les lieux du crime, qu'avez-vous fait ?

- Il y avait un gendarme et je lui ai montré des traces de pas sur le talus.

- Et vous n'avez pas dit à cet instant que vous aviez vu la fillette bouger… Et à votre femme, qu'est-ce que vous lui aviez dit ?

- J'ai dit que j'avais vu la fillette, et qu'il m'avait semblé qu'elle avait bougé le bras.

- Et voilà ! Ça ne vous fait rien de plus à vous et à votre femme ! Et vous avez eu une parole terrible ! Vous avez dit : « J'ai cru que c'étaient ses parents qui l'avaient tuée cette petite fille ! ». C'est atroce cela ! Vous auriez fait cela vous ?

- Moi ? Non.

- Alors pourquoi en accuser les autres ?

- Ça se voit tous les jours.

- Quoi ! Ça se voit tous les jours que les parents tuent leurs enfants ? Mais vous êtes terrible ! Et ces pauvres parents dont la fillette agonisait, vous n'avez pas pensé à aller les prévenir tout de suite ?

- Je ne savais pas que c'étaient ses parents.

- Comment ? Oui, vous le saviez !

- Et puis, toutes mes déclarations, c'est des mensonges !

- C'est le comble ! C'est des mensonges ! Et vous avez accusé votre père ?

- Ce n'est pas moi qui l'ai accusé le premier !

- Ce n'est pas vous ? Mais c'est inqualifiable ce que vous faites ! Ce qu'il y a de terrible, ce sont les précisions que vous avez données à la police et je ne pense pas que celles-ci, vous les avez inventées ! Les coups de feu ! Les cris ! Vous avez entendu, avez-vous dit, comment un homme tournait en rond dans la cour de la ferme, vers 02h00 du matin ! Et n'avez-vous pas dit aussi avoir vu ce pantalon taché de sang ?

- Non ! Je ne l'ai pas vu ce pantalon taché de sang ! Tout est faux !

- Mais lorsque vous êtes sorti de la ferme, vous avez dit d'abord que vous étiez sorti à 07h00, puis à 04h00, puis à 02h00 ! Où est la vérité dans tout cela ?

- Jamais on n'a cherché la vérité dans cette affaire !

- Et vous, vous n'avez fait que mentir !

- Jamais je n'ai dit de mensonges ! »

Un « oh ! » de stupéfaction soulève la salle. Qui est donc cet homme qui ne sait même plus ce qu'il dit tant il veut conserver son aplomb face aux questions les plus embarrassantes ? Le président Bousquet poursuit :

« Vous n'avez jamais dit à Clovis que votre père vous avez fait la confidence de son crime ?

- Non, jamais ! Je lui ai simplement dit que j'avais entendu des cris.

- Et la carabine ?

- Je ne l'ai jamais vue.

- Vous ne vous en êtes jamais servi ?

- Non Monsieur le Président.

- Au palais de justice, au mois de novembre 1953, vous avez pleuré sur l'épaule du commissaire Sébeille. Vous avez parlé puis vous avez été interrogé par le juge d'instruction...
- Pas pour m'interroger ! Pour prendre ma déposition !
- Laquelle ?
- Celle de la vérité.
- Quelle vérité ?
- Celle que j'ai toujours dite ! »

On ne s'en sort plus. Le jeune fermier ne se soucie même plus de rendre vraisemblables ses déclarations, se contredisant sans cesse. Comment peut-on obliger un tel menteur à dire la vérité ? Soudain Gaston se lève :

« C'est Gustave qui m'a accusé le premier ! »

Et Gustave de répondre le plus calmement du monde :

« J'ai menti tout le long. »

Courte suspension de l'audience. A la reprise, le dialogue de sourds reprend. Gustave continue à fournir, selon l'occasion, deux explications : ou bien c'est la police qui a tout dicté ou bien il s'est aligné sur Clovis. Puis il reste muet face aux questions du président ou répond par de courtes phrases. Gustave semble désemparé, sa force de résistance montre des signes de faiblesse. Encore une poussée et il sombrera, livrant enfin la vérité toute entière. Ce serait le bon moment de livrer Gustave aux questions de la partie civile, de l'accusation et de la défense. Mais l'audience, à la surprise générale, est suspendue.

Cette suspension est vivement reprochée au président. Est-ce la volonté de protéger un dossier dans l'état où il se trouve, éviter un supplément d'information, limiter l'affaire à la culpabilité de Gaston ? En interrompant les débats, le président accorde à Gustave un répit inespéré. En retrouvant les siens, il va puiser auprès d'eux de nouvelles forces.

L'audition de Gustave a en tout cas marqué un tournant décisif dans le procès. Le doute s'installe. Une question domine maintenant les pensées : ne s'est-on pas contenté d'une partie de la vérité ? Et si Gaston était condamné alors qu'il est innocent ? Va-t-on laisser échapper un ou plusieurs coupables ?

Tous les esprits sont marqués par le spectacle qui vient de se dérouler sous leurs yeux, par l'attitude incompréhensible de Gustave, premier accusateur de Gaston et qui aujourd'hui rejette cette évidence, use de mensonges les plus effrontés, fuit toute responsabilité, se contentant de réciter que le père est innocent sans apporter le moindre élément en sa faveur. Craint-il des accusations de son père ? A-t-il peur de sa famille ?

Le jeudi 25 novembre, Gaston met le feu aux poudres, interrompant presque le procureur Sabatier qui pose des questions de détail à Gustave. Le vieil homme se tourne alors vers son fils :

« Quand tu étais dans la luzerne avec un autre, après avoir entendu les cris, tu savais où était l'arme et d'où elle venait. Elle ne vient pas de chez nous. Mais elle vient de pas loin.

- Je ne suis pas allé dans la luzerne dans la nuit. Avec personne.

- Tu dois dire la vérité, reprend Gaston d'une voix autoritaire. La carabine était à la Serre. Pense à l'honneur de la famille. Dis la vérité Gustave, et je te pardonne.

- Je la dis. Tu es innocent. »

Le vieil homme enfle encore le ton. Il est debout dans le box, le visage dramatique, braquant en direction de Gustave un bras vengeur :

« Gustave, ce n'est pas ça qu'il faut dire. Tu dois déclarer : je sais la vérité et la voilà ! Tu as vu ! Je suis en prison pour toi. Tu es un faux témoin. Ton frère Clovis aussi. »

Gustave se rebelle :

« Non ! Je n'ai pas vu ! Je ne sais rien de plus ! »

Mais Gaston exhorte Gustave : il sait, il a vu, il doit parler. Gustave répète avec obstination qu'il ne sait rien. Maître Pollak implore le jeune homme de dire la vérité. Il répond de nouveau que son père est innocent.

« Dis-le ! Dis-le ! répète sans trêve Gaston.

- J'ai dit la vérité.

- Qui était avec toi dans la luzerne quand tu as entendu les cris ? Qui était avec toi ? Qui était avec toi ? »

Gustave ouvre la bouche. Le président tape sur la table et dit : « L'audience est suspendue ! »

Gustave est sauvé ! Il quitte la barre sans avoir répondu à l'invitation de son père. Incroyable ! Impensable ! La salle gronde. Le président le laisse partir. Comme si rien de ce dialogue n'était parvenu jusqu'à lui. Monsieur Bousquet est-il sourd ? Des propos d'une gravité extrême viennent de se tenir de nature à faire évoluer le débat dans une direction nouvelle.

Gaston, reprenant le témoignage de Maillet, révèle que Gustave était dehors dans la luzerne et accompagné. Accompagné de qui ? Il ne le dit pas, mais tout le monde voit bien de qui il s'agit. N'oublions pas la mise en cause de Roger Perrin par son grand-père.

Gustave n'a été d'aucune aide à son père. Tout juste a-t-il affirmé l'innocence de ce dernier, sans apporter le moindre éclaircissement, et en ajoutant au contraire un peu plus de confusion. Chacun est convaincu qu'il en sait davantage. Gaston, par ses suppliques, a laissé entendre qu'il savait des choses, que Gustave n'était pas seul dans la luzerne, désignant sans le nommer son petit-fils Roger Perrin. Pourquoi alors ne pas en dire plus ? Y aurait-il une vérité plus terrible encore que celle que prétend détenir l'accusation, et qu'il faudrait cacher à tout prix ? Le Méridional penche pour cette idée :

« Il faut que l'on sache si la petite fille a été tuée aussitôt après ses parents, dans un accès de colère, ou si elle a été tuée auprès de son papa et de sa maman après une mûre réflexion, après avoir conclu qu'il n'était pas possible de garder ce témoin vivant. En effet, c'est maintenant cet horrible tableau qui est présent aux yeux de tous : une petite fille prisonnière et un assassin qui se demande ce qu'il va faire, pendant de longues minutes, avant de se décider. Un assassin seul ou ayant un complice ! Et ce tableau fait frémir car le crime de Lurs, pour aussi horrible qu'on ait pu le supposer, dépasserait alors le plus haut sommet de l'horreur. »

La famille Dominici règle ensuite ses comptes. Frères et sœurs se succèdent à la barre, unis dans la défense du père et la haine des traîtres. Mais la querelle se tient au niveau de l'injure et de l'invective. Ces femmes et ces hommes semblent éprouver pour les faits une aversion profonde.

Deux autres des enfants de Gaston déclarent que Clovis a accusé son père à cause de leur vieille querelle, alors qu'en réalité, il soupçonnait Maillet. Parmi ces échanges d'insultes, les éléments concrets se signalent par leur quasi-absence. Ce ne sont que menaces et malédictions. L'impression générale est que dans la famille Dominici, on ment sans cesse et sans vergogne. Les témoins se succèdent pour nier la teneur de leurs déclarations antérieures, sans même une explication.

Le vendredi 26 novembre, tour à tour, la partie civile, l'accusation et la défense vont avoir la parole pour entrainer la conviction des sept jurés qui, dans ce procès, ont été les acteurs les plus discrets du monde. Au cours des huit journées d'audience, ils n'ont posé aucune question malgré que le président, comme la loi lui en fait l'obligation, leur ai demandé après chaque déposition s'ils avaient un point à éclaircir.

L'avocat de la partie civile, Maître Delorme, se pose cette question : en cas d'innocence de de Gaston Dominici, est-ce possible qu'il ait voulu se sacrifier pour sa famille ? Pour lui, la toile de fond de cette affaire, ce sont les mensonges de la famille Dominici. Ils ne peuvent s'expliquer autrement que par le souci de dissimuler à la justice une culpabilité évidente. La vérité se trouve dans la déclaration spontanée qu'a faite Gaston Dominici au gardien Guérino. Toute cette affaire se ramène à une bagarre stupide entre un savant Britannique qui prend le fermier voisin pour un maraudeur, et ce fermier offensé d'être chassé de sa propre terre.

Le magistrat retrace ensuite avec minutie l'enquête et l'instruction, reconnaissant l'absence de preuves matérielles. Mais une culpabilité se démontre aussi par des témoignages. Gaston est coupable et mérite la peine de mort.

Le procureur Sabatier déroule un rigoureux rappel des faits. Il s'indigne des plaintes de Gustave qui aurait été victime de violences. Il a lui-même suivi toutes les opérations accomplies par le commissaire Sébeille et ses équipes, et il peut témoigner qu'aucun témoin n'a été maltraité. Il a veillé à ce qu'ils reçoivent nourriture et boisson. Comme Maître Delorme, il est convaincu qu'il s'agit d'un drame de la colère, et que par conséquent Gaston a agi seul. Il conclut sans demander de peine, laissant cette tâche à l'avocat général.

Samedi 27 novembre. C'est au tour de l'avocat général, Maître Rozan, de prendre la parole. Son but est clair : prouver que Gaston Dominici est le seul coupable, et que ni Roger Perrin ni Gustave ne peuvent avoir participé aux crimes. Il commence par tordre le cou aux « fables », telles les thèses de l'Intelligence Service, la résistance, l'espionnage, un parachutage de billets de banque dans la cour de la Grand-Terre ou Aristide Panayotou. Des hauts parleurs sont installés à l'extérieur du palais, de sorte qu'une partie du discours du magistrat est retransmise, ce qui ne manque pas de choquer de nombreux juristes.

L'avocat général se demande ce qu'a pu faire Gustave. Celui-ci, de son propre aveu, a manipulé les cadavres, vu la petite vivante sans lui porter secours, dénoncé son père et revenu sur cette dénonciation. Vient l'hypothèse que si Gaston regarde Gustave dans les yeux, il est possible que ce dernier s'accuse du crime. Pour rappel, il a été reconnu que le vieux Dominici engueulait régulièrement Gustave parce que celui-ci, peu travailleur, laissait en friche des parcelles de la ferme. Il est clair que si le vieux Gaston n'arrivait pas à faire travailler son fils, il ne pouvait encore moins le faire se déclarer coupable d'un crime.

Maître Rozan explique ensuite l'attitude du président coupant la parole au ras des lèvres de Gustave. Moment important, voire capital qui a été stoppé. Le dossier, déjà peu garni, n'aurait convaincu plus personne si Gustave avait avoué être le responsable des meurtres. On comprend qu'il fallait taper sur la table et suspendre l'audience.

Gaston n'est pas l'assassin, il n'est encore que l'accusé. Il n'y a rien contre le vieux Dominici que l'accusation de Gustave, et que ni aveux, ni reconstitution du crime, ni accusation de Clovis ne comptent, qu'il n'existe pour condamner cet accusé que la conviction de l'avocat général. Le magistrat est sûr que Gustave est innocent. C'est une affirmation gratuite. Jamais il n'avance les raisons pourquoi il est innocent.

Trois plaidoiries suivent le réquisitoire : celles de Maître Charles-Alfred et de son fils, Bernard, puis celle de Maître Pierre Charrier. Le premier dénonce avec ironie les outrances de l'avocat général. Son fils relate ses conversations avec Gaston à la prison. Pierre Charrier utilise son vigoureux tempérament de polémiste. Leur mission est de préparer le terrain à Maître Pollak qui plaidera dans la matinée du lendemain.

Dimanche 28 novembre. Maître Pollak parle pendant trois heures. C'est dans le fond comme dans la forme, une réponse au réquisitoire de l'avocat général Calixte Rozan. Il s'attaque aux aveux, pièce maîtresse de l'accusation. Oui devant le gendarme Guérino, non devant le brigadier Boca, oui et non devant le commissaire Prudhomme, oui et non devant le juge. Voilà donc les aveux dont on veut se servir pour emmener Gaston Dominici à l'échafaud. Quelle est leur véritable valeur ?

Une reconstitution est ordonnée sans convoquer les avocats. Gaston Dominici fait des gestes qui ne correspondent que de très loin au dossier. On l'inculpe quand même ! Tout est faux dans cette confession : le mobile, le récit, la chronologie, le nombre de coups de feu. Gaston Dominici est sous la menace d'une condamnation à mort à cause d'aveux et à cause d'eux seuls. Puis Emile Pollak oppose à la confession de l'accusé les mensonges des autres. Aucune preuve assez convaincante n'existe dans ce dossier pour envoyer un homme à la mort.

Le président donne lecture des sept questions auxquelles devront répondre les jurés et qui décomposent le triple crime. Les membres du jury se retirent pour délibérer. Lorsqu'ils regagnent le prétoire deux heures plus tard, Gaston Dominici est déclaré coupable du triple meurtre et condamné à mort. L'accusé s'exclame :

« Ben merde alors ! Elle est forte celle-là ! »

Dans la salle, c'est un tumulte indescriptible. Les membres du clan Dominici ne semblent pas émus. Gaston répète :

« Je veux remplacer personne ici. Je suis franc z'et loyal. Je ne suis pas l'assassin comme on a dit. »

Et il lance, accompagné d'un grand geste, sans que l'on sache à qui il s'adresse exactement :

« Ah les salauds ! »

Accompagné de ses avocats, à la sortie du box, il murmure :

« Et pourtant, je suis innocent. Je paie pour un autre. »

Après plus de deux années de dur labeur, les policiers sont soulagés, mais les réactions de la presse sont négatives. Ce n'est pas une erreur judiciaire, c'est une justice incomplète. Trop de points n'ont pas été éclaircis, et la plupart des journalistes pensent que Gaston Dominici n'est pas l'unique responsable de l'atroce tuerie. Un journaliste résume l'impression générale en écrivant au sujet de l'affaire :

« Un crime maladroitement commis, une enquête maladroitement menée, un procès maladroitement conduit et un accusé maladroitement jugé. »

QUATRIÈME PARTIE

LA CONTRE-ENQUÊTE

I. UNE JUSTICE INCOMPLÈTE

L'instruction n'a pas permis de désigner de manière précise le ou les coupables. Tout ce qui est anormal dans l'assassinat de la famille Drummond, tout ce qui n'a jamais reçu d'explication, tout ce qui a créé des contradictions et des incompatibilités, tout cela a paru être comme secondaire dans le déroulement du procès. Comme l'a souligné Jean Giono, ce fut un procès de mots :

« Il n'y a aucune preuve matérielle, dans un sens ou dans l'autre. Il n'y a que des mots. »

En effet, l'accusé parle un langage primitif, sans syntaxe : on transcrit ses déclarations et on l'interroge dans un autre langage, le Français officiel. Ce mystère restera irrésolu puisqu'il n'a pas été possible de s'entendre sur les termes et le sens des mots.

Gaston Dominici est le perdant dans cette guerre des langues qui accompagne l'effondrement du socle rural annonçant la « *fin des paysans* ». Le caractère de ces gens est complexe. La réalité de leur vie plus insaisissable et plus nuancée qu'on ne l'imagine. Hypocrisie et intelligence sont pour eux des outils de survie devant la fin proche de leur monde.

Dans la tourmente, les Dominici se sont tous abstenus de tout dire. Ils savaient que certains détails du triple crime seraient terribles au niveau pénal pour chacun d'eux, et qu'il ne fallait pas trop parler sur la manière dont était morte Elizabeth, ce qui ne manquait pas d'impliquer bien plus de monde aux yeux des policiers. Même la complicité passive des femmes était punissable. On a voulu s'en tenir qu'au seul Gaston. On regrettera éternellement la position du président qui a coupé la parole à Gustave, inquiet que celui-ci ne s'accuse à la place de son père. La justice a semblé avoir eu peur de la vérité.

Chacun des jurés ressentait le sentiment que tous n'avaient pas été bien jugés. Ils pensaient sincèrement que Gustave et Zézé avaient participé au crime. Ce malaise provient de toutes les irrégularités qui ont été commises. Tous s'entendent pour dire qu'on est loin de connaître la vérité et qu'il reste tant de points obscurs, qu'il n'est pas impossible qu'une erreur judiciaire ait été commise. Il est désagréable qu'on puisse, presque de manière unanime, contester la valeur d'un arrêt à peine rendu avec des termes agressifs :

« *Procès truqué... dés pipés... partialité scandaleuse... défense impossible...* »

La reconstitution à laquelle s'est prêté le vieillard laisse totalement inexpliquée la flaque de sang trouvée près du puisard. La fusillade, racontée par Gaston et mimée par lui, ne se déroule pas au même endroit. La petite Elizabeth n'a manifestement pas été poursuivie par lui, comme il l'a avoué. Elle a été portée évanouie à l'endroit où elle mourut.

Le code donne le droit au président, en examinant un dossier, d'exiger un supplément d'information avant le procès. Et c'était la position à adopter pour cette affaire. Mais en proclamant l'enquête insuffisante, un affront aurait été infligé aux magistrats locaux. Pire encore, c'eut été une gifle donnée aux membres de la chambre des mises en accusation qui ont déclaré les charges suffisantes pour envoyer un vieillard à la guillotine.

Les seuls aveux rétractés de Gaston Dominici et les accusations également rétractées de son fils Gustave ne suffisaient pas pour justifier une condamnation à mort. Si, à la fin du procès, Gaston avait été condamné à mort pour le meurtre des parents et non pour celui de la fillette, il est probable que personne n'aurait trouvé à redire si aux questions concernant l'enfant, les jurés de Digne avaient répondu « non ».

Des témoins ont menti impunément, trompé la justice. Ils l'ont reconnus eux-mêmes. Rien n'a été fait pour en contenir le scandale. L'article 322 du code d'instruction criminelle déclare reprochable les parents proches, mais il est de jurisprudence qu'ils peuvent être entendus sous serment si personne n'y fait opposition. Le serment a pour effet de les rendre passibles de la peine du faux témoignage s'ils mentent. En l'espèce, personne n'en faisait opposition. La cour a cependant refusé de faire prêter serment. Ainsi, la justice a accepté la fabrication de faux témoins qui reconnaissaient mentir plutôt que d'exiger le respect de son audience.

Plusieurs journalistes, ainsi que le professeur Vouin dont la pensée est retranscrite, ont écrit que la cour d'assises avait voulu « sauver le dossier » :

« Est-il possible que des magistrats, pour sauver un dossier, retiennent intimement la culpabilité d'un accusé sur le point même où elle n'est pas prouvée, se refusent à envisager la culpabilité d'un autre, non compris dans l'acte d'accusation, et soient résolument opposés, par principe, à tout renvoi de l'affaire pour supplément d'information ? »

L'examen du professeur Vouin montre l'importance de la secousse qu'a ressentie l'institution judiciaire à l'issue du procès Dominici. Policiers et magistrats ont eu affaire à des adversaires tordus et déterminés. Ils n'ont pu réunir les preuves matérielles qui leur auraient permis d'éviter ce « procès de mots », car entre mensonges, accusations, rétractations, amnésies sélectives, réminiscences subites, insultes, cynisme, lâcheté et autres complaisances, ils n'ont pas eu la partie facile.

Une enquête de police ou une instruction judiciaire sont menées par des hommes, c'est-à-dire des êtres imparfaits. Qui plus est à une époque où les moyens étaient limités, la formation insuffisante, les conditions de travail surprenantes. Sébeille raconte que pour ne pas « *y être de leur poche* », ses inspecteurs dormaient à deux dans le même lit. De nos jours existe la police scientifique, avec tout ce qu'elle apporte comme preuves indiscutables. L'affaire Dominici, avec les moyens actuels, aurait été résolue en cinq jours. Pas de scène de crime polluée, ADN des Dominici relevés partout, micro traces de sang sur les pantalons étudiées, l'Hillman passée au peigne fin, la balistique à l'étude des cadavres, la carabine et les balles passées au microscope, interrogatoire serré des Dominici, perquisition de la ferme...

Les jurés, en leur âme et conscience, ont décidé de condamner Gaston Dominici. Mais fallait-il le condamner ? En l'absence de preuve établie, Gaston aurait dû être acquitté au bénéfice du doute. Le bénéfice du doute est aujourd'hui une obligation légale pour les jurés. L'article 304 du code de procédure pénale leur fait un devoir d'en faire bénéficier l'accusé, et ce depuis la loi sur la présomption d'innocence de juin 2000. Ce n'était pas le cas au début des années 50. Pour autant, cette notion de « bénéfice du doute » existait bien. Disons qu'à l'époque, il s'agissait plutôt d'une recommandation, voire d'un devoir moral que les avocats présentaient aux jurés, leur demandant de s'y soumettre.

Y-a-t-il eu doute dans l'esprit des jurés ? Il semble qu'il n'ait pas été très présent puisqu'ils ont répondu aux sept questions posées par l'affirmative, à l'unanimité. Peut-être que le triste spectacle qui s'est déroulé sous leurs yeux, la présence évidente du mensonge, encore et toujours, n'ont pas contribué à les rendre indulgents. L'un d'eux, Marcel Jean Bernard résume assez bien l'état d'esprit des jurés durant le procès :

« Certains nous ont critiqués. Mais pouvions-nous faire autrement ? Nous n'avons pas fait d'études. Nous sommes des « galapians ». On nous demandait de répondre par oui ou par non. Or, on s'est aperçu qu'on avait affaire à un ramassis de menteurs, qui tous savaient ce qui s'était passé la nuit du drame. Nous avons jugé sur leur attitude. Personne, y compris le vieux, ne voulait dire la vérité. Notre conviction n'a pas changé. Le vieux a été le principal responsable du drame. Nous ne pouvons croire que le commissaire Sébeille et le juge Périès aient été aveugles. Que le vieux Gaston n'ait pas tué la petite Elizabeth, c'est possible. Nous avons jusqu'à la dernière minute espéré qu'il changerait d'attitude. Nous avons attendu en vain. Notre conviction était faite. Les plaidoiries n'y pouvaient rien changer. »

Ainsi, le vieux a été condamné à mort à la majorité, et pour les trois crimes, parce qu'il ne voulait pas dire la vérité. On l'a jugé sur des attitudes et non sur des faits. Peu importe les arguments de la plaidoirie. Elles ne pouvaient faire changer la décision des jurés qui avaient affaire à un « ramassis de menteurs ». La vérité leur était inconnue au moment de leur verdict. Cette affaire peut se résumer par un échange entre Clovis et son beau-frère Clément Caillat. Lors du procès, ce dernier invective Clovis pendant leur confrontation :

« Ne mens pas ! Tu m'as dit ne jamais avoir vu la carabine à la Grand-Terre ! Regarde-moi en face ! Dis la vérité ! On verra qui sera le plus menteur !

- C'est bien la question qui se pose hélas ! ironisa le président Bousquet

- Ce sont des gens comme ça, dira Sébeille, ils cachent toujours quelque-chose. »

Le commissaire Constant avait relayé son collègue Sébeille pendant un mois et son enquête est très troublante. A-t-il, dès le mois de mars 1953, aperçut la vérité du drame ? Elizabeth a été trouvée à soixante-dix-sept mètres du campement de ses parents. Elle était étendue, le crâne fracassé, et l'on pensait qu'elle avait fui en courant devant le meurtrier. Elle avait été assommée et non tuée par balles. Le policier analysait la situation comme suit :

« Elizabeth a été massacrée à coups de crosse à l'emplacement où elle a été découverte. Preuve formelle : un éclat de bois qui s'adapte parfaitement à une partie manquante de la crosse a été trouvé sous la tête de l'enfant. Le corps ne semble pas avoir été déplacé après le meurtre. Sa position est naturelle si l'on considère la photo prise par les gendarmes le 05 août vers 08h00. Une question se pose : Elizabeth a-t-elle fui jusqu'au talus où le meurtrier la rejoignit ou bien a-t-elle été portée ? Je penche pour la deuxième solution :

a) la plante des pieds n'était pas abîmée, ainsi que l'a établi le docteur Dragon qui a examiné son cadavre à 09h00 du matin. Si elle avait couru pendant soixante mètres, elle aurait dû s'abîmer la plante des pieds en passant sur le pont de chemin de fer couvert de pierres à arêtes tranchantes,

b) Elizabeth a certainement été frappée alors qu'elle était couchée. En effet, de l'avis des médecins légistes, si elle avait été debout ou agenouillée, les coups de crosse n'auraient jamais pu causer de si grands ravages dans la boîte crânienne. Si le meurtrier avait rejoint Elizabeth, on ne peut admettre qu'elle se serait allongée sur le sol complaisamment pour y recevoir des coups. Si elle a été portée par le meurtrier, celui-ci a pu l'étouffer à moitié en lui mettant la main sur la bouche pour l'empêcher de crier. Elizabeth était peut-être évanouie lorsqu'il l'a jetée sur le sol pour l'achever. »

Comment se fait-il que pendant le procès, on n'ait pas évoqué ce rapport ? Se peut-il que l'on ait eu en main la vérité et que l'on n'ait pas tenté de l'exploiter ? La question du meurtre de la petite Elizabeth n'a jamais été examinée sérieusement.

Une des lacunes du dossier est l'absence de mobile. On ne sait pas pourquoi la famille Drummond a été tuée. Une autre difficulté provient de ce que, d'une déclaration à l'autre, il existe beaucoup d'incohérences, beaucoup de variations de Gaston, Gustave et Yvette.

Dès le lendemain du verdict, les défenseurs de Gaston Dominici vont le rencontrer pour l'écouter. Ils sont inquiets. Leur client a été condamné à mort et, à l'époque, les arrêts rendus en cour d'assises ne sont pas susceptibles d'appel. Par conséquent, sauf à obtenir une mesure de grâce tenant au bon vouloir du Président de la République, le patriarche de la Grand-Terre pourrait bien finir sa vie sous la guillotine. Le vieux répète à qui veut l'entendre qu'il ne veut pas payer pour un autre. Quel autre ? Gustave ?

Puis il explique alors que, quelques jours après le crime, il est monté un après-midi dans sa chambre où il avait laissé son briquet. En redescendant, il est passé devant la porte entrebâillée de la chambre de Gustave et Yvette et il a perçu des bribes de conversation. Yvette y parlait de bijoux. Gaston a pensé qu'elle voulait s'en faire offrir par Gustave. Puis il a entendu:

« Et la petite ? demanda Yvette.

- Elle était évanouie, répondit Gustave.

- Qui l'a portée ?

- Roger. »

Après, il a été question d'un mouchoir. Gaston a poursuivi son chemin pour ne pas être surpris à écouter aux portes. Ses avocats lui font remarquer qu'il est bien temps de raconter tout ça :

« Pourquoi n'avez-vous pas parlé plus tôt ?

- Je croyais être acquitté. Et puis, ce n'est pas à un père d'accuser son fils. »

Le 13 décembre, Joseph Oddou, substitut du Procureur de Marseille, rencontre Gaston. Il est chargé de recevoir sa déposition. Notons qu'il est très inhabituel que ce soit un membre du parquet et non un juge d'instruction qui procède à une telle démarche. Le vieil homme affirme à nouveau qu'il est étranger aux crimes. Il était couché, s'est levé à 03h00, est parti avec ses chèvres et n'a été informé par Yvette qu'à son retour vers 08h00. Quand le substitut lui demande :

« Accusez-vous formellement votre fils et votre petit-fils ?

- Ils y sont certainement pour quelque chose. Mais je ne sais pas qui a fait le crime. »

Il les met en cause une nouvelle fois, mais s'empresse de préciser qu'il ignore qui a fait quoi. Gaston confirme aussi que la carabine était bien à la Serre, mais sans répéter qu'elle appartenait à Clovis.

Les déclarations de Gaston sont portées à la connaissance du Garde des Sceaux qui adresse des instructions au procureur général qui les fait suivre au procureur Sabatier de Digne. Il est demandé au magistrat d'ouvrir une enquête officieuse qui sera confiée au commissaire divisionnaire Chenevier, assisté du commissaire principal Gillard qui avait été chargé de l'enquête sur le nommé Bartkowski et qui est venu à Digne assister aux débats lors du procès.

Gillard a aussi participé, avec son collègue Roger Borniche, à l'arrestation rocambolesque du gangster Emile Buisson le 10 juin 1950 dans un restaurant, « La Mère Odue ». Cette histoire a été portée à l'écran en 1975, Jean-Louis Trintignant incarnant le gangster dans le film de Jacques Deray, Flic Story.

Charles Chenevier
Né le 02 novembre 1901 à Montélimar

Il donne l'impression d'une grande force physique de par sa petite taille, sa corpulence râblée, et son visage carré. Il a été celui qui, après la guerre, a démantelé les gangs florissants de l'époque (Emile Buisson, le gang des tractions-avants). (© Gettyimages)

L'action judiciaire a laissée l'opinion inquiète. L'instruction et les débats n'ont pas été poursuivis avec une rigueur et une impartialité insoupçonnables. Du procès, n'a été retenu que la confusion qui a marqué les audiences, ainsi que les mensonges des uns et des autres. Le triple crime de Lurs a été puni par principe, laissant planer un doute, ce qui n'est pas fait pour dissiper le malaise et renforcer le respect qu'on doit à la chose jugée.

Le verdict de la cour d'assises, rendu au nom du peuple Français, est normalement définitif et acquiert l'autorité de la chose jugée. Il est décidé toutefois de tenir compte des déclarations de Gaston, ce qui au passage, montre bien le trouble qui s'était installé dans les esprits. Pour la première fois, on revenait sur un verdict de cour d'assises sans que la moindre preuve de nullité fût rapportée.

Les consignes du Garde des Sceaux sont formelles : les investigations doivent être menées exclusivement par Chenevier et Gillard, à l'exclusion de tout fonctionnaire local. Il s'agit pour eux de vérifier si les récentes déclarations de Gaston méritent qu'on s'y intéresse sérieusement, puis de rendre compte afin qu'une décision définitive soit prise sur l'opportunité qu'il y aurait à relancer l'affaire.

Les deux policiers se rendent deux fois à la prison des Baumettes à Marseille, les 19 et 20 décembre, pour y interroger Gaston sur ses dernières révélations. Le premier jour, il ne fait pratiquement que confirmer ses dires au substitut du procureur, Monsieur Oddou. Il fixe la date à laquelle il a entendu la conversation d'Yvette et de Gustave : le 08 août 1952. Chenevier ne manque pas d'interroger le vieillard sur ce point :

« Vous n'avez jamais interrogé votre fils sur les propos que vous avez surpris ?

- Non.

- Ils étaient tout de même d'un intérêt capital non ? »

Pas de réponse. Le commissaire ne désarme pas :

« Le drame qui venait de se dérouler vous laissait à ce point indifférent ? »

Le policier reçoit un haussement d'épaules pour toute réponse. Qu'importe :

« Même si vous n'aviez pas l'intention de dénoncer votre fils, vous n'avez pas éprouvé le désir de savoir ?

- On se parlait si peu !

- Admettons. Mais au procès, vous pouviez raconter tout cela !

- Je pensais être acquitté.

- En somme, vous vous êtes sacrifié à condition que ça se termine bien !

- Tout ce que je sais, c'est que je ne l'ai pas fait.

- Qui alors ?

- Je l'ai dit au juge. »

Le lendemain, en présence de ses avocats, son récit est fracturé, embrouillé de réflexions, d'interjections, de plaintes. Ses phrases sont décousues, souvent sans aucun rapport les unes avec les autres, coupées de retour en arrière :

« Le 04 août, Gustave est allé à Peyruis pour avertir Roure. Il est passé par la Serre pour prendre le petit (Roger Perrin). Ils ont soupé ensemble. Ils sont sortis dans la nuit, c'était vers 01h10 ; j'ai regardé ma montre, j'ai entendu des coups de feu, je me suis levé, je n'ai rien dit ; je suis descendu dans la basse-cour ; j'ai vu Gustave avec le petit : ils traversaient la luzerne ; ils venaient de là-haut où il y avait les Anglais ; ils sont allés du côté du ravin. C'est Roger qui portait la petite. Je ne veux pas mourir en mentant. Si je m'accuse de cette chose, que je dise ça, c'est moi l'assassin et pas eux, ça ne leur portera pas bonheur, mon fils Gustave a toujours été pour moi un désastre. Je l'ai élevé pour être un homme. Il a été coureur, gaspilleur, et maintenant... Lui s'est mal conduit mais je ne veux pas porter la responsabilité d'une chose pareille. S'ils m'avaient acquitté, je n'aurais rien dit à personne, personne n'en aurait rien su, et je pensais qu'à la poussée de Maître Pollak, Gustave allait dire la vérité. Le complot a été monté par Gustave. Je suis sûr et certain que la carabine est à Clovis. »

On sent percer à travers ces paroles des moments de vérité. Mais l'instinct de conservation reste le plus fort. Qu'avait-il fait à partir du moment où il avait vu Gustave et Roger se dirigeant vers le ravin ? Décrire ce qui s'est passé équivaut pour lui à reconnaître au moins sa présence sur les lieux du massacre, alors qu'il se prétend innocent et étranger à tout ce qui s'est déroulé.

Cette réticence peut s'expliquer par un souci de ne pas s'enfermer dans l'alternative suivante : ou bien il avoue être le meurtrier de la fillette, ou bien il accuse les autres à tort, et ceux-ci lui retournent l'accusation. Les policiers pensent que son intervention dans le crime se situe précisément à partir du moment où il dit avoir cessé de voir et se tait. La responsabilité partielle de Gaston en implique une autre, et il apparaît, d'après ses déclarations, que le co-auteur serait Gustave.

Mais, vérification faite sur place, la luzerne ne se trouve pas entre le mûrier sous lequel s'était installée la famille Drummond et le lieu où a été découvert le corps de la fillette. En outre, de la basse-cour, d'où le vieil homme dit avoir observé cette scène, la visibilité est à peu près nulle le jour, et à plus forte raison la nuit même avec une pleine lune, en direction de la luzerne, du mûrier et du ravin.

La famille Dominici se décompose, révélant de profondes failles. Gaston, en accusant son fils aîné et son petit-fils, provoquera, fait rare, une deuxième instruction judiciaire après sa condamnation à mort. Cet acte désespéré symbolise surtout l'époque qui le condamne et qui l'anéantit. Son monde est en ruines. Les valeurs qui constituent sa vie, ce mélange d'autorité et de solidarité, ont été ridiculisées. L'univers clos et réglé, dont le vieux fermier est le représentant, est relégué dans un passé révolu puisque le présent ne révèle qu'une famille déchirée et une société défaite.

Chenevier pense que Gaston est coupable du seul meurtre de la fillette. Si les enquêteurs disposent rapidement d'une commission rogatoire, ils peuvent profiter au maximum des apparentes bonnes intentions du condamné, entendre les membres de sa famille avant qu'ils puissent reprendre contact avec lui, et procéder ainsi aux confrontations dans les circonstances les plus favorables. Malheureusement pour eux, le vieux Dominici reçoit déjà de nombreuses visites, notamment de ses filles avec qui il peut parler librement.

Le 27 décembre 1954, le commissaire voit le Garde des Sceaux, Monsieur Guérin de Beaumont, auquel il expose son point de vue en insistant sur le fait que, si on désire vraiment que l'enquête arrive à l'éclatement de la vérité, il est urgent d'ordonner des investigations légales, non limitées, dès que la cour de cassation aura rendu son arrêt sur le pourvoi signé par l'accusé après sa condamnation à mort.

Les déclarations de Gaston ont le mérite d'apporter plusieurs éléments dignes d'intérêt pour les enquêteurs. En faisant état d'une conversation surprise entre Gustave et Yvette où il est question de bijoux, il explique la fouille de la voiture Hillman, motivée probablement par la recherche de l'appareil photographique, mais également au cours de laquelle la bague, non retrouvée de Mrs Drummond, a disparu.

En faisant allusion à l'éboulement comme cause indirecte des meurtres, il est naturel d'admettre que son fils se soit trouvé dehors pendant la nuit pour en assurer la surveillance. De même que cela justifie la présence de Roger Perrin. Il explique aussi pourquoi aucune trace d'égratignure, ni de poussière, n'a été relevée sous la plante des pieds de la jeune Elizabeth, puisqu'il dit qu'elle avait été portée par Roger Perrin, alors que la course de cette enfant, admise comme valable durant le procès, est incompatible avec les constatations.

En étudiant le dossier d'archives et les copies des pièces d'instruction que les avocats leur ont communiqués, Chenevier et Gillard relèvent un certain nombre de contradictions importantes qui les conduisent à prévoir et à formuler de nombreuses questions intéressants les principaux témoins.

Le 05 janvier 1955, le ministre demande l'ouverture d'une information contre X, pour des faits de complicité de meurtre dans l'affaire de Lurs. Le 07 janvier, la nouvelle enquête sur l'affaire va être dirigée par Monsieur Pierre Carrias, magistrat de moins de 30 ans. Sportif, décidé, au caractère entier, il est conscient de ses fonctions et bien résolu à tenir les rênes de l'enquête. C'est lui qui délivrera les prochaines commissions rogatoires et dirigera la nouvelle instruction.

II. L'OS EST DE TAILLE

Chenevier et Gillard ont traité des affaires du « milieu », des affaires de caïds, des affaires de « durs ». Seulement, le climat est différent à Lurs. C'est un « milieu » particulier, où l'on se méfie, où on ne parle pas comme tout le monde, où le Provençal est indispensable parce que, traduit en Français, certains mots ne veulent plus dire la même chose. A Lurs, le silence est d'or, et dans la famille Dominici, il est un métal très précieux.

Le 17 février 1955, on apprend que Gaston Dominici ne sera pas rejugé. A la fin de ce même mois, le procureur Sabatier délivre un réquisitoire introductif au juge Carrias. Une information contre X est ouverte pour complicité d'homicides volontaires. Cette fois, la nouvelle enquête va pouvoir démarrer.

Le 04 mars, le juge Jacques Batigne est mis en présence de Gaston. Le juge limite pour l'instant sa mission à entendre le condamné et enregistrer ses propos. Gaston est à la promenade. Il arrive, soutenu par un gardien. De nouveau, les propos de Gaston sont confus, embrouillés, suggérés.

Le même jour, le juge Carrias reçoit Roger Perrin qui lui raconte sa version des faits, identique à celle donnée lors du procès. Il nie, bien évidemment, le fait qu'il ait porté la petite Elizabeth.

Toujours le 04 mars, le juge Batigne confronte Gaston et Gustave. Le père confirme la conversation tenue dans la chambre entre son fils et Yvette. Gustave n'est pas d'accord. L'échange entre les deux hommes a un air de déjà entendu. Gaston affirme que son fils connaît les faits qui se sont déroulés lors de la nuit du 04 au 05 août. Gustave avance, une fois de plus, qu'il ne sait rien. Le juge fait entrer Yvette pour recueillir son point de vue en présence des deux hommes qui restent sur leurs déclarations. La belle-fille n'a aucun souvenir de cette conversation avec son mari.

Le juge Carrias convoque les policiers le 16 mars. Ils lui décrivent leur exposé. Ces derniers ne sont pas très certains que Gaston Dominici ait appris les circonstances du drame par la conversation qu'il a surprise. Mais, dans ses déclarations, il demeure un élément intéressant : Gustave était dehors au moment du crime, ce qu'il a affirmé à plusieurs reprises au cours du procès. D'autre part, les mensonges de Gustave, d'Yvette et de Roger Perrin ne s'expliquent que s'ils sont parfaitement au courant de ce qui s'est passé dans la nuit.

Toujours le 16 mars, le juge Carrias veut vérifier s'il est possible que Gaston ait pu percevoir la conversation entre Gustave et Yvette dans les conditions qu'il a décrites. Son collègue Batigne revient à la prison des Baumettes. Il est porteur d'un plan de la Grand-Terre établi par les gendarmes et demande au vieux Dominici de situer l'emplacement qui était le sien au moment capital. Gaston allait mettre le pied sur la première marche de l'escalier, en descendant. Le couple parlait très bas, ne se disputait pas et, chose curieuse pour le vieux fermier, parlait en Français. Mais Yvette parle toujours en Français.

Cinq jours plus tard, le juge Carrias se rend à la Grand-Terre en compagnie du substitut Pagès. Gustave et Yvette sont invités à échanger quelques phrases dans leur chambre, en présence de ce magistrat. Carrias se tient sur le palier, devant la porte qui est restée entrouverte. Plusieurs essais ont lieu avec des tonalités différentes. Le juge conclut que les propos échangés, sur le mode d'une conversation normale, ne peuvent être perçus que de façon indistincte depuis le palier. Ce constat est partagé par le capitaine Albert et le greffier. La version de Gaston Dominici semble donc peu crédible. Cette impression est renforcée par une autre constatation : pour arriver dans le couloir, Gaston a dû passer par la chambre de sa femme et ouvrir la porte qui frotte le sol, produisant alors un bruit considérable. De quoi attirer l'attention de personnes qui échangent de lourds secrets.

Le 01er mai 1955, le capitaine Albert rédige un rapport pour le juge Carrias à la demande des avocats de Gaston. Il procède d'abord à un rappel des faits ainsi qu'à une description des lieux du crime. Il évoque également que, derrière le véhicule, se trouvait une importante tache de sang à proximité du puisard, en précisant qu'elle ne correspondait à aucun cadavre. De plus, il révèle que, sur le côté gauche de la route, en allant vers Peyruis dans le lit du torrent desséché, il avait trouvé un galet ovoïde éclaté en forme d'étoile qui présentait une trace de choc en son centre. Ce galet était à sept mètres du cadavre de Sir Drummond. Il est probable qu'il avait été atteint par une balle, l'arme du meurtrier étant dirigée vers la chaussée. A noter que cette constatation n'a pas été évoquée au cours du procès. Il poursuit :

« De même, n'a pas été évoqué la découverte, par la police judiciaire, d'une culotte de fillette portant des traces de sang trouvée entre la voie ferrée et la Durance, à hauteur de la ferme Dominici. Le sang de cette culotte, à la connaissance du commandant de section, n'a pas été analysé et comparé au sang des victimes. »

L'officier de gendarmerie continue en évoquant la petite Elizabeth :

« La veste du pyjama est tirée vers la gauche et sortie en partie du pantalon. Elle est tirée également vers les épaules. Le pantalon est plissé sur la jambe droite vers la ceinture, le bas de la jambe est dégagée jusqu'à mi mollet. Il semble que le corps d'Elizabeth a été glissé, soutenu à gauche par le bras et la jambe. J'ai tenté une expérience avec un enfant. Je lui ai recommandé de se tenir bien souple. L'enfant, soulevé par le bras et la jambe gauche a été traîné sur un mètre environ. Les vêtements ont pris le même pli que le pyjama d'Elizabeth. »

Le capitaine Albert penche pour un déplacement de la fillette alors qu'elle était inanimée. Il se livre ensuite à une étude approfondie des traces de pas découvertes en haut du talus, et sur lesquelles Gustave avait insisté à plusieurs reprises dans la matinée du 05 août, comme pour s'assurer qu'elles seraient bien prises en compte. Elles mesuraient vingt-huit centimètres de longueur pour une pointure de 40, voire 39. Les semelles, probablement de crêpe, présentaient cinq trous, dont trois au talon, et ne correspondaient pas aux chaussures des Drummond. Il était difficile de dire s'il s'agissait de chaussures d'homme ou de femme.

Puis il continue en abordant le fameux pantalon qui séchait à la ferme le 05 août. Yvette avait eu un entretien avec lui le 03 septembre 1952, alors que Gustave était gardé à vue à Forcalquier :

« Elle avait expliqué qu'elle avait effectivement lavé un pantalon de son mari ce matin-là, avant d'aller au marché d'Oraison. Le renseignement avait été donné au commissaire Sébeille. A l'époque, l'explication d'Yvette avait sans doute semblé satisfaisante puisqu'il n'en a plus été parlé. »

L'officier poursuit son développement par l'évocation de Gustave qui s'est montré actif durant la nuit du 05 août. A propos d'Yvette, il revient sur la question de la « *femme en noir* », sans y apporter de réponse. Son analyse est plus étoffée lorsqu'il parle de Roger Perrin, de sa possible utilisation du vélo de Gustave et de ses mensonges répétés. Zézé est un peureux qui craint d'être seul la nuit, au point que sa mère doit l'accompagner aux WC dans la cour de la ferme. Il serait donc allé volontiers à la Grand-Terre si Gustave le lui avait proposé. Le capitaine Albert conclut son rapport en indiquant que l'attitude de Gustave Dominici et de Roger Perrin demeure troublante.

Le 16 mai, le juge Carrias convoque le docteur Morin. Ce dernier reconnaît qu'il y a sans doute des différences entre ses dépositions successives. Ses souvenirs lui seraient revenus progressivement, au fur et à mesure qu'il a suivi le déroulement de l'enquête par les journaux. Il en va de même pour la carabine dont il ne se souvient plus très bien de l'emplacement. Mais il se remémore bien le trou aménagé dans la crosse de l'arme et permettant le passage d'une courroie.

Le 18 juillet, le juge donne pour mission à Chenevier et Gillard de « *vérifier quels furent entre le 04 août 1952 à midi et le 05 août 1952 à midi, l'emploi du temps et le comportement de Gustave Dominici et de Roger Perrin fils* », ce qui accorde une large capacité d'action aux policiers qui pourront « *entendre et confronter au besoin tous témoins utiles* », perquisitionner et procéder aux saisies nécessaires.

Le 30 juillet, le juge Batigne se présente à la prison des Beaumettes, accompagné de Chenevier et Gillard :

« Petit père, dit le magistrat en s'adressant à Gaston, nous avons nettement l'impression que depuis longtemps, tu nous prends tous, policiers et magistrats, pour des cons.

- Hé là ! fait le vieux. C'est pas moi qui le dit, hé ! »

A sa grande surprise, le juge découvre que les mots s'envolent chez les Dominici. Le vieil homme se rétracte pour l'ensemble de ses déclarations préalables. Que doivent en penser le magistrat et les policiers ?

« Tout simplement que je suis innocent ! » martèle le vieux.

Chenevier est un optimiste qui croit à la raison dans l'esprit de tous les hommes, même si celle-ci, chez certains est bien faible. Il interroge Gaston avec des questions qu'il a préparées. Il cherche à dépasser les contradictions et les mensonges, les accepter provisoirement mais en extraire toutes les conséquences jusqu'au jour où un Dominici sera obligé de constater l'invraisemblance de sa position :

« A quel moment Roger Perrin est-il arrivé ? At-il couché à la ferme ? Avez-vous entendu Gustave parler avec quelqu'un au moment où il arrivait à moto après s'être rendu chez Faustin Roure ? Qui a été voir l'éboulement ? Gustave seul ou accompagné ? Gustave avait-il l'habitude, lorsque Roger était seul, d'aller le chercher pour qu'il vienne coucher à la Grand-Terre ? »

A chaque question, toujours la même réponse :

« Je ne sais pas. Je n'ai rien vu. Je ne peux rien dire. »

Maillet n'a jamais menti puisque Gustave lui a donné raison au cours des confrontations. Néanmoins, il faut bien constater que certaines de ses révélations furent tardives. N'a-t-il pas d'autres indications à donner ? Peut-il fournir certaines précisions ? La carabine Rock-Ola n'a-t-elle jamais été vue entre les mains d'un Dominici ? Clovis, son compagnon de travail, ne lui a-t-il pas fait certaines confidences depuis le procès de son père ? Telles sont quelques-unes des questions que se pose Chenevier au sujet de Maillet.

Ce dernier ne change rien à ses précédentes déclarations. Il maintient ne pas connaître l'arme du crime et ne pas avoir obtenu de renseignements par Clovis avec qui il est en bon termes. Mais il tient à fournir une nouvelle indication en rapportant les paroles du facteur de Lurs, Francis Perrin, concernant Gustave :

« Aux environs de Noël 1953, Francis Perrin m'a dit un soir : *vous ne savez pas ce que ce couillon de Gustave m'a dit ? Pour mon père, c'est la prison, mais pour moi ce serait le couperet.* Le lendemain, voulant savoir si les propos rapportés étaient exacts, j'en ai reparlé à Francis Perrin qui me les a confirmés. De plus, très peu de temps avant le début de la nouvelle enquête, Francis Perrin m'a annoncé : *Gustave m'a dit : ça ne peut être que Maillet qui était la nuit du crime sur la route en short.* »

Francis Perrin confirme les dires de Paul Maillet lors d'une confrontation qui a lieu le jour même. Gustave exprimait-il une préoccupation personnelle ou citait-il le propos de quelqu'un ? On ne le saura jamais. De plus, le 05 août 1952, en discutant avec Gustave, Maillet aurait lancé une idée :

« On n'a qu'à prendre les empreintes sur la voiture et les poignées.

- Malheureux, il y a les miennes ! »

Gustave aurait expliqué qu'il avait dû actionner la portière arrière de la Hillman pour permettre au Maréchal des Logis Chef Romanet de sortir du véhicule où il était enfermé. En effet, il n'était pas possible d'ouvrir les portes arrière de l'intérieur. Celles de l'avant étaient fermées à clef. Romanet contestera ce fait dont il n'a aucune souvenance.

Il est bien difficile dans cette affaire de déterminer quelque-chose de sérieux. Malgré tout, le commissaire garde espoir. Au cours de sa carrière, il a interrogé des truands vicieux et inventifs, capables des mensonges les plus effrontés.

Le 10 août, Yvette et Gustave sont entendus. L'une à Forcalquier, l'autre à Digne. Gillard se charge de la jeune femme.

Yvette répète avec sa verve habituelle la déposition qu'elle a faite à la barre de la cour d'assises. Mais Gillard ne se démonte pas :

« Nous pensons que c'est à la suite d'un accord entre vous que vous avez inventé le passage du side-car. N'est-ce pas pour convaincre les enquêteurs que tous les habitants de la ferme étaient couchés à cette heure-là ?

- Non, nous n'avons jamais eu l'intention de fausser la route à la police.

- Très bien. Une autre chose m'ennuie : votre déclaration devant le juge Périès le 18 décembre 1953. Ce jour-là, vous avez dit que Gustave s'était levé après les coups de feu, qu'il avait vu son père qui lui avouait son crime. Et vous vous êtes écriée : nous sommes des malheureux, qu'allons-nous devenir ?

- Un mensonge ! répond-elle. Le juge m'a obligé à le faire !

- Les magistrats n'ont guère l'habitude de contraindre un témoin à mentir.

- Il a fait venir Gustave, et mon mari m'a dit de parler comme lui. Quand nous avons été seuls, le juge m'a prévenu : si je disais autre chose, cela irait mal pour Gustave ! J'ai eu peur...

- Je ne crois pas un mot de ce que vous dites ! Aucune force au monde ne peut amener quelqu'un à mentir aussi effroyablement. Si votre famille n'était pour rien dans l'affaire, il vous suffisait de dire la vérité. C'était ce que voulait le juge !

- Mon beau-père a bien été condamné à mort et pourtant il est innocent.

- Il vous accuse même !

- Il raconte n'importe quoi.

- Et les Anglaises, elles sont venues à la ferme ?

- Non.

- Vous avez bien demandé à Roger Perrin de mentir sur ce fait ?

- Non ! C'est faux ! D'ailleurs, il n'était pas à la ferme ce soir-là. Tout ce qui a pu être dit ou suggéré depuis le procès est faux. Je ne sais rien de l'affaire.

- Et vous n'avez même pas songé à aller voir si l'on pouvait encore tenter quelque chose pour l'enfant ? Vous ! Une mère de famille ! »

Yvette blêmit. Les visages sont tendus. Le policier et la jeune femme s'affrontent du regard. Et d'une voix cinglante, le commissaire rajoute :

« Vous teniez à ce qu'elle meure ! »

Le policier a beau insister, tourner les questions dans tous les sens, Yvette n'en démord pas : les Anglaises ne sont pas venues à la ferme chercher de l'eau. Les questions se succèdent et se croisent. Gillard quitte un sujet pour le reprendre un peu plus tard. Il cherche la faille, tente de susciter l'aveu par surprise. Yvette défend bec et ongles son mari :

« On s'est fort mal conduit avec Gustave et ses aveux lui ont été extorqués. Les policiers lui ont dit : c'est toi ou ton père. Mais il valait mieux que ce soit le père. Il buvait, il était tatoué, il faisait la foire, c'est ce qu'on lui rabâchait. Pour le père, c'était la maison de vieillesse et pour lui la tête coupée avec les gosses à l'Assistance parce qu'on me mettait aussi en prison. »

Elle montre une solidité et une résistance impressionnantes pour son jeune âge. A minuit, l'audition s'achève. Yvette n'a rien lâché.

De son côté, Chenevier entend Gustave sur des témoignages et des points qui n'avaient pu être évoqués jusqu'alors et qu'il n'avait donc pas encore contesté. Le commissaire ne manque pas de lui rappeler l'ensemble de ses accusations, rétractations, et mensonges multiples. Il débute par l'arrivée des Drummond :

« Alors Gustave, si nous parlions de la venue des Anglaises à la Grand-Terre ? Votre neveu Roger affirme que la mère et la fille sont venues à la ferme. Vous avez reconnu le fait le 12 novembre 1953 devant Roger Perrin, visite qui lui a été rapportée par Yvette.

- Vous êtes certain de ce que vous dites ?

- Il y a un procès-verbal !

- Le petit, je l'ai engueulé ! Je l'ai traité de menteur ! Je n'ai donc pas pu dire comme lui ! Le commissaire Sébeille lui a montré une déclaration faite par ma femme Yvette qui reconnaissait la visite des Anglaises, et inversement aurait montré à Yvette, la même déclaration faite dans ce cas-là par moi-même. Le commissaire avait signé lui-même deux fausses déclarations transcrites dans les procès-verbaux.

- Je ne peux pas admettre une telle réponse. Vous ne devez pas vous représenter la portée de vos propos.

- Cela s'est pourtant passé ainsi. Sur des procès-verbaux, on a imité ma signature et celle de ma femme pour nous lire, à l'un comme à l'autre, de prétendus aveux que nous aurions faits au sujet des Anglaises. »

Sébeille aurait fait signer à Gustave une déposition qui signifiait le contraire de ce qu'il affirmait. Il fallait y penser ! Gustave adopte le même raisonnement concernant le moment de son lever à 04h00. Là aussi, Sébeille a écrit de fausses déclarations. Le commissaire commence à mesurer l'ampleur du culot dont le fils Dominici est capable :

« Et la fillette ?

- Je l'ai découverte après mon lever à 05h30. Il m'a bien semblé voir bouger un bras, mais je n'ai jamais dit qu'elle ronronnait.

- Et sur l'arrêt du motocycliste Olivier ?

- Pour ça, le juge Périès disait comme le commissaire Sébeille. Ce que ce dernier prétendait, le juge le croyait. Ils s'étaient tous abattus sur moi et ne croyaient qu'Olivier. Ils ne me croyaient plus et j'étais obligé de passer par là, de céder. J'ai fini par dire comme Olivier.

- Votre attitude équivaut à prétendre que vous seul disiez la vérité, et que non seulement les témoins, mais encore les policiers et le juge étaient de mauvaise foi.

- Et oui, puisque vous me lisez sur des papiers des choses que je n'ai jamais dites aux policiers et au juge. Tout ce que jeux vous dire, c'est qu'aujourd'hui, je dis la vérité. »

L'audition se poursuit. Gustave nie avoir entendu des cris. Il l'avait pourtant reconnu lors d'une confrontation avec Maillet. Mais aujourd'hui, il ne se rappelle pas cette rencontre et il répète qu'il n'a pas entendu crier :

« Comment expliquer que de telles affirmations soient inscrites sur des procès-verbaux signés par vous ?

- Je n'y comprends rien Monsieur le commissaire.

- Pourquoi Clovis a-t-il confirmé votre confidence ?

- Tout ce que je sais, c'est que je n'ai rien dit de pareil à mon frère. »

Chenevier reprend alors les déclarations que Gustave a faites devant le juge Périès le 13 novembre, quelques heures avant qu'il ne s'effondre devant Sébeille. Le jeune fermier avait alors reconnu avoir entendu des cris, s'être mis à la fenêtre de sa chambre, s'être levé vers 04h00 et aussi avoir déplacé le corps de Lady Drummond.

Ne reculant devant rien, il affirme qu'il n'a pas été entendu par le juge à ce moment-là ! Le procès-verbal serait un faux intégral qui aurait été versé au dossier, revêtu d'une fausse signature. Il ajoute, en plus, qu'il n'a pas été entendu dans l'après-midi lorsqu'il a énoncé les accusations contre son père ! Il n'a vu le magistrat que le 14 au matin lorsqu'on lui a demandé de s'expliquer à propos de la carabine. Durant la nuit précédente, Clovis lui avait montré le croquis.

« Et pour le déplacement de Lady Drummond, vous continuez à nier les actes de procédure ?

- Oui. Je n'ai pas pu dire que je l'avais fait. Si on m'a fait dire que je l'avais déplacé, c'est à bout de forces que j'ai convenu cela alors que ce n'était pas vrai. Les policiers m'ont tellement frappé et fait des pressions pour que je dise que j'avais remué le corps que je suis arrivé à dire comme eux.

- En suivant votre raisonnement et à en croire votre caractère particulièrement influençable, les policiers auraient pu vous faire dire avec la même facilité et par les mêmes moyens que c'était vous le coupable, d'autant plus que les éléments relevés dans vos déclarations de novembre 1953 auraient dû les inciter à le penser très sérieusement ?

- Non. Ils disaient tous : je sais bien que ce n'est pas toi mais tu caches quelque-chose.

- Vous avez continué à accuser votre père lorsque vous n'étiez plus soumis aux interrogatoires de la police et que vous avez même, quelques semaines plus tard, apporté des précisions nouvelles au juge d'instruction. Vous vous souvenez de les avoir faites ?

- Oui. Un jour du mois de décembre, le juge m'a confronté avec Paul Maillet au sujet de ma prétendue présence dans la luzerne et des cris d'horreur que j'aurais entendus. Le juge Périès m'a fait observer que je m'étais bien défendu vis-à-vis de Paul Maillet, mais il a ajouté que si je maintenais m'être levé à 04h00 du matin, c'était moi l'assassin de la gosse. C'est ainsi qu'il m'a fait dire que je m'étais levé aux environs de 02h00. J'étais dans le piège. Je n'avais rien à me reprocher mais je ne voulais pas qu'on m'accuse d'avoir tué la gosse et c'est pour ça que j'ai dit comme le juge. Le lendemain après-midi, il est venu interroger ma femme en compagnie du procureur de la République, Monsieur Sabatier. Ils étaient dans une voiture de la gendarmerie conduite par le chauffeur du capitaine Albert, le gendarme Riboudeau. Le procureur m'a alors dit : vous avez bien fait comprendre à Yvette qu'elle dise comme vous ? J'ai répondu oui, et c'est à partir de ce moment-là qu'Yvette a accusé à son tour mon père. Pendant que le juge l'entendait dans la cuisine, j'étais dehors, mais il me faisait appeler à chaque instant pour me faire dire devant ma femme ce que j'avais déclaré la veille. Yvette répondait : croyez ce que vous voulez. Mais elle s'est refusée à jurer, car ce qu'elle disait était des mensonges. C'est alors que le juge Periès lui a dit : si vous ne dites pas comme Gustave, ça ira mal pour lui. Yvette a donc accepté de dire comme moi, mais sans le jurer.

- Permettez-moi d'avoir des doutes.

- On m'a menacé de m'inculper. C'est cette peur qui m'a poussé à reconnaître tout ce que vous considérez comme des charges contre moi.

- Et votre passage au domicile de Roger Perrin le soir du 04 août 1952 ? Il est possible que vous ayez ramené votre neveu à la Grand-Terre...

- Non, si c'était ainsi, je vous le dirais !

- Quelle est la raison de votre stationnement pendant deux heures devant la ferme le matin qui a suivi le crime ?

- Pour surveiller de loin les lieux et relever le numéro de la voiture Hillman en station depuis la veille au soir auprès du mûrier, dans le cas où elle serait partie. »

Il vient donc, au cours de cet interrogatoire, de nier avec audace tous les points que l'enquête précédente avait formellement établis, témoignages à l'appui. Il a paru réciter une leçon avec les mêmes mots que l'on retrouve dans toutes les dépositions de la famille Dominici. Chenevier, dans un dernier effort, adjure Gustave de dire la vérité. La réponse est nette :

« Nous n'avons rien à voir dans ce crime ! »

Le fermier jette le doute sur le dossier tout entier. Qu'importe, le fonctionnaire de police ne désarme pas et convoque Roger Perrin le lendemain. Concernant la visite des Anglaises à la ferme, Zézé répète qu'il en a été informé par sa tante Yvette le 05 au matin, et qu'elle lui a recommandé de n'en parler à personne. Chenevier a quelques doutes :

« Tu n'aurais pas été présent au moment de cette visite ? Tu donnes beaucoup de précisions. Je vois mal ta tante te raconter cette histoire en y joignant autant de détails comme décrire le seau de toile, expliquer que la fillette traduisait pour sa mère, parler des chèvres...

- Je ne fais que rapporter les propos de ma tante. Je confirme le lever de mon oncle Gustave vers 04h00. De plus, il ne s'est pas arrêté à la Serre de retour de Peyruis.

- Bien. Et la bicyclette ? Tu aurais très bien pu arriver au matin à la Grand-Terre sur le vélo de ton oncle, vélo que tu aurais pris dans la nuit.

- J'ai utilisé le vélo de course de mon cousin Gilbert et Gustave tenait sa bicyclette à la main alors qu'il sortait de la ferme en compagnie de mon grand-père.

- Pourquoi avoir déclaré à Sébeille, en juillet 1953, que ton oncle s'était arrêté le soir à la Serre ?

- Parce que le commissaire avait insisté.

- Pourquoi avoir dit à Constant, lors d'une première audition, que tu avais pris ton repas seul chez toi, avant de raconter que ta mère était présente ?

- Je ne me rappelle pas avoir été entendu par le commissaire Constant. »

Si Zézé veut taire cette halte de Gustave, c'est parce qu'il ne veut surtout pas dire qu'il est allé à la Grand-Terre avec son oncle :

« Je ne sais pas pourquoi j'ai dit au commissaire Sébeille que Gustave et ma mère s'étaient croisés avant le tournant. »

Chenevier estime, en accord avec le juge Carrias, que Gustave doit être entendu par lui au sujet de ses déclarations concernant le commissaire Sébeille et le juge Périès. Il faut absolument le mettre face à ses responsabilités. Son attitude incompatible avec l'innocence qu'il ne cesse de proclamer ne peut guère s'expliquer que s'il a des raisons majeures dictées par sa défense personnelle.

Pierre Carrias convoque Gustave dans son cabinet le 19 septembre 1955. Le jeune fermier campe sur ses positions. Tout est faux. Il se demande comment il a pu faire pour signer les procès-verbaux. La confrontation du 12 novembre avec Maillet suscite son étonnement. Il ne souvient pas de cette rencontre au cours de laquelle il avait admis avoir entendu des cris. Sa confrontation avec Olivier, ses déclarations au juge Périès le 13 novembre, l'étonnent tout autant.

Sébeille n'a commis aucun faux, reproduisant exactement ses paroles, mais elles ont été prononcées alors qu'il était à bout de forces. La fatigue, les pressions du juge et le désir d'en finir ont dicté son attitude. Il n'a jamais su si son père était coupable ou non pour la bonne raison qu'il ne s'est pas levé. Bref, les procès-verbaux sont vrais, étant donné qu'il reconnaît sa signature, mais ils ne contiennent que des mensonges.

Tout est à recommencer. Gustave a réussi à se faufiler dans le trou le plus proche. Existe-t-il encore un espoir, même illusoire, d'extraire de cet homme des lambeaux de vérité ? Le mystère Dominici empoisonne vraiment ceux qui cherchent à le dénouer.

Le 29 septembre, le magistrat instructeur établit une nouvelle commission rogatoire ouverte contre X pour complicité d'homicides volontaires. Ce document autorise Chenevier à reprendre l'affaire de fond en comble. Il a un plan d'attaque : l'arme du crime. Où était-elle vraiment cette carabine ?

En examinant les photos, Chenevier et Gillard remarquent que les deux frères ont désigné l'étagère inférieure et que leur père a désigné avec sa canne celle du dessus. Personne, à l'époque, n'a songé à s'en étonner, car jamais au cours de leurs auditions ils n'ont été amenés à préciser s'il s'agissait de l'étagère inférieure ou supérieure. Ceci tend à prouver au moins qu'un des acteurs de ces opérations ne s'est prêté qu'à un simulacre de reconstitution.

Lors du procès, Sébeille, ainsi que Périès, ont bien expliqué pourquoi. Quand le vieux a été amené dans la remise, il a été demandé au photographe de prendre des clichés de la scène. Mais la lampe au magnésium n'a pas fonctionné, et il a fallu recommencer. La seconde ne s'est pas mieux actionnée. A la 9ème brigade mobile, on ne travaille qu'avec des lampes, ne possédant pas encore d'appareillage électronique. Finalement, c'est à la quatrième tentative que la photo a pu être faite. Le vieux en avait assez. D'un geste brusque, il a désigné l'étagère. Il a levé un peu trop sa canne, et la photo donne l'impression qu'il désigne l'étagère du haut. Pourtant, Sébeille et Périès assurent que c'est bien l'étagère du bas que le patriarche a désignée à quatre reprises.

Est-ce vraiment sur une étagère de la remise que Clovis a vu la carabine pour la première fois ? Et si Gustave n'est pas certain de ce qu'il affirme en disant aux enquêteurs, lors de la confrontation, que son frère l'avait poussé à dire qu'elle s'y trouvait, cela amène Chenevier à penser qu'il a pu avoir entente entre eux, sans doute à l'initiative de Clovis, pour dire que l'arme était rangée dans la remise, un lieu neutre, qui n'impliquait pas que quelqu'un de bien défini possédât l'arme.

Mais la présence habituelle de cette arme de guerre à un endroit aussi en vue et sans protection contre la poussière est improbable. C'était braver trop imprudemment le risque d'être découvert par un visiteur quelconque, peut-être même par un gendarme. Avait-on prouvé d'une manière indiscutable, au moment du procès, que l'accusé était le propriétaire de l'arme ou même qu'il avait pu en disposer ? Non.

La déposition du docteur Morin apporte un angle nouveau à cette affaire. En janvier 1955, Chenevier le rencontre. Puis c'est au tour du juge Carrias de l'auditionner le 16 mai, puis de nouveau le commissaire Chenevier le 12 octobre. Le médecin maintient sans réserve qu'il a été emmené à la Grand-Terre où il a pris un verre d'alcool avec ses occupants. Ils ont discuté chasse et armes. Gustave a mené le docteur dans un hangar pour lui montrer la carabine avec laquelle il tire le sanglier : elle ressemble à l'arme du crime.

Chenevier attire l'attention du docteur sur l'importance de son témoignage, et lui demande si c'est bien une arme autre qu'un fusil de chasse ordinaire qui lui a été montrée le jour de son départ de la Grand-Terre. Le commissaire précise :

« Je parle de l'arme que le vieux Dominici vous a dit être utilisée par son fils Gustave pour la chasse au sanglier.

- Je suis formel. Il ne s'agissait pas d'un fusil de chasse, mais bien d'une arme spéciale sur laquelle j'avais remarqué une encoche dans la crosse. »

Est-il raisonnable de penser que ce témoin ait pu confondre, à quatre ans de distance, la présence de métal brillant au niveau de la hausse avec le collier en duralumin qui fixait le canon au fût ?

Le 15 octobre, Chenevier et Gillard entendent Zézé. Ils font avec lui un tour d'horizon de ses différentes déclarations. Ils commencent par reparler de son emploi du temps des 04 et 05 août 1952, de la façon dont il a appris la mort des Anglais, de ce qu'a pu lui dire Roure...

Roger Perrin a été entendu dès le 23 septembre 1952 par le commissaire principal Constant. Il a déclaré alors qu'il avait été informé des crimes par Faustin Roure, le brigadier-chef poseur de la SNCF au matin du 05 août. Il a renouvelé ses dires devant Sébeille au mois de janvier suivant, mais les gendarmes ont continué de s'intéresser à lui, intrigués par son attitude.

Leur curiosité les a conduits à énumérer une série de revirements : Zézé a prétendu d'abord avoir quitté la ferme de Pont-Bernard dans l'après-midi du 04 août, pour se rendre au quartier de Saint-Pons, arroser des haricots. Plus tard, afin de donner du crédit à cette déclaration, il ajoute qu'il y a rencontré un nommé Delclite avec qui il a discuté. Delclite conteste. Roger rectifie alors en disant qu'en fait, il a arrosé en compagnie de sa mère, propos qu'elle confirme.

Plus tard, devant Sébeille, il va expliquer que le 04 au soir, avant de se coucher, il a reçu la visite de Gustave qui revenait de chez Roure. Il ajoute que son oncle a même croisé sa mère qui venait de quitter la Serre à vélomoteur pour se rendre à la ferme de la Cassine où son mari l'attendait. Germaine nie avoir croisé son frère, mais déclare que si Gustave s'était arrêté, il aurait certainement emmené Zézé avec lui. Devant la Cour d'Assises, Roger a balayé cette déclaration qu'il avait pourtant faite à Sébeille.

La façon dont il a appris les crimes le matin diverge beaucoup. Dans un premier temps, il raconte aux gendarmes que c'est Roure qui l'a mis au courant alors qu'il se trouvait à la ferme de Pont-Bernard chez Garcin. Le même Garcin ne se souvient pas d'avoir vu Roger. Quelques jours après, nouvelle version. Zézé a passé la nuit à la Serre. Le matin, à 06h00 environ, il a pris sa bicyclette, et est allé à Peyruis pour acheter du pain et du lait. Il a pris son pain à la boulangerie Richebois, et s'est rendu chez le père Puissant pour prendre le lait. Ce dernier lui a appris que le lait avait été emporté par Galizzi, un ami de Roger, domestique à la ferme des Garcin. Du coup, Zézé est reparti à Pont-Bernard, a récupéré le lait dans la chambre de Galizzi, et est retourné à la Serre. Pendant qu'il déjeunait, vers 07h00, Roure est passé demander un litre de vin. Il lui a appris le drame de la Grand-Terre. Zézé s'y est rendu un peu plus tard.

Les gendarmes vérifient. Marie Puissant leur précise que son mari est décédé depuis novembre 1951 ! Roger n'a donc pas pu le rencontrer le 05 août 1952 ! Se rapprochant de Galizzi, les militaires apprennent de sa bouche que le 17 mars, vers 17h00, il est passé à Saint-Auban où, devant la boucherie Queyrel, Zézé lui a demandé de déclarer aux gendarmes, s'il était questionné, que c'était lui, Galizzi, qui était allé chercher le lait chez Puissant.

Les gendarmes revoient Zézé le 21 mars. Cette fois, il a pris son pain et son lait à Peyruis, tout seul. Au retour, il a vu Roure, lui a remis un litre de vin, puis s'est rendu à la Grand-Terre où il a rencontré Gustave et Gaston. :

« En quels termes Roure t'a appris la tuerie ?

- Hier au soir, des campeurs ont soupé près du pont. Ils se sont battus et une petite est morte. »

Ces termes sont vérifiés le même jour par les gendarmes auprès de Roure. Ce dernier leur répond qu'il ne se souvient pas s'être arrêté à la Serre. Il ajoute :

« Toutefois, je suis certain de ne pas avoir dit au jeune Perrin Roger que des campeurs avaient campé le soir près du pont et qu'ils s'étaient battus. »

Devant la cour d'assises, il va finir par dire que la mémoire lui est revenue et qu'il « *ne veut pas faire mentir Roger Perrin.* »

Traduction : il n'a pas envie de mettre Roger Perrin en difficulté. Et pourquoi donc ? A la demande de Clovis, collègue et ami ?

A son tour, Chenevier va entendre Roure. Celui-ci confirme qu'il ne s'était pas souvenu avoir informé Zézé, mais la mémoire lui est revenue plus tard. Et cette fameuse bouteille de vin qu'il serait allé chercher, alors que sa femme tient un débit de boisson à Peyruis ? Son épouse est entendue :

« Le 05 août 1952, mon mari n'avait pas emporté son manger car il savait devoir venir déjeuner à la maison. Quand il revenait le midi à la maison, il prenait parfois une petite bouteille d'un quart remplie de vin, et jamais il n'aurait emporté un litre entier de vin car il n'était pas buveur. »

Revenons à l'interrogatoire de Zézé. Les enquêteurs en arrivent au Docteur Morin. Les policiers demandent au jeune homme s'il était avec Gustave lorsque celui-ci a proposé aux Morin de quitter le champ de betteraves pour se rapprocher de la Grand-Terre :

« Oui, répond le jeune garçon.

- Que faisais-tu à une heure aussi matinale en compagnie de ton oncle ?

- La première rencontre avec le docteur n'a pas eu lieu le matin, mais en fin de journée. Je ne peux pas vous préciser l'heure, mais c'était à la tombée de la nuit. »

Le gamin a dû sentir le piège. Si Zézé était dans un champ avec Gustave de bonne heure, il est possible qu'il l'ait rejoint sur place ou qu'il ait dormi à la Grand-Terre.

« Donc, tu ne te trouvais pas en compagnie de Gustave lorsque le docteur Morin a déménagé pour venir s'installer près de la ferme ?

- C'est exact, et je n'ai plus revu le docteur Morin après la conversation que je viens de vous rapporter. »

Zézé conteste également avoir participé à la partie de chasse avec le docteur Morin, comme il nie avoir parlé avec le médecin d'une réparation à un fusil de chasse qui aurait été faite par Gustave. Bien entendu, il n'a jamais vu non plus la carabine dans la remise.

Le lendemain 16 octobre, c'est au tour de Gustave d'être auditionné. Il admet que le docteur Morin a quitté la Grand-Terre à cause des orages qui menaçaient, mais conteste que celui-ci soit entré dans la maison le jour où il est venu faire ses adieux :

« Je ne sais pas si, à cette occasion, il s'est rendu chez mon père pour y déguster un verre d'alcool. En tout cas, si ce fait est exact, je ne me suis pas trouvé avec eux. Je suis également formel lorsque je vous affirme, et cela de la façon la plus solennelle, que jamais le docteur Morin n'a pénétré dans la remise. Je ne lui ai jamais fait voir une arme de chasse spéciale pour le sanglier. Quoiqu'il en soit, comment voulez-vous que je présente une arme spéciale pour le sanglier puisque c'est défendu ? On n'a le droit d'utiliser que des fusils de chasse ordinaires.

- Je ne suis pas là pour parler braconnage. Si on va par là, il est aussi interdit de pêcher avec un filet.

- Tout à fait. Mais c'est moins dangereux d'aller à la pêche avec un filet qu'à la chasse avec une arme de guerre.

- Et les objets que le docteur a décrits ? La sulfateuse, l'établi, les planches, l'Angélus de Millet ?

- Je n'ai pas de réponse là-dessus. Mais je conteste de toutes les façons que Morin ait pu entrer dans la maison ou une dépendance. D'ailleurs, ma mère et ma femme disent la même chose. »

Chenevier en arrive alors à la première rencontre entre Morin et Gustave. Gustave raconte que cela s'est passé vers 10h30, que Madame Morin lui a dit qu'ils avaient été dérangés par les moustiques durant la nuit. Il leur a proposé d'aller vers la ferme. Il n'est pas rentré déjeuner chez lui, et c'est en fin de journée qu'il a vu que les Morin s'étaient installés près de la Grand-Terre.

« Roger Perrin était présent ?

- Non.

- Avez-vous entendu parler d'une partie de chasse avec le docteur Morin ?

- Non. »

Le commissaire lit alors à Gustave les déclarations du docteur Morin sur les conditions de leur rencontre, et le fait que Gustave aurait guidé les campeurs jusqu'à la ferme.

« Il n'y a rien de vrai là-dedans. Je vous ai dit exactement ma rencontre avec le docteur Morin. Je ne l'ai pas précédé sur la route en bicyclette et je ne lui ai pas indiqué l'emplacement où il devait camper. »

Chenevier revient ensuite sur la présentation de la carabine, la chasse au sanglier prévue pour l'année suivante. Mais Gustave n'est pas d'accord. Il n'a jamais été question de chasse au sanglier.

La confrontation entre Gustave et le docteur Morin ne donne rien. Gustave n'est jamais d'accord avec les étrangers à la famille. Ils font partie de la tribu des fabulateurs qui lui font tant de mal :

« On veut toujours me faire passer pour un menteur alors que je ne fais que dire la vérité. »

Pourtant, le docteur Morin n'a aucun intérêt à inventer toute une histoire. Pourquoi ferait-il volontairement une déclaration contraire aux intérêts de la vérité ?

Le même jour, une nouvelle audition de Roger Perrin est enregistrée par le commissaire Chenevier. Celui-ci revient sur les conditions de la rencontre avec les Morin et, notamment, sur l'heure de celle-ci. Zézé finit par admettre qu'il a pu se tromper et que c'est bien le matin qu'elle s'est produite, car il précise que le travail a commencé de tôt le matin :

« En effet, c'est bien dès notre arrivée que nous avons aperçu la tente des campeurs.

- Tout cela tend à prouver que c'est dans les premières heures de la matinée qu'a eu lieu la conversation de Gustave avec le docteur Morin ?

- Il est bien possible que cette conversation ait eu lieu ce matin-là et non pas en fin d'après-midi. Mes souvenirs sont imprécis mais j'étais de bonne foi en vous fixant cet entretien à la tombée de la nuit au lieu des premières heures de la matinée. Personne ne m'a conseillé de dire le contraire. »

Zézé termine en disant que, pour le départ des Morin vers la Grand-Terre, il a accompagné Gustave jusqu'à la Serre où il s'est arrêté. Mais il insiste bien sur le fait qu'il n'est pas allé jusqu'à la ferme de son grand-père.

Toujours dans la même journée, a lieu une confrontation entre Zézé et les époux Morin. D'emblée, le docteur Morin fait une déclaration intéressante :

« Attendant dans le hall votre arrivée, j'y ai vu Roger Perrin, ici présent. Nous avons échangé quelques paroles concernant notre première entrevue au champ de betteraves. Comme je lui disais : c'est bien le matin que je t'ai vu avec Gustave, il m'a répondu : Non, le soir. Je lui ai dit en le regardant en face : Comment le soir ? Il a rougi et il m'a répondu : On m'a dit de dire le soir, alors j'ai dit le soir. A ce moment-là, vous êtes apparu dans le hall et vous avez fait monter Roger et moi avec vous.

- Il est exact, répond Roger, que j'ai échangé quelques mots tout à l'heure avec le docteur Morin dans le hall du commissariat, et très peu de temps avant votre arrivée. Mais je ne lui ai pas dit qu'on m'avait conseillé de fixer au soir sa conversation avec Gustave, au lieu du matin.

- On peut me reprocher de ne pas rapporter exactement des propos tenus il y a quatre ans, mais tout de même pas une bribe de conversation qui remonte à environ une heure. Roger Perrin, ici présent, m'a bien répondu : On m'a dit de dire le soir, se fâche le docteur Morin.

- Je n'ai pas dit ça, riposte Roger. »

Le comportement de Zézé est clair : des petits arrangements existent bien avec son oncle et sa tante. La petite confidence que lâche Zézé au docteur Morin est une réalité qui ne surprend personne. Cela montre également que Zézé et Gustave se voyaient et qu'il leur arrivait de travailler ensemble. Dès lors, il est possible que le 04 août au soir, alors que Gustave a un éboulement de terre sur les bras qui risque de lui attirer de sérieux ennuis, il passe devant la ferme de son neveu. Quoi de plus logique que de s'arrêter ? D'ailleurs Zézé va le reconnaître devant Chenevier. Zézé est seul à la ferme et sa présence à la Grand-Terre serait utile. Son attitude trouve certainement son origine dans le refus d'admettre qu'il a accompagné Gustave à la Grand-Terre le 04 août au soir.

Le docteur Morin n'a aucun intérêt à mentir aux policiers. Il n'a pas inventé la visite à la ferme pour saluer les Dominici au moment de son départ. Sa femme le confirme. Il n'a pas inventé non plus ce déplacement dans la remise. Quant à la carabine, s'il n'a pas vu la Rock-Ola, que sont-ils allés faire là-dedans ? Le déplacement sous ce fameux hangar devait bien avoir un but. Il eut été préférable de dire tout ça dès le mois d'août 1952. Cela aurait eu un autre poids...

Cet épisode avec le docteur Morin démontre que les Dominici braconnaient les nuits d'été, et qu'ils possédaient une arme spéciale pour le sanglier que le docteur Morin a vu rafistolée.

Toutes les carabines « spéciales sangliers » ne sont pas toutes retapées et avec de l'aluminium de surcroît. C'était Gustave le préposé au tir avec elle, et cette carabine a pu être entreposée dans le fameux hangar où il a désigné l'étagère avec son frère. En conclusion, nullement Gaston est impliqué dans l'épisode de chasse avec les Morin. Gustave oui... avec un autre...

Cela montre aussi que Gustave ne peut être écarté de l'origine du crime, compte tenu que c'était lui qui se servait de la carabine pour braconner de nuit. Il peut dire que ce n'est pas lui, mais il ne peut dire que ce ne peut pas être lui. Son agitation durant la nuit du crime montre qu'il avait un intérêt à maquiller et peut-être pas que pour son père, car Gaston ne semble pas être revenu sur le bivouac.

Chenevier s'attaque alors à Clovis. C'est au commissariat de Digne que l'audition s'opère. Un bureau étroit est le cadre de cet interrogatoire. Il est éclairé en permanence par une lampe pour empêcher des photos au téléobjectif prises par les journalistes revenus en nombre. Un store en paille de riz est baissé devant la fenêtre. Durant deux jours, Clovis répond aux questions de Chenevier qui se sert de la carabine comme fil conducteur. Chose curieuse, tout comme Sébeille, le policier est persuadé que l'arme va parler. Cette arme est-elle bien la clé de l'énigme ? Dans l'affirmative, n'est-ce pas trop tard maintenant ?

Clovis répète qu'il a reconnu l'arme dans les mains de Sébeille, mais il n'a pas voulu croire à la culpabilité du père. Chenevier s'étonne : le 13 novembre 1953, au moment où il reconnaît devant Sébeille qu'il connaît le meurtrier, pourquoi déclare-t-il d'abord qu'il n'a jamais vu la carabine ? A quoi correspond ce mensonge inutile ? Clovis hausse les épaules. Chenevier ne comprend pas non plus pourquoi Gaston emporte la carabine en pleine nuit alors qu'il ne chassait plus depuis longtemps.

« C'est vrai, reconnaît Clovis. Il a pu revenir la chercher. »

Sous-entendu, après s'être querellé avec les Drummond. Mais ni à Gustave ni à son père il n'a réclamé de détails. De plus, il n'a jamais osé poser de questions sur l'origine de l'arme. Il s'est dit qu'elle venait du maquis et cela lui a suffi.

Clovis ne démord pas d'un mot son accusation, même sous les attaques de Chenevier. L'aîné des Dominici est harcelé par le policier. Comment a-t-il pu garder le silence après avoir reçu les confidences de son père dans le même temps que Gustave était en prison ? Pourquoi n'en avoir jamais touché un mot à un autre membre de la famille ?

« Parce que le père me l'avait demandé ! »

La conspiration a donc bien existé, unissant Gustave et Clovis pour charger le père et diriger les policiers vers une fausse piste. Clovis tient bon sous les assauts :

« Croyez-vous que ce soit une tâche facile de faire condamner un père ? »

Le lendemain, Chenevier entreprend de le mettre face à face avec ses frères et sœurs. Clovis contre toute sa famille. C'est la grande lessive, le grand déballage. De vieux comptes sont réglés, des querelles dures et haineuses sont jetées à la figure des uns et des autres. Puis viennent les insultes et pour terminer les coups.

Entre ensuite Yvette, froide et méprisante. La confrontation se déroule sans incident. Elle garde le souci de se placer en seconde position dans la chronologie des aveux.

Chenevier garde à l'esprit que Gaston accuse Gustave. Pourquoi le croire lorsqu'il proclame son innocence et fermer l'oreille lorsqu'il désigne un coupable ? Voici justement Gustave qui entre. Il maintient n'avoir jamais vu la carabine.

« Pourquoi, dans ces conditions, avez-vous désigné à Sébeille l'emplacement où elle se serait trouvée ?

- Clovis m'y a obligé à l'aide d'un croquis. »

Gustave avance qu'à un certain moment, dans le bureau du juge et pendant que celui-ci s'était absenté, il s'était trouvé en tête-à-tête avec Clovis qui, en présence du greffier Monsieur Barras, lui avait dit :

« Tu connais la carabine !

- Non, répondit Gustave. »

Clovis sortit un papier de sa poche sur lequel était dessiné l'emplacement occupé par la carabine :

« Tu diras qu'elle était là. »

Clovis s'est insurgé contre le fait qu'il aurait établi un croquis. Il avait raison car c'était en fait le greffier lui-même qui, voulant tirer les choses au clair, avait pris l'initiative de faire ce croquis. Cette initiative peut parfaitement s'expliquer par le désir de mieux comprendre ce qui se disait, mais laisser deux témoins accusateurs, qui auraient dû être séparés, s'entendre entre eux est assez singulier dans une procédure criminelle.

Gustave maintient jusqu'au bout qu'il n'a jamais confié à Clovis que le père avait tué les Anglais. Chenevier revient aux premiers instants de l'affaire. Il tente de savoir si dès le 05 août au matin, il n'y a pas eu entente entre les frères. Mais il se heurte à un mur. Gustave conteste même le témoignage du motocycliste Olivier :

« C'est à vous de prouver que j'ai menti ! »

Chenevier n'a plus rien à tirer d'une telle confrontation, mais il a encore des questions à poser à Gustave :

« Vous revenez demain matin, ordonne-t-il. Yvette aussi. »

25 octobre 1955. Yvette répète que le juge Périès l'a forcée à parler le 17 décembre 1953. Gustave, après avoir fait allusion à l'accusation qu'il avait été contraint de porter contre son père, a cherché à créer une diversion :

« Ce qui m'étonne, c'est qu'en accusant mon père, je n'ai pas cité le nom de Clovis. Je veux dire par là, que je n'ai pas précisé que c'est par une confidence de Clovis que j'avais appris la culpabilité de mon père. Pourquoi les policiers sont-ils allés chercher Clovis dans la soirée alors qu'ils ne savaient pas s'il confirmerait mes dires ? Oui, pourquoi Clovis plutôt que ma femme ou mon père ? En effet, pourquoi on n'a pas arrêté tout de suite mon père en raison de ce que je disais ? C'est donc que les policiers et le magistrat étaient au courant de quelque-chose ! »

Gustave insinue donc, d'une manière non dissimulée, que puisqu'il n'avait pas cité Clovis, il y avait une manœuvre policière qui a consisté à faire intervenir opportunément son frère pour accuser son père à son tour, alors qu'il était évident que les enquêteurs et le magistrat étaient au courant de quelque-chose, sous-entendu de ce qu'il allait dire !

« Vous aviez les mains vides pour vous rendre à l'emplacement de l'éboulement ? interroge le commissaire.

- Oui.

- Et qu'auriez-vous fait si vous aviez trouvé la voie obstruée ?

- Ben, j'aurais enlevé la terre.

- Avec quoi ?

- Cette question ! Avec une pelle !

- Où était-elle ?

- A la ferme.

- Vous auriez donc fait huit cent mètres aller et retour pour prendre un outil, qu'il eut été normal d'emporter avec vous, d'autant plus que le temps pressait, le passage de la micheline étant imminent. Vous auriez donc risqué une amende de la SNCF alors que, d'après vous, la seule raison de votre venue sur les lieux était justement d'empêcher un tel retard et une forte amende ? »

Gustave reste un moment sans voix, mais se reprend :

« C'est pourtant ce que j'aurais fait. Je n'ai pas pensé en quittant la ferme que je pourrais peut-être avoir besoin d'une pelle. »

Chenevier énumère les mensonges de Gustave. Il n'a que le choix. Gustave écoute, imperturbable. Il n'a découvert le meurtre qu'à 05h00 et on ne lui fera pas dire autre chose désormais. S'il y a eu complot, c'est entre la police et Clovis que l'on tenait au frais pour qu'il vienne confirmer ce que déclarait Gustave. Le jeune fermier ne faiblit pas :

« Le père et moi sommes innocents !

- Pourtant, vous l'avez fait condamner, soupire Chenevier.

- Je vous ai dit la vérité. »

Quand Gustave quitte le commissariat, Chenevier sent que, peu à peu, le dossier rend son dernier souffle.

Le 04 novembre 1955, en présence du juge Batigne, de Chenevier et de Gillard, une confrontation a lieu à la prison des Baumettes entre Gustave et son père. Le vieux prétend de nouveau avoir entendu la conversation de Gustave avec Yvette relative à des bijoux et à Roger qui avait porté la petite et a expliqué qu'il n'avait pas parlé plus tôt car pensant être acquitté :

« J'en étais sûr et certain, parce que je suis innocent. Du moment que je ne savais rien, je préférais ne pas dire que Gustave savait quelque-chose afin de ne pas salir ma famille. Mais quand j'ai vu que Gustave ne disait pas ce qu'il savait, alors j'ai été obligé de le dire moi-même.

- Tout ce qu'avance mon père est faux. D'ailleurs, lors d'une visite à la Grand-Terre, le juge et le procureur de Digne avaient constaté qu'on ne pouvait pas entendre du palier une conversation se tenant dans la chambre.

- Je ne sais pas ce qu'ils ont constaté, mais moi, je sais ce que j'ai entendu.

- Ce n'est pas vrai.

- Gustave, dis la vérité. Tu la sais. C'est trop fort que tu ne la dises pas. Ce n'est pas vrai que tu étais couché puisque tu étais dans la luzerne et que tu as entendu des cris horribles.

- Tout comme mon père, je suis innocent. Je ne sais absolument rien. Nous étions tous couchés. Nous n'avons rien vu, rien entendu. »

Dans de telles conditions, il est inutile d'aller plus loin. Et pourtant, le vieux Gaston a persisté dans ses précédentes insinuations contre Gustave et Zézé. Il a confirmé ce qu'a dit Paul Maillet sur la présence de Gustave dans la luzerne et les cris. De plus, il a renouvelé sa question à Gustave, lors du procès, au sujet de sa présence dans la luzerne.

Le 17 novembre, il est question de Roger Perrin. Quel a été son emploi du temps dans la soirée du 04 août et dans la matinée suivante ? La première enquête ne l'a pas établi. Il a non seulement été interrogé sur son emploi du temps, mais aussi sur ce qu'il avait appris au sujet du crime. Malgré le nombre de ses mensonges, certaines de ses déclarations, très importantes, ont apporté des éléments nouveaux à Sébeille et son équipe, et ont ensuite orienté leurs investigations.

Si ces éléments ne permettaient pas de déceler une culpabilité, ils constituaient cependant des renseignements forts précieux. Bien des déductions pouvaient être établies. Mais peut-on tenir pour certain le fait que Gustave se soit arrêté à la Serre à son retour de Peyruis ? Bien qu'important, ce point n'a pas été éclairci lors de la première enquête et au cours de l'instruction où Gustave n'a pas été interpellé à ce sujet.

Chenevier remarque que Zézé a toujours dit la vérité lorsqu'il n'était pas question de lui mais que, en revanche, il a menti sur son propre emploi du temps dans la soirée du 04 août et dans le début de matinée du 05, avant de fournir finalement une version douteuse. C'est pourquoi les révélations de Gaston sur sa présence à la Grand-Terre le 04 août au soir apparaissent très vraisemblables puisqu'elles fournissent l'explication de ces mensonges.

L'objectif de Chenevier et Gillard est de tenter de reconstituer l'emploi du temps du jeune homme pour les 04 et 05 août 1952, de déterminer s'il avait passé tout ou partie de la nuit correspondante à la Grand-Terre et dans l'affirmative, de fixer quel avait pu être son rôle dans les crimes :

« En réalité, mon oncle s'est bien arrêté en me voyant sur la route. Ma mère était partie depuis quelques instants et je revenais de fermer les portes du hangar de l'autre côté de la route lorsque Gustave est arrivé. Il était sur sa motocyclette, et seul. Roure a demandé à Gustave de surveiller cet éboulement. Mon oncle m'a en effet dit qu'il y avait un arbre qui avait été déraciné par l'éboulement, que cet arbre était retenu par les fils téléphoniques et qu'il risquait de glisser sur la voie et de l'encombrer, gênant ainsi le passage de la micheline du matin. »

Les policiers ont pu vérifier la présence de cet arbre, car les branches en contact avec les fils du téléphone ont occasionné un dérangement qui a duré jusqu'au 05 août à 15h30 et que le service technique des PTT a confirmé. Du coup, la surveillance de la voie par Gustave durant la nuit se trouve une justification grandie. Roger ajoute que son oncle lui a parlé de l'arrêt des Anglais, d'une fillette qui changeait de robe et de leurs préparatifs pour un campement.

« Pourquoi as-tu affirmé que cette halte de Gustave n'avait pas eu lieu ? pousse Chenevier.

- Qu'as-tu voulu cacher ? insiste Gillard.

- Pourquoi changes-tu de version aujourd'hui ?

- Je ne sais pas pourquoi j'ai varié. Il n'y a personne qui m'a rien dit, répond simplement Zézé.

- Ton oncle ne t'a pas emmené avec lui à la Grand-Terre ?

- Non. Je me suis déplacé le matin avec la bicyclette de mon cousin Gilbert. J'ai rencontré mon oncle et mon grand-père qui sortaient de la ferme et arrivaient sur la route. Au niveau du campement, mon grand-père a demandé s'il pouvait prendre une couverture pour aller recouvrir le corps de la petite fille. »

Donc, le vieillard, qui venait de rentrer avec ses chèvres, est allé directement vers le cadavre de l'enfant, comme s'il en connaissait l'emplacement. On peut penser que Gustave avait déjà pu faire part de sa découverte à son père à ce moment-là. Mais comment ce dernier pouvait-il savoir que le corps n'était pas couvert, à la différence de ceux des parents ?

Le 19 novembre, sa confrontation avec son grand-père n'apporte aucun élément décisif : chacun reste sur ses positions. Roger fait remarquer que son grand-père ce matin-là a tourné le dos à la scène de crime lorsqu'il emmenait ses chèvres, alors que les autres matins, son chemin le conduisait dans cette direction :

« Espèce de petit salaud ! lance Gaston.

- Si tu as quelque-chose à dire contre moi et bien dis-le moi en face, c'est le moment !

- Je répète que j'ai entendu Gustave et Yvette parler de bijoux dans leur chambre. J'ai prêté l'oreille. J'ai entendu Yvette poser la question : Et la petite, qui la portait ? J'ai entendu Gustave répondre : C'est Roger. Gustave a attendu un instant puis il a dit : Elle était évanouie. Je maintiens que j'ai entendu Gustave dire ça. »

La réponse du petit-fils fuse, cinglante :

« Parle, mais parle donc vieux con. Je ne me dégonfle pas comme ça moi ! Ils sont tous là pour t'écouter. Ils attendent tous que tu leur dises quelque chose. Alors vas-y, parle ! Dis-le leur et je parlerai après ! Contrairement à Gustave, je n'ai rien à craindre. Je n'ai pas besoin de certificat médical pour échapper à un interrogatoire, parce que moi je n'ai rien à me reprocher ! »

Voilà qui ressemble à une mise en cause à peine voilée. Curieusement, Gaston ne s'est pas fâché ni indigné. Au contraire, il se fait humble et conciliant. L'inquiétude, la contrariété sont manifestes chez le vieil homme. Il est clair que si Gaston continue de parler de son petit-fils, il va peut-être lui poser des problèmes car Zézé parlera à son tour et ses révélations seront manifestement plus fortes.

Est-il possible de conclure à la culpabilité de Roger Perrin ? Rien ne le prouve catégoriquement, mais il apparaît aux enquêteurs que le jeune homme a effectivement pu se trouver à la Grand-Terre la nuit du crime. Son attitude générale, ses mensonges ne s'expliquent que s'il est au courant des faits qui se sont déroulés les 04 et 05 août 1952 : ou il les connaissait par son entourage ou il a été le témoin visuel plus ou moins complaisant des meurtres. Les policiers penchent pour la seconde hypothèse.

Les déclarations de Zézé faites au mois de mai 1953 au commissaire Sébeille se sont révélées exactes. Son oncle Gustave en a admis la véracité dix mois après. Il est curieux qu'il ait pu être le confident de son oncle et de sa tante sur des faits que ceux-ci voulaient garder secrets. Il est peu plausible que les détails qu'il a fournis lui aient été rapportés par un tiers : l'heure de lever de son oncle, la visite des Anglaises à la ferme, la description exacte du seau en toile. Les enquêteurs supposent qu'il était présent ces jours-là à la Grand-Terre.

Contrairement à Gustave qui n'a jamais osé accuser son père en sa présence, Clovis a maintenu que celui-ci lui avait fait la confidence de sa culpabilité pendant la détention de son frère.

Cette affirmation a le don de mettre Gaston dans une colère noire. Le patriarche est en très mauvais termes avec son fils aîné, mais il ne peut pas l'accuser du crime, même en procédant par insinuation. Il laisse seulement entendre que la carabine lui appartient. Lors d'une confrontation, les autorités présentes doivent séparer les deux hommes qui en viennent aux mains.

« Je suis innocent ! hurle Gaston. Clovis veut sauver son frère et son neveu ! »

Ce qui contribue à renforcer les propos du vieux, c'est la réflexion de Clovis qu'a rapporté Maria Dominici, épouse de Gaston fils, au cours de la mission d'information de décembre 1954 :

« Rencontrant vers le 20 novembre 1953 Clovis à la gare de Saint-Auban où il travaillait, je lui ai reproché sa conduite vis-à-vis de notre père et, dans la discussion, excédé, il m'a dit : Tant vaut-il que ce soit lui qui est vieux qu'un jeune innocent. Il était en colère, mais je lui ai demandé ce qu'il savait. Il m'a répondu : Moi, je n'ai rien vu. »

Réentendue par les policiers dans le courant du mois de novembre 1955, elle a confirmé cet entretien, précisant que dans son esprit, elle avait pensé que Clovis craignait que l'on « prenne » son frère. L'expression « innocent » doit être prise, dans la bouche de Clovis, dans le sens qui lui est donné dans le midi, soit « incapable de se tirer d'affaire dans les cas difficiles ».

Yvette a arrêté avec son mari une ligne de conduite dont elle n'a pas dévié. Durant la première enquête, elle a prétendu que ses déclarations avaient été arrachées par le juge Périès sous la menace de l'arrestation de son mari ou en mettant en cause l'impartialité des enquêteurs. Elle a rejeté toute discussion sur les objections qui s'imposaient en répondant constamment « *je ne me rappelle pas, il ne me semble pas…* ». Les allégations et les réponses d'Yvette ne sont pas acceptées par les policiers. Pour eux, il est tout de même trop simple de tout nier ou de ne pas répondre pour éviter de rendre des comptes que la justice est en droit d'exiger. En niant en bloc trop de choses établies, elle cherche seulement à sauver le père de ses enfants en adoptant une attitude semblable à la sienne.

Après avoir entendu plusieurs autres membres de la famille Dominici, les enquêteurs tirent les premiers enseignements de leurs déclarations. Tous, sauf une fille, Madame Balmonet, rejettent systématiquement l'idée de la culpabilité d'un habitant de la Grand-Terre, qu'il s'agisse de leur père ou de leur frère. Pour eux, l'enquête initiale a été mal conduite et il faut chercher le coupable ailleurs. La carabine n'a jamais été à la Grand-Terre et Clovis est de mauvaise foi lorsqu'il continue à accuser son père. Ils ne connaissent pas tous la vérité dans tous ses détails, mais cette ignorance ne les empêche pas de croire sur parole Gustave qui, selon eux, leur a dit une grande partie de la vérité. Pourtant, dès son accusation contre son père et de retour chez lui, il a menti à sa famille, sauf à sa femme et à sa mère, en leur affirmant que Clovis avait accusé le premier et avait exercé des pressions sur lui pour qu'il en fasse autant.

Le 28 janvier 1956, le procureur général de Paris transmet à Chenevier une lettre rédigée à son intention par un certain Bossa Jean-Baptiste, détenu à la Maison Centrale de Nîmes, condamné à une peine de travaux forcés pour un assassinat commis à Marseille et qui prétend avoir à communiquer au commissaire des renseignements d'une importance capitale dans l'affaire de Lurs. Il avait été détenu du 07 décembre 1951 au 23 mai 1953 à la prison de Digne, en même temps que Gustave.

Le 10 février, Chenevier et Gillard vont l'entendre à Nîmes. L'attention de Bossa a été attirée une première fois par des bribes de conversation alors que Gustave se trouvait au parloir avec sa femme qui venait le voir presque tous les jours. Dans ces petites maisons d'arrêt, le règlement est moins strict que dans les établissements plus importants. Il arrive que la rencontre se déroule sans la présence d'un gardien. Ce jour-là, Bossa se tient assis sur le lavoir qui se trouve dans la cour, contre la fenêtre grillagée du parloir. De cette place, il a entendu Gustave dire, alors qu'il est question de la fillette :

« Si je l'avais laissé au puisard, on n'aurait pas eu la peine de toujours nier des choses… »

Ensuite, il fut question d'égratignures dont Gustave se satisfaisait que personne n'en ait fait la remarque. Le mot « blessure » aurait été prononcé. Est-ce un lien avec le lambeau de chair collé sur le pare choc de la voiture Hillman ?

Un examen médical réalisé dans les jours suivants de Gustave et de Zézé, suivi d'une comparaison scientifique des épidermes avec le morceau retrouvé sur la voiture, auraient pu déterminer si l'un de ces hommes portait une cicatrice et si le lambeau en question provenait de l'un d'eux. La légende raconte que Gustave et son neveu ne portaient plus de short depuis le crime.

Le 03 juillet 1956, le procureur Sabatier a voulu atténuer ce scrupule. Il demande au juge Carrias de faire vérifier par un médecin si Gustave et Roger Perrin ne seraient pas porteurs d'une cicatrice. Tous deux sont vus par le docteur Marceau qui relève une cicatrice au poignet pour Roger et une au front pour Gustave. Les explications fournies par le neveu et son oncle vont être vérifiées : leurs cicatrices ne sont pas liées aux crimes.

La réflexion de Gustave concernant le puisard est lourde de conséquences. Bossa n'a pu inventer une telle réponse et pour mieux en comprendre la portée, le docteur Dragon avait stipulé qu'il n'y avait pas de sang sous le corps de Lady Anne. Par contre, de l'autre côté de la voiture, derrière un petit puisard d'arrosage, et entre ce puisard et les buissons, il avait relevé une grosse mare de sang. Elle avait imprégnée la terre sur trois centimètres de profondeur.

Bossa poursuit son récit. Yvette aurait brûlé des papiers. Elle aurait assuré à son mari que Zézé ne parlerait pas. Elle aurait rappelé à Gustave que le père avait dit que si quelqu'un parlait, il n'épargnerait personne. Il avait été également question d'une bague. Ce témoignage rejoint non seulement les déductions auxquelles les enquêteurs aboutissaient concernant le transport de l'enfant et la possibilité du vol d'un autre bijou que la montre. En effet, Madame Wilbraham, mère de Lady Anne, avait signalé le 22 novembre 1953 au Consulat de Grande-Bretagne à Marseille la disparition d'une bague gravée ne se trouvant pas parmi les bijoux ou objets qui lui avaient été restitués. Il convient aussi de faire un rapprochement avec les dires de Gaston lorsqu'il entend prononcer le mot « bijoux » dans la conversation surprise entre Gustave et Yvette.

Au sujet de la carabine, il semble que Gustave ait essayé de la repêcher, s'étant rendu compte qu'une partie était visible dans le trou d'eau où elle avait été jetée. Il en avait été empêché par la présence de nombreuses personnes évoluant sur les lieux du crime. Donc, Gustave n'aurait pas ignoré, avant l'arrivée des enquêteurs, l'endroit où la carabine avait été jetée puisqu'il aurait eu l'intention d'aller la repêcher et qu'il aurait regretté de n'avoir pu le faire.

Que penser des révélations de ce témoin ? Avait-il l'espoir d'en tirer quelque avantage personnel, comme une libération anticipée par exemple ? Ses déclarations n'ont pas été suivies de quelques vérifications qui auraient permis de mieux en apprécier l'intérêt. On ne s'est pas rendu sur place pour vérifier l'emplacement du lavoir par exemple. Il aurait été aussi intéressant de savoir si des paroles étaient audibles dans les conditions décrites. Le nombre de lambeaux de phrases entendus est quand même important. Pour un sujet aussi sensible, les interlocuteurs ont dû échanger à voix basse.

Le capitaine Albert établit un rapport le 07 mai 1956 à l'attention du procureur de la République de Digne. Il répond à une demande de ce magistrat à la suite du PV qui a été établi le 28 avril et qui relatait la découverte d'une douille de 7.62 dans le fossé, près de l'endroit où fut découvert le cadavre de Sir Jack. Le procureur lui demande de déterminer, d'après les caractéristiques d'éjection de la carabine Rock-Ola et l'emplacement de la douille, la position que pouvait occuper le tireur à ce moment, et les trajectoires envisageables. L'officier de gendarmerie se livre alors à une étude impressionnante, d'une grande précision.

La douille a été découverte par des gendarmes de la brigade de Saint-Etienne-les-Orgues le 28 avril 1956. Ils assuraient une mission de police de la route. Ils remarquent des débris de verre sur le bord de la chaussée et pensent que ceux-ci pourraient présenter un danger pour les pneus des voitures. Ils ramassent donc ces débris et, à cette occasion, découvrent une douille percutée dans la terre du fossé.

Le capitaine Albert constate que la douille est manifestement oxydée. C'est bien une douille de calibre 7.62, identique à celles découvertes le 05 août. La douille en question porte le numéro L.C.43 qui correspond presque parfaitement avec celui d'une douille retrouvée au matin du 05 août, percutée également, et dont le numéro relevé était le L.C.4. Mais il précise que pour cette dernière douille, on remarque un chiffre mal frappé après le 4. Le capitaine compare ensuite les zones de percussion des douilles découvertes le 05 août avec celle de la douille récemment mise à jour. Il conclut à un tir par la Rock-Ola.

Il examine ensuite deux hypothèses sur le fait que cette douille se soit trouvée du côté de la route où gisait le cadavre du scientifique Anglais :

1) La douille a été ramassée près de la voiture au moment des manipulations sur la scène de crime et a été jetée de l'autre côté de la route. Cette hypothèse n'est pas fondée. L'officier rappelle que seule une douille aurait reçu ce traitement alors qu'il en manque plusieurs, et que si la douille avait été découverte par le ou les assassins, il eût été plus facile de la faire disparaître dans une poche ou en la jetant dans le ravin juste à côté, plutôt que de la lancer à un endroit où elle pouvait être découverte.

2) La douille a été éjectée près de la voiture et poussée de l'autre côté de la route par les pieds des visiteurs. Le capitaine écarte également cette hypothèse, précisant que les constatations ont été minutieuses dès le matin, et que la douille n'aurait pas échappé aux regards des gendarmes comme des nombreux visiteurs qui sont venus trainer dans le coin. Il ajoute de plus, que dans ce cas, elle aurait été certainement endommagée ou écrasée.

Puis l'officier de gendarmerie expose les caractéristiques d'éjection de l'US M1 à partir d'une étude faite sur une Saginaw. Avec une carabine tenue horizontalement, la moyenne des éjections envoie les douilles à 0m46 à droite et 1m45 en arrière. Avec une carabine penchée à 45° (vers quelqu'un qui serait à terre), l'éjection se fait en moyenne à 0m65 à droite et 1m en avant. Sur terrain dur, goudronné, la douille peut rebondir sur 40cm. A partir de là, le capitaine Albert envisage plusieurs hypothèses de tir :

1) Le coup de feu est tiré côté Nord-Est en direction de la Durance. La douille est éjectée, rebondit et roule jusqu'à l'autre côté. Cette hypothèse n'est pas retenue, compte tenu du profil légèrement bombé de la route et du fait que pour arriver à l'endroit où on la retrouve, la douille aurait dû monter de 15cm au-dessus du niveau de la chaussée dans une zone fortement herbeuse au moment des faits.

2) Le coup de feu est tiré côté Nord-Est en direction de la Durance. La douille est éjectée, une voiture passe et projette la douille de l'autre côté de la chaussée. Le capitaine Albert envisage alors les deux sens de circulation. Dans le sens Peyruis vers La Brillanne, ce sont les roues de droite de la voiture qui auraient pu provoquer ce déplacement. Dans ce cas, il faut admettre que le tireur se trouvait au milieu de la chaussée et aurait eu pour objectif Lady Anne ou Elizabeth. Dans le sens La Brillanne vers Peyruis, ce sont les roues côté gauche du véhicule qui auraient déplacé la douille après que le tireur eut fait feu en direction de Lady Anne ou Elizabeth. Mais le gendarme précise que la douille, via cette hypothèse, n'est absolument pas endommagée ou aplatie. Il faudrait donc que le pneu ait appuyé sur le culot de la douille qui aurait alors été projetée près du corps de Sir Jack. Pour l'officier, la possibilité d'une projection de la douille par une voiture ne pourrait être reconnue valable que pour une voiture allant de La Brillanne vers Peyruis.

L'étude se poursuit avec un emplacement du tireur côté Nord-Ouest de la route, soit du côté où fut découvert le cadavre de Sir Jack. Le coup de feu aurait été tiré sur Jack Drummond déjà tombé à cet endroit. Le capitaine situe précisément l'emplacement de la douille à hauteur des fesses du cadavre de l'homme, en bordure du lit de camp et à 0m90 de la pointe des pieds. Il évoque ensuite les deux blessures du scientifique Anglais, l'une traversant le corps presque horizontalement, la seconde formant un angle de 45°. Le capitaine note :

« Si pour la première blessure, il est probable que Sir Jack était debout, il faut admettre que pour la deuxième, le corps était penché en avant. »

Le gendarme trace alors un cercle dont le rayon est identique en longueur à la distance d'éjection de l'US M1, et dont le centre est constitué par la douille découverte. Il indique qu'on trouve ainsi un emplacement possible du tireur, compatible avec un tir vers le bas selon un angle de 45° en direction du corps de Sir Jack. Dans ce cas, le tireur se serait trouvé à droite du corps, légèrement plus haut et en retrait des fesses. Il aurait pu aussi se trouver à gauche du corps mais, dans ce cas, Sir Jack aurait changé de position après ce coup de feu, à moins que l'assassin l'ait légèrement déplacé pour s'assurer qu'il soit mort. Dans les deux cas, on devrait retrouver la balle dans la terre, sous son corps.

Autre hypothèse, le coup de feu aurait été tiré sur Lady Anne. Le capitaine Albert indique que la douille se trouvait à vingt mètres du cadavre tel qu'il a été découvert. Il reprend les blessures de Lady Anne et pense qu'une seule est compatible avec un tir depuis le côté Ouest de la route, celle qui a traversé l'humérus et a pénétré dans le corps à hauteur de la cinquième côte. Dans ce cas, le tireur aurait fait feu avec l'arme sous le bras ou à l'épaule.

Dernière étude, le coup de feu aurait été tiré sur Elizabeth. Le capitaine rappelle l'emplacement du cadavre de la petite fille, la découverte d'un impact de balle sur le pont, celle d'une balle sur le ballast et la nature des blessures de la fillette. Il ajoute que la blessure à l'oreille accompagnée de l'excoriation de la région mastoïdienne droite peut avoir été provoquée par une balle. Il envisage alors un tir vers Elizabeth au moment où elle sort de la voiture. Elle se situerait alors à douze mètres du tireur. La balle l'aurait atteinte avec un angle extrêmement réduit, aurait ricoché sur l'os et aurait poursuivi sa trajectoire pour aller frapper le parapet du pont, 46m plus loin avant de ricocher sur la voie ferrée. Le gendarme note ensuite qu'entre le bord du parapet et le tireur, le terrain connait une déclivité d'environ 1m70. Elizabeth mesurait 1m42, sa blessure à l'oreille pouvant être située à une hauteur de 1m32 au-dessus du sol. Si on trace une droite partant du parapet, passant à une hauteur de 1m32 à l'emplacement correspondant à l'arrière de la voiture (c'est-à-dire à la blessure à l'oreille), on arrive, douze mètres plus loin, à une hauteur de 1m50 qui correspond à la hauteur d'une arme épaulée par un homme mesurant environ 1m70. Donc, compatibilité de l'emplacement de la douille avec un tir sur Elizabeth au moment où elle sort de la voiture.

III. DES GOUTTES DE VÉRITÉ ?

Au cours des différentes phases de l'enquête, Chenevier et Gillard ont dit et répété qu'il n'y avait pas de relation de cause à effet entre la visite à la Grand-Terre des Anglaises et le crime. Il n'empêche que tous les habitants de la ferme ont nié cette présence qui n'a pourtant pas été contestée par Roger Perrin. Germaine a confirmé les propos de son fils, ainsi que le fait que sa belle-sœur Yvette lui avait parlé de cette visite. Confrontées, les deux femmes restent chacune sur leur position. Or Germaine et Zézé n'ont aucun intérêt à inventer cette visite. Chenevier déduit que si l'on dissimule avec autant d'acharnement la venue des Anglaises à la ferme, c'est que l'on ne veut pas qu'il soit établi qu'Elizabeth Drummond ait pu reconnaître le ou les meurtriers, raison de son exécution. C'est ce qui peut aussi expliquer la disparition de l'appareil photographique de Sir Jack.

En effet, en examinant l'inventaire des objets laissés par les époux Drummond chez leurs amis, Chenevier constate qu'une pellicule photographique était mentionnée. Il demande à la police Anglaise, puisque cela n'avait pas été fait, de rechercher si les victimes possédaient un appareil photographique. La réponse fut affirmative. Sir Jack avait effectivement emmené en France un appareil « Rétina Kodak » 35 millimètres et qu'il n'y avait nulle trace de sa restitution à la famille. Sa disparition peut expliquer la fouille de la voiture Hillman dans laquelle régnait un grand désordre. L'assassin a pu vouloir faire disparaitre cet appareil qui contenait peut-être les images de certains membres de la famille Dominici prises, par exemple, lorsque Mrs Drummond et sa fille ont assisté à la rentrée des chèvres dans l'étable.

Suite à l'allusion de Gaston à des bijoux qui avaient fait l'objet de la conversation entre Gustave et Yvette et qu'il avait surprise, les enquêteurs ont recherché si des bijoux n'avaient pas disparu. Les vérifications effectuées les ont amenés à découvrir que seule une montre appartenant à Mrs Drummond avait été dérobée. Mrs Wilbraham, sa mère, consultée à la demande des policiers, a fait connaitre que sa fille avait emporté une montre en France et en a donné la description.

Un autre fait matériel a aussi retenu l'attention de Chenevier. Il lui avait été signalé, au cours de son enquête, qu'un pantalon séchait dans la cour de la Grand-Terre dans la journée du 05 août 1952. A qui appartenait-il ? Par qui avait-il été lavé ? Pourquoi ? Ce vêtement, dont la saisie et l'expertise auraient pu constituer un élément capital, n'avait pourtant fait l'objet d'aucune remarque dans les rapports établis par les premiers enquêteurs.

Lorsque, au cours des auditions organisées par les policiers, ces derniers ont parlé de ce pantalon à Gaston, celui-ci a nié en bloc sa conversation avec l'inspecteur Girolami et l'existence d'un pantalon de velours en train de sécher. Gustave a eu une attitude identique, affirmant qu'aucun inspecteur ne s'en était entretenu avec lui.

Clotilde a indiqué en 1952 que sa mère ne lavait plus le linge depuis cinq ans au moins, et que personnellement elle n'avait pas fait de lessive à la Grand-Terre les jours précédant le crime. Yvette et Gustave ont affirmé qu'il n'y avait pas de pantalon à sécher le matin ou dans la journée du 05 août. Augusta, autre fille Dominici, a confirmé qu'elle relayait sa sœur Clotilde pour laver le linge de leurs parents, qu'elle-même n'avait pas lavé de pantalon à la ferme à l'époque du crime et que, d'autre part, sa mère était physiquement incapable d'avoir fait un tel ouvrage. Aimé Dominici, au cours de son audition, répondit à ce sujet :

« Ces jours derniers, les journaux ont parlé d'un pantalon qui séchait dans la cour de la ferme. Je ne suis pas allé à la Grand-Terre depuis ce moment-là, mais il y a longtemps, dès le crime, que j'ai entendu parler de ce pantalon. Les journaux en avaient fait état et Yvette m'avait dit que ce pantalon qui séchait ne pouvait pas avoir des taches de sang car il avait été lavé, tendu sur le fil plusieurs jours avant le crime ; elle reconnaissait cependant que ce pantalon était encore étendu sur le fil le matin de la découverte du crime. Elle m'avait dit qu'il s'agissait d'un pantalon de velours appartenant à mon père. »

Il est évident qu'Aimé Dominici ne s'était pas concerté avec les autres membres de la famille au sujet de la réponse à donner. De plus, l'inspecteur Girolami avait bien précisé que « *ce pantalon était fraichement lavé et très mouillé* ». Selon Yvette, il avait été étendu plusieurs jours avant le crime. Et il n'était toujours pas sec avec la chaleur écrasante qu'il faisait ?

Leurs positions contradictoires ont amené les enquêteurs à confronter Aimé et Yvette. Cette dernière se trouve gênée devant les déclarations de son beau-frère et prétexte une défaillance de mémoire, se contentant de réponses évasives, dont certaines donnent une idée de son embarras :

« Je ne dis pas qu'il n'y avait pas de pantalon à sécher ce jour-là ; je ne peux pas préciser non plus s'il y en avait un. Je suis certaine de ne pas avoir lavé le matin du 05 août 1952. Maintenant, si c'était un pantalon de velours, c'était un pantalon de mon beau-père et je n'ai jamais lavé du linge de mes beaux-parents. Je ne me souviens pas d'avoir dit ça à Aimé. Je ne conteste pas qu'un pantalon était à sécher, mais je n'en ai pas lavé. Depuis, ma belle-mère m'a dit que la chose n'était pas impossible si ses filles avaient lavé le dimanche ou le lundi, ou qu'elle-même l'ait lavé. »

Seulement voilà, Clotilde et Augusta n'avaient procédé à aucune lessive ce jour-là ni les jours précédents la tuerie, et la vieille Marie n'a plus la force d'accomplir un tel travail. Confrontée avec le capitaine Albert, Yvette conteste également les propos qu'elle a tenus envers lui :

« J'avais bien le droit de laver un pantalon de mon mari le matin de bonne heure avant d'aller au marché à Oraison. »

Selon les habitants de la ferme, un pantalon de velours ne pouvait qu'appartenir à Gaston et chacun insiste sur ce point, mais n'y avait-il pas un deuxième pantalon qui séchait à une fenêtre de la Grand-Terre ?

Ce deuxième pantalon, compte tenu de la déclaration d'Yvette au capitaine Albert, pouvait appartenir à Gustave et avoir été lavé par sa femme avant son départ pour le marché. On comprend son insistance pour consentir à parler d'un pantalon de velours, son mari n'en portant pas, et à nier son propos au capitaine Albert :

« Je n'ai jamais lavé de pantalon avant de partir au marché le 05 août 1952, je n'ai donc pas pu dire cela au capitaine Albert.

- Je suis donc un menteur ? demande le gendarme

- Ça... »

Chenevier, face à cette allusion, demande à Yvette :

« Vous voulez bien parler avec clarté...

- Je ne réponds pas. »

Qui a effectué cette lessive ? L'insistance de ces gens à nier démontre bien que cette opération a été entreprise pour une raison majeure. Si Yvette a lavé ce jour-là un pantalon appartenant à son mari, elle devait avoir une raison très sérieuse pour agir ainsi. Notons au passage qu'Yvette est montée au premier étage pour étendre ce pantalon, alors qu'elle a dû le laver au rez-de-chaussée, puisqu'il n'y a pas d'eau aux étages à la Grand-Terre en 1952. Si elle n'avait pas eu d'arrières pensées, c'est dans la cour qu'elle aurait dû l'étendre en cette belle journée d'août.

Pourquoi le second pantalon n'a pas été mis à sécher avec celui déjà étendu dans la cour ? Y a-t-il eu deux lavages ? Un le matin et un autre l'après-midi vers 14h00 ? Le docteur Dragon fut-il indirectement le facteur déclenchant de cette seconde lessive ? Ces pantalons devaient en avoir des taches pour provoquer une lessive aussi inopportune qu'inhabituelle un jour de si grand drame ! Même s'il n'existe pas la preuve qu'ils furent tachés de sang, ils étaient donc sales au point que leur lavage constituait une priorité absolue.

Si la fillette avait été portée par Gustave ou Gaston jusqu'au talus, alors qu'elle était blessée à la tête, avec les pantalons à sécher, on aurait dû avoir les chemises aussi. Gaston a dit que c'était Zézé qui portait la fillette et personne n'est allé voir chez Zézé...

Gillard s'adresse au juge d'instruction en indiquant que selon un rapport du capitaine Albert, une culotte d'enfant de marque Anglaise et tachée de sang, aurait été découverte par les policiers de Sébeille. Gillard précise qu'il n'était pas au courant de ce fait. Suite aux recherches effectuées, il apparaît que la culotte n'est pas dans les objets saisis et déposés au greffe.

Le juge Carrias n'apprécie pas outre mesure et demande des explications aux policiers de la 9ème brigade mobile. Il en profite d'ailleurs pour demander aussi des comptes sur le deuxième morceau de crosse découvert dans le sang coagulé qui se trouvait sous la tête d'Elizabeth, morceau découvert après l'enlèvement du corps. Il rajoute même sur ce dernier point, que si personne ne se souvient du morceau de crosse, il conviendra d'envoyer une photo de chaque policier présent pour que l'on puisse éventuellement reconnaître celui à qui a été remis l'objet.

Le SRPJ répond en envoyant les photos, mais précise que pour la culotte, il faut attendre le retour de Ranchin qui est en congés. A son retour, ce dernier tape un rapport dans lequel il explique qu'il a découvert la culotte en compagnie de Culioli, le 06 août 1952 au matin. Il précise que cette petite culotte n'a pas été découverte près de la Grand-Terre mais à proximité de la gare de Lurs, dans un buisson, entre la voie ferrée et la Durance. Il indique que l'endroit se trouve à quatre-cent-cinquante mètres de l'emplacement du corps de la petite Elizabeth, et à trois-cent mètres environ de la Grand-Terre. Il ajoute que des vérifications ont bien été entreprises car la culotte avait une marque de consonance Anglaise « Baby Roger's », et portait un chiffre 10 qui aurait pu correspondre à une taille d'un enfant de 10 ans.

Les vérifications ont permis de s'assurer que l'article était de fabrication Française et vendu en France. Aucun sous-vêtement des Drummond ne portait cette marque. Par ailleurs, Ranchin précise que la qualité de l'article est moyenne, sans rapport avec celle des vêtements des Drummond qui sont marqués d'une étiquette à leur nom. Le professeur Ollivier de Marseille a examiné la culotte qui était souillée, selon lui, de matière fécale et peut-être de sang, mais ne provenant pas d'une blessure. Il est donc quasiment certain que cette culotte n'a rien à voir avec l'affaire. Mais il s'agit encore d'un élément qui a fait l'objet de recherches non formalisées par un procès-verbal ou un rapport.

L'enquête a convaincu les policiers que le vieux Gaston n'était pas le seul auteur de la tuerie. Pourquoi n'est-il pas allé jusqu'au bout en dénonçant l' « autre » qui paraissait être l'auteur principal ? Pourquoi s'est-il rétracté aussitôt après avoir accepté de confirmer les accusations de ses fils contre lui ? Par esprit de sacrifice, pour sauver l'honneur de la famille ? Il l'a toujours dit, mais...

Les aveux de Gaston Dominici ne doivent pas être considérés comme sincères et les accusations de ses deux fils ne peuvent pas être retenues dans la forme où elles ont été portées. Gustave et Clovis n'ont pas reçu l'aveu de leur père dans les conditions rapportées par eux, et ils ont présenté les faits de façon à ne compromettre que leur père.

Si le vieux s'est livré complaisamment et d'une manière fantaisiste à la reconstitution du meurtre des parents, il n'a pas voulu mimer le geste d'assommer la fillette et a fait prendre au fonctionnaire qui la représentait une position non conforme aux données des constatations médicales.

Son manque d'explications quant à la propriété de l'arme, rapprochée de l'attitude de ses deux fils au sujet de cette même arme, font admettre aux enquêteurs que Gaston n'a pas pu s'emparer de la carabine dans les conditions indiquées. Les variations de ces trois personnages démontrent la fausseté des aveux et des accusations.

Le travail du commissaire n'a pas fait ressortir la preuve indiscutable de la culpabilité du vieux Gaston. Les policiers sont quand même persuadés de sa responsabilité, au moins partielle, en lui attribuant seulement le meurtre de l'enfant. Chenevier et son équipe estiment que la preuve matérielle du meurtre de la fillette a existé : le pantalon fraichement lavé et pour lequel la famille Dominici a adopté une attitude inconcevable. La conviction des enquêteurs découle de plusieurs points :

- le refus du patriarche de reconstituer le meurtre de la petite fille, qu'il avait cependant reconnu, et que les policiers attribuent à sa répugnance à refaire des gestes horribles.

- son attitude face à ses enfants au cours des confrontations. Violent avec Clovis, il est beaucoup plus modéré en présence de Gustave, et finalement hésitant lorsqu'il apprend que ce dernier l'a dénoncé le premier. Il est sans réaction devant son petit-fils pourtant insolent et très sûr de lui lorsqu'il défie son grand-père de l'accuser. En décembre 1954, les allégations du vieux à l'égard de Gustave et de Roger étaient pourtant directes.

- des colères auxquelles il se laisse aller dès que la question du pantalon est évoquée en sa présence.

- du maintien des accusations de Clovis, qui ment lorsque ses propos ou ses accusations peuvent compromettre Gustave.

- de la façon dont Gaston s'est tu le 20 décembre 1954 après avoir dit que Gustave et Roger étaient allés du côté du ravin en portant la fillette. Les policiers pensent que son intervention se situe précisément à partir du moment où il dit avoir cessé de voir Gustave et Roger se dirigeant vers le ravin. Décrire ce qui s'est passé à ce moment-là équivaut pour lui à reconnaître au moins sa présence sur les lieux du massacre.

La responsabilité partielle de Gaston en implique une autre et il apparaît que le co-auteur serait son fils Gustave. Ce dernier voulait faire croire à l'existence d'un meurtrier étranger à la Grand-Terre. Son père n'a jamais envisagé cette hypothèse : il a parlé de Gustave comme auteur du crime alors qu'il n'a jamais mis en cause Clovis, ni Paul Maillet, pourtant à l'origine des ennuis de la famille. Il lui aurait été facile de diriger ses accusations contre d'autres. Et même s'il dénonce la présence de son petit-fils à la ferme et même sur les lieux dans la nuit des meurtres, il ne lui reproche pas d'être l'auteur des crimes. Gaston n'a donc accusé depuis novembre 1953 et jusqu'à la fin de la contre-enquête en décembre 1955, que son fils Gustave.

Il est difficile d'admettre que la position prise par Gustave puisse être celle de quelqu'un qui n'a rien à se reprocher. Son désir même de sauver son père, après l'avoir formellement accusé, n'exigeait pas de lui des déclarations aussi mensongères, en plus de contester ce qui est écrit dans les procès-verbaux du juge d'instruction ou d'affirmer que ce qu'il a déclaré lui a été arraché sous les coups et les contraintes. La présence de Gustave sur les lieux du crime est certaine pour les policiers car il est difficile pour eux d'admettre que le vieillard ait pu commettre le triple meurtre sans assistance.

Les enquêteurs ont toujours cru que Roger Perrin était à la Grand-Terre dans la nuit du crime et qu'il est en mesure de préciser la part de responsabilité de chacun. Son attitude face à son oncle, sa tante et son grand-père laisse à penser que, même s'il a porté la fillette, il s'estime à l'abri de toute poursuite car il n'a personnellement ni tiré, ni porté de coups.

Une altercation aurait eu lieu mais il n'a pas été possible aux policiers de reconstituer le déroulement des faits qui ont suivi car, en dehors des traces de sang relevées sur la route et sous la tête de l'enfant, ils ignorent à qui appartenait le sang répandu à d'autres endroits et notamment près du puisard. Le motif non déterminé de l'altercation pourrait être que, profitant de leur surveillance nocturne de l'éboulement, Gustave et Roger, braconniers notoires et porteurs de la carabine, ont pu passer près du campement et que Sir Drummond, éveillé, se soit mépris sur leurs intentions. Chacun parlant une langue différente, la dispute a dégénéré en pugilat et les coups de feu sont partis.

La découverte de deux éclats de crosse laisse à penser à Chenevier que la fillette a pu être achevée à l'endroit où elle a été retrouvée. Un premier coup a pu être porté à la tête de la fillette près du puisard, n'entraînant pas une mort immédiate mais provoquant une importante hémorragie. Ses gémissements l'ont conduite à être transportée de l'autre côté du pont en direction de la Durance, où de nouveaux coups destinés à l'achever lui furent assénés, rendant impossible la constatation de la première blessure. L'arme, à ce moment, se serait brisée.

Le 13 novembre 1956, le juge d'instruction Carrias signait un non-lieu, estimant que les éléments de l'enquête, même sérieux, n'étaient étayés par aucun fait précis (sous-entendu des aveux) et que les complicités dont avait pu bénéficier Gaston Dominici n'avaient pu être définitivement démontrées. Il est vrai que toutes les investigations de Chenevier et son équipe, ainsi que leurs hypothèses étayées par des témoignages aboutissaient non pas à une ou à des complicités, mais à l'existence d'un co-auteur.

Cette décision met un point final à une affaire qui demeure sans doute la plus sensationnelle de l'après-guerre, la plus mystérieuse aussi. Cette conclusion ne satisfait personne. Ni l'opinion publique qui a l'impression que toute la clarté n'a pas été faite, ni les avocats du condamné qui regrettent de ne pas avoir eu connaissance de la procédure qui a justifié le non-lieu. Il y avait pourtant un ultime recours : la révision du procès. Mais il fallait la vouloir.

Pourtant, cette contre-enquête ne fut pas inutile, bien au contraire. Il en est ressorti que les enquêteurs n'ont pas ouvert d'autres pistes que celles de Sébeille avait retenues, à savoir un crime commis par un Dominici, mais qu'après presque deux ans d'investigations, ils ont resserré les doutes sur deux autres membres de la famille : Gustave et Roger Perrin. Autre mérite de cette contre-enquête, elle a éloigné les thèses fantaisistes sur les causes du triple crime.

Lorsque Chenevier et Gillard ont connaissance du non-lieu, ils se disent que de toute façon, ce n'était plus qu'une question de patience pour que la vérité éclate, ce qui ne manquerait pas de se produire lorsque le vieux Gaston serait envoyé en maison centrale, dont le régime n'a rien à voir avec la vie confortable qu'il mène à l'infirmerie des Beaumettes. Il allait se rendre compte qu'il avait été roulé par sa famille le suppliant de ne rien dire, de ne pas parler car il allait être gracié. Etre gracié, dans l'esprit du vieil homme, cela équivaut à une mise en liberté.

Mais les espoirs des policiers vont vite s'évanouir. La justice va continuer de veiller sur le bien-être de ce « *digne vieillard* ». Il peut recevoir sa famille, non pas comme les autres condamnés dans un parloir derrière des grillages et des barreaux sous l'œil vigilant d'un gardien, mais dans une chambre bien à lui et librement. Ses fenêtres donnent sur les collines avoisinantes. Il lui est également évité la promiscuité de détenus, dont pour la plus grande majorité les forfaits paraissent bien mineurs en regard de ce qui a été reproché à Gaston Dominici, dont on semble vouloir en rien troubler la tranquillité. On peut se demander pour quelle raison l'administration pénitentiaire s'est montrée, durant de nombreuses années, aussi clémente pour ce détenu.

Le plus vieux condamné à mort ne peut plus être exécuté. La décision de grâce du président Coty intervient le 30 juillet 1957, la peine étant commuée en réclusion perpétuelle. Elle ne fait aucun bruit. L'oubli commence.

En 1960, une émission de télévision, « Cinq Colonnes à la Une », obtient l'autorisation de faire entrer ses caméras aux Baumettes pour prendre une longue interview du condamné. Gaston se prête à l'opération avec complaisance. Il se remet dans la peau de son personnage : il est innocent, « *fran-z'et loyal* », et victime d'une sombre conspiration. Or, parmi les téléspectateurs, l'un d'eux est célèbre. Le sort de Gaston dépend, qui plus est, de lui : le Général de Gaulle, Président de la République. Faut-il établir un lien entre cette émission et la décision que prend peu après le chef de l'Etat ? Le spectacle du vieillard a-t-il ému le Général ? La grâce étant un droit régalien, c'est-à-dire ne s'accompagnant d'aucune explication, nul ne peut répondre et Charles de Gaulle n'est pas de ces hommes qui se répandent en confidences sur leurs états d'âme. Le 13 juillet 1960, Gaston bénéficie d'une mesure de grâce présidentielle et est libéré.

Nombreux sont ceux qui sont très étonnés par cette libération. Le maire de Manosque résume l'opinion générale en quelques mots :

« Il y a tout de même au cimetière de Forcalquier le cadavre d'une petite fille de 10 ans ! On vient de la tuer pour la deuxième fois cette petite ! »

Ou bien Gaston Dominici est innocent et alors nous sommes en face d'une effroyable erreur judiciaire, ou bien il est coupable et on n'arrive pas à s'imaginer une telle clémence qui pourrait déconcerter une importante partie de l'opinion.

A sa sortie, deux motards précèdent la voiture de la préfecture qui emmène Gaston à la Grand-Terre. Jamais aucun condamné n'a bénéficié de tels égards pendant et après sa détention. Gaston a beaucoup vieilli. Totalement imberbe, il s'est desséché, s'est voûté. La peau de son visage s'est tendue sur les os. Les couleurs en ont disparu laissant place à une teinte ivoire, les pommettes saillent et le menton n'est plus qu'un crochet décharné.

Mais Gaston ne veut pas rester à la Grand-Terre. Peut-être à cause des souvenirs qui s'y rattachent ? Ceux d'une nuit de folie soudaine ou bien la dure bataille perdue après quinze mois de résistance ? Remords ou orgueil ? Regret d'avoir anéanti en quelques minutes cinquante ans d'efforts ou colère de ne l'avoir pas emporté sur l'ennemi ?

Après avoir vécu quelques temps chez sa fille Augusta, c'est chez une de ses autres filles, Clotilde, qu'il sera logé. En haut d'une colline, il pouvait voir sa Grand-Terre.

Le 03 août 1962, Gaston est relégué par ses enfants à l'asile des vieillards de Digne. Ce n'est plus que l'ombre de ce rude bonhomme qu'il fut. Quelques semaines après son arrivée, sa femme en devient à son tour pensionnaire. Farouche, le vieux refusera toujours de la rencontrer malgré la proximité de leur logement. Le passé est mort pour eux. Ils ne se reconnaissent plus. Pour le vieux, Marie n'est qu'une silhouette noire qu'il ne distingue pas des autres vieilles femmes. C'est seulement à l'hôpital, où il est transporté pour être soigné d'une congestion pulmonaire, qu'il l'autorise à venir le voir.

Le 04 avril 1965, Gaston Dominici s'éteint, emportant avec lui tous ses secrets. Trois jours auparavant, il a réclamé à son chevet l'abbé Audibert, aumônier des prisons, auprès duquel il se confesse longuement. A-t-il libéré sa conscience ? Le secret de la confession étant sacré, on peut penser que seul ce prêtre doit connaître l'exacte vérité sur le triple meurtre de Lurs.

Les Dominici vendirent la Grand-Terre en 1964. La ferme, qui pour Gaston avait représenté le fruit d'une vie de travail, fut transformée en restaurant avant d'être abandonnée puis rénovée en chambre d'hôtes.

Que reste-t-il du mystère Dominici ? Le non-lieu a mis fin aux investigations. Sauf coup de théâtre, les chemins de la vérité s'arrêtent sur la décision prise par le juge Carrias.

A quelques mètres de la tombe du patriarche, qui fut rejoint par sa femme en 1974 et par Gustave en 1996 (le remord l'at-il visité de temps à autre ?), repose Clovis, emporté par un cancer en 1959. Roger Perrin est décédé, quant à lui, en 2019.

Yvette et Gustave ont divorcé en 1967. Gustave a consenti voir ses enfants suivre leur mère. Il a accepté que la maison de Peyruis, où sa femme et lui vivaient depuis la vente de la Grand-Terre, soit mise en vente et que la moitié du profit revienne à Yvette. Il a toléré le partage du mobilier. Et tout cela après avoir été résigné, après la première fugue de sa femme, de continuer à satisfaire ses caprices en toilettes, en bijoux et à lui assurer le confort qu'elle désirait. On ne m'enlèvera pas l'idée qu'il ait admis de perdre à la fois sa femme, ses enfants, sa maison, sans raison impérieuse. Yvette ne détiendrait-elle pas un secret fort désagréable pour Gustave ?

Seule Yvette, maintenant très âgée, vit toujours. Mais n'espérons pas qu'elle dévoile toute la vérité sur ce massacre. Elle n'a jamais eu, à aucun moment, dans ses attitudes, dans son regard ou dans sa voix, le moindre embarras. Elle ne parlera pas car elle n'a aucun intérêt à ce que la vérité se sache. Si elle s'est tue depuis toutes ces décennies, c'est qu'elle a une bonne raison pour le faire.

CINQUIÈME PARTIE

QUE S'EST-IL PASSÉ À LURS ?

I. LA VÉRITÉ SE TROUVE À LA GRAND-TERRE

Aucune vérification n'a été faite par qui que ce soit sur la déclaration du gendarme Marque. C'est le capitaine Albert qui a pris son audition. Un couple arrive dans une voiture. L'homme demande au gendarme s'il a vu une voiture Anglaise qu'il semble chercher à retrouver. Le militaire répond par l'affirmative, disant qu'il a vu une voiture une heure auparavant, à priori celle des Drummond. A aucun moment le gendarme Marque demande à son interlocuteur quelle voiture il cherchait, quel type de véhicule, quelle couleur, quelle marque. Et le capitaine Albert ne pose même pas la question à son collègue. En 1952, même en été, il ne devait pas passer des dizaines de voitures immatriculées en Angleterre dans une même journée à Digne. Mais qui peut affirmer que seule la voiture des Drummond y est passée ce jour-là ? Nous sommes là en pleine imprécision.

Je passerai rapidement sur les divagations d'un ouvrier agricole, Antoine Lorca, qui avait accusé du triple crime deux de ses camarades par vengeance. L'enquête du commissaire Chenevier a vite démontré le néant de ce témoignage. Et ils sont nombreux, motivés par la mauvaise foi, l'intérêt commercial, l'envie de notoriété ou autres, à avoir inventé des pistes imaginaires. L'imagination, lorsqu'il s'agit d'inventer ou de supposer des liens avec d'autres évènements, est sans limite. Rien n'est jamais étayé, encore moins démontré.

Si l'on en croit un article paru le 08 août 1954 dans le Sunday Empire News, Jack Drummond, agent de l'Intelligence Service pendant la seconde guerre mondiale, n'aurait pas cessé ses activités après la fin du conflit. Gaston Dominici aurait payé pour le règlement de compte entrepris par des agents secrets. Mais l'atmosphère de guerre secrète, entretenue par des journalistes, écrivains et cinéastes, ne peut résister longtemps à l'analyse. Malgré tout, cette triste affirmation continue de fausser la perception des faits réels et déforme la réalité. C'est salir la mémoire des victimes en voulant les rendre coupables dont on ne sait quel sombre crime d'espionnage.

Des tueurs venus de Bavière auraient abattus les Drummond. Un nommé Bartkowski a servi de chauffeur à un groupe de trois hommes en Buick de couleur lilas. Le choix de ce véhicule, pour se rendre sur les routes des Basses-Alpes en 1952, pose déjà question quant à la discrétion. Avec une arme rafistolée ? Avec pas assez de munitions (Elizabeth achevée) ? Sans savoir comment fonctionnait la carabine (deux cartouches trouvées intactes au sol) ? Ces éléments, seuls, me paraissent déterminants pour affirmer que l'affaire du commando est une pure affabulation. Ce scénario ne figurerait pas dans n'importe quel livre ou film d'espionnage.

Autre invention, ce fameux commando aurait tué les parents Drummond et serait reparti sans avoir terminé son travail, car Elizabeth aurait pu prendre la fuite. Ce sont alors les Dominici, prévenus de l'affaire car sympathisants du parti communiste, relais local du commando, qui après avoir assisté à la mort des parents, auraient reçu l'ordre dans la nuit d'achever la petite fille. Inutile d'aller plus loin.

Je rappellerai juste que Bartkowski a déclaré au commissaire Gillard qu'il a menti sur toute la ligne. De plus, Jean-Charles Deniau et Madeleine Sultan ont pu, en 2003, retrouver le fameux

Bartkowski. Ils se sont vite aperçus qu'il s'agissait d'un mythomane qui s'avouait aussi être acteur dans la mort de Lady Di sous le pont de l'Alma.

L'emploi du temps de cette famille est très clair. Leurs motivations de camper cette nuit-là sont confirmées par leurs amis les Marrian. Non, Sir Jack n'était pas un homme assez stupide pour venir camper au bord d'une route nationale et mettre en danger sa petite fille et sa femme pour on ne sait quel rendez-vous d'espions. Faire croire que cette famille se mette en pyjama au bord d'une route et d'y dormir à la belle étoile sur des lits de camp, au vu et su de tous, pour une supposée histoire d'espionnage relève du fantasme.

Il a été raconté aussi que Sir Jack avait été envoyé en France par les services secrets Britanniques pour demander des comptes, ou récupérer de l'argent de la résistance parachuté pendant la guerre dans les maquis. Cette histoire prend un sérieux coup quand on sait que les billets parachutés durant le conflit étaient imprimés à Londres et ne valaient plus rien en 1952. Maurice Olivier, vice-président des associations de résistance des Alpes de Hautes Provence, interrogé en août 2003 par Jean-Charles Deniau et Madeleine Sultan, ne croyait pas non plus à cette thèse de trésor.

La population était en général antinazie et les combats de 1944 contre les Allemands ont été meurtriers jusqu'à l'armistice. Comme partout en France, les résistants de la dernière heure ont grimpé in extremis dans le train de la libération en marche. Comme ailleurs, les Basses-Alpes ont vécu une période peu glorieuse de règlements de comptes, d'exécutions sommaires et d'humiliation. Les Dominici ont-ils été résistants ? C'est probable bien qu'ils ne soient jamais mentionnés dans les mémoires des résistants des Basses-Alpes.

Certes il n'y a pas de preuves matérielles. Mais il existe cette carabine qui appartient aux Dominici, car tous la connaissent. Il y a les aveux spontanés de Gaston auprès du gardien Guérino qui ne l'interrogeait nullement, et du juge Périès. Même Yvette a signé des aveux, chez elle, dans sa cuisine et sans être en garde à vue. Clovis a maintenu ses accusations contre son père jusqu'au bout. Aucun membre de la famille au moment de l'instruction, comme pendant le procès, n'a parlé de résistance ou d'espionnage. Ils se sont tous accusés entre eux.

Le commissaire Sébeille, malgré quelques erreurs, a réussi tout de même à obtenir des aveux de la part de tous les habitants de la Grand-Terre. Quoiqu'en dise Yvette, elle aussi a avoué la culpabilité de Gaston et a bel et bien signé le PV sans drogue ni coups, chez elle, en présence de son mari le 17 décembre 1953. La méthode Sébeille fut plus subtile qu'elle n'y paraît. Le commissaire a avalé son lot de couleuvres et supporté de nombreux sarcasmes. Il faut au moins lui reconnaitre du courage et de la ténacité, courage de l'homme qui a su résister aux attaques dont il a été l'objet, ténacité du policier qui ne s'est jamais avoué vaincu. Ce qu'il lui a manqué, ce sont les indices matériels. Mais combien, faute d'indices et face à de telles personnes que les Dominici, aurait abouti aux mêmes résultats ? Il s'est trouvé en face d'une famille qui, longtemps, a formé un bloc.

Seul, accroché à son enquête, à ses procès-verbaux, sous l'œil plus ou moins sceptique de ses supérieurs, il a avancé à petits pas sur un chemin semé d'embûches. Et il a réussi par faire craquer l'arrogante muraille des menteurs. Complètement ? Non. Mais c'est déjà très bien ce qu'il a fait, car il fallait le faire.

Il est certain que des reproches peuvent lui être faits, surtout au début de son enquête. Il a négligé des éléments matériels comme les fameux pantalons, opportunités qui ensuite sont définitivement perdues. Mais beaucoup n'ont pensé qu'à du sang pour motiver cette lessive. Le sang, lors des tirs et des coups de crosse, a-t-il pu atteindre ces fameux pantalons ? Ces derniers auraient-ils pu être simplement salis en pataugeant dans la Durance à la recherche de la carabine, après que Gustave se soit aperçu qu'elle était mal dissimulée ? Ceci implique que le père ou le fils aient au moins participé aux crimes de façon secondaire et après les faits.

Dans son livre, le commissaire Sébeille avoue qu'il a gardé l'aponévrose dans une boite d'allumettes. Elle a manqué à l'instruction pour en établir la paternité exacte et aux experts pour juger de la cause réelle de la blessure. Il s'agit, de nouveau, d'une énorme bourde. A-t-il détourné ce lambeau de chair par oubli ou par calcul ? La police scientifique n'avait que peu de pouvoir à cette époque, comme le prouve son inefficacité à effectuer des prélèvements sur les taches de sang au sol.

Un mot sur son départ de la PJ. Celui-ci est souvent présenté comme une sanction consécutive à l'affaire Dominici. Ceci est faux. En fait, en 1958, une « charrette » a emporté plusieurs responsables de la PJ de Marseille, dont Harzic en tête de peloton. De nombreuses critiques avaient été émises à cette époque, dénonçant le manque d'activité et de résultats de ce service. Suite à une enquête interne, il a été décidé de faire un peu de ménage et plusieurs commissaires ont alors été mutés. Dans la liste, on trouve aussi le commissaire principal Constant.

Y aurait-il eu une deuxième arme comme l'affirment certains ? Ce point n'est pas démontré. Aucune douille ou cartouche d'un autre calibre que le 7.62 n'a été découverte. Le diamètre des orifices d'entrée ou sortie des balles, tel que les deux médecins légistes, Messieurs Nalin et Girard l'ont mentionné, ne permet pas non plus de conclure en ce sens. De plus, les coups de feu espacés, comme le précisent les témoins, semblent bien prouver que ce fut le fait d'un seul tireur. En effet :

- comment deux tireurs arrivent à manquer Elizabeth et à être à court de cartouches à eux deux au point de devoir l'achever à coups de crosse ?

- comment expliquer que tous les tirs furent entendus espacés si deux tireurs actionnaient leur arme simultanément ?

- comment se fait-il que seulement six coups furent tirés par deux tireurs ?

- comment auraient disparu les douilles de cette fameuse deuxième arme ?

Pourquoi encore tous les orifices d'entrée dans les deux corps ne varient que de 1 ou 2 mm maximum entre eux si les calibres avaient été différents ? La différence de diamètre d'entrée des balles peut dépendre tant de l'inclinaison de l'axe de la balle avec le corps que de l'élasticité de la peau.

Les seules traces du meurtre proviennent toutes d'une même et seule arme. Celle dont on est certain qu'elle a bien tué les parents, celle dont on est certain qu'elle a bien achevé Elizabeth. Et jusqu'à preuve du contraire, toutes les douilles et cartouches retrouvées sont de la même souche. Et qu'est-elle devenue cette fameuse deuxième arme ? Personne, pas même les avocats de la défense, n'a évoqué au procès l'hypothèse de deux tireurs.

La carabine justement. Elle aurait été échangée à la Grand-Terre contre des vivres ou du vin, voire achetée. Mais ce que les soldats Américains vendaient ou échangeaient, ce sont des armes prises à l'ennemi, souvent hors service et sans munitions. Il aurait été suicidaire pour un soldat de vendre ou d'échanger son arme en temps de guerre. Chaque arme était nominalement affectée et devait être rendue, même détériorée ou hors d'usage. Toute détérioration et disparition devait être justifiée par une action d'ordre strictement militaire. Dans le cas contraire, la sanction disciplinaire était exemplaire et sans circonstance ou excuse atténuantes, pouvant mener jusqu'au peloton d'exécution. Par contre, la Rock-Ola a pu être récupérée auprès d'un soldat tué ou blessé. Dans ce cas, elle aurait pu être cédée sans trop de risques. Il y a eu aussi, après le conflit, un important trafic de ses armes.

Revenons sur le choix du lieu présumé où Gaston l'aurait entreposée. N'importe qui pouvait y entrer, et même voir l'arme de l'extérieur. Garder ainsi une arme de guerre, sans protection et avec des cartouches dans ce lieu ouvert, apparaît comme invraisemblable. En effet, quiconque possédant une arme ne la laisserait pas dans un endroit ouvert à tous vents, avec un chargeur plein et d'autres munitions posées à proximité, le tout visible de n'importe qui et sans protection au vol ou à la poussière. Un tel manque de soin et de précaution n'est pas crédible.

De plus, je ne vois pas Gaston tâtonnant dans ce hangar, en pleine nuit, pour venir prendre cette carabine dont il ne s'est jamais servi, comme il le dira et le montrera lors de la reconstitution. Je pense que la Rock-Ola n'était pas à la Grand-Terre, mais à la Serre, que Zézé la prit avec lui quand son oncle est venu le chercher, et que son propriétaire est Clovis, comme tend à le démontrer le graissage de l'arme.

Rien dans cette affaire n'est simple. De nombreux points restent obscurs :

- des constatations faites de manière approximative, des indices non exploités.

- des aveux de Gaston pollués par des mensonges grossiers.

- la non prise en compte par Sébeille puis par le procureur de la République, dans l'acte d'accusation, de la présence de Zézé durant la nuit alors que celle-ci semble probable, même si elle n'a pas été démontrée.

- les accusations de Gustave contre son père suivies de celles de Gaston contre son fils, et plus tard contre son petit-fils.

- des rétractations, des variations, des mensonges à n'en plus finir et pas de preuve matérielle incontestable. Bien sûr, il y a la carabine qui est l'arme du crime, mais pas de propriétaire formellement identifié, même si bon nombre de regards se tournent vers Clovis.

Il est regrettable que dès le premier jour, les habitants de la Grand-Terre n'aient pas été interrogés séparément et méthodiquement. Leurs déclarations auraient été confrontées, et les enquêteurs ne se seraient pas empêtrés dans les mensonges de cette famille. La piste de l'assassin (ou des assassins) leur serait peut-être alors apparue.

Le mensonge s'est articulé, du début à la fin, dans le but d'empêcher l'éclosion de la vérité et d'échapper à la sanction judiciaire. Les membres de la famille paraissaient d'accord sur l'attitude qu'il convenait de prendre face aux enquêteurs. Les Dominici ont d'abord voulu dissimuler toute implication puis, rattrapés par l'avancement de l'enquête, ont concédé une reconnaissance des faits avant une marche arrière générale.

On peut déplorer l'arrivée tardive des policiers sur les lieux et leur probable précipitation dans leurs constations, phase essentielle d'une enquête criminelle. On peut regretter l'épisode des pantalons ou penser que le juge Périès aurait été bien inspiré, dans l'après-midi du dimanche 15 novembre, de réentendre Gaston Dominici en lui faisant remarquer les incohérences de ses déclarations et en lui rappelant ses accusations contre Gustave, cela afin d'écarter d'évidents mensonges et avancer peut-être vers la vérité. On peut s'interroger sur le peu d'intérêt qui a été manifesté à l'endroit de Roger Perrin et sur le brusque abandon de la piste Gustave, à partir du moment où celui-ci accuse son père. Voilà qu'on le traite soudainement comme un simple témoin tandis que Gaston l'accuse, prétextant se sacrifier pour lui. On peut aussi s'inquiéter de cette remarque que le juge Périès aurait adressée au journaliste René Buffet de France-Soir :

« Reconnaissez tout de même qu'il y a soixante-dix pour cent d'exactitude dans mon dossier. »

Lorsque Sébeille montre à Clovis la carabine trouvée la veille dans la Durance, celui-ci tombe à genoux. Pendant quelques secondes, l'émotion le paralyse. Il se ressaisit, voyant que le commissaire ne le questionne pas et qu'au final il ne sait rien. Sébeille a laissé passer une occasion unique d'embarquer Clovis pour un interrogatoire serré. Le trouble de Clovis montrait à l'évidence qu'il en savait long sur cette arme.

Les deux frères accusent leur père et, curieusement, ne connaissent pas la carabine, ne l'ont jamais vue. Une raison doit bien exister à cette attitude. La seule valable est que cette carabine appartient à l'un des deux. Dans tous les cas, elle ne semble pas appartenir au père sinon les deux frères l'auraient facilement affirmé.

Il y avait dans l'Hillman un appareil photo qui a disparu car il est listé dans l'inventaire de Villefranche. On ne saura jamais ce que contenait la pellicule. Qui avait intérêt à faire disparaitre cet appareil avec sa pellicule ? Les habitants de la Grand-Terre pris en photos le soir du crime.

Sur les plus simples affirmations de Gaston, et plus tard de son petit-fils, il est tenu pour acquis que le vieil homme s'est levé plus tôt que d'habitude et est parti garder ses chèvres vers 03h30-04h00 du côté opposé au bivouac. Personne ne l'a vu avec ses chèvres et personne ne l'a vu revenir avec elles vers 08h00 quand il apparut dans la cour de la ferme. Là, il fait semblant d'apprendre le drame de la nuit. Ne soyons pas naïfs au point de croire que

Gaston aurait pu ignorer les évènements de la nuit. Le patriarche n'était pas homme à demeurer dans l'ignorance lorsqu'une histoire avait lieu sur ses terres, surtout après un tel drame lié à la Grand-Terre. L'envoyé spécial de Nice-Matin, Jean-Paul Ollivier, résume parfaitement le ressenti de beaucoup :

« A supposer qu'ils n'aient pas entendu courir ni crier, il faudrait être fou pour croire qu'au lever du jour, alors que des balles d'une carabine de guerre ont été tirées trois heures plus tôt sous leurs fenêtres, Gustave et Gaston Dominici aient eu pour seul souci, l'un d'aller vérifier un éboulement, l'autre d'aller promener ses chèvres dans une direction opposée à celle du lieu du crime. »

En fin de compte, les policiers avaient-ils mis la main sur le vrai coupable ? A l'examen du procès, on ne peut conclure qu'ils choisirent le meurtrier le plus plausible avec néanmoins beaucoup d'incohérences dans le dossier, et finalement pas de preuves sinon des accusations. Ces meurtres ont été peut-être perpétrés dans un moment de colère à la suite d'une querelle sous couvert d'incompréhension mutuelle due à la barrière de la langue et d'alcool aussi. Elizabeth mourut sans doute parce qu'elle avait assisté au drame. Gaston Dominici, qui se signalait par ses brusques éclats de fureur, répondait au profil ainsi défini. C'est quand même bien peu pour condamner un homme à la peine capitale.

Je ne conclus pas que Gaston Dominici est innocent, mais il a été condamné dans des circonstances étonnantes alors que le procès aurait dû normalement se traduire par un acquittement. Le doute, dans pareil cas, devait être au bénéfice de l'accusé. Néanmoins, Il faut remarquer que Gaston avait déjà avoué à de nombreuses reprises :

- dès les premières heures du jour du crime, il avait déclaré à Autheville : "*Roger, c'est un grand malheur qui nous arrive, un grand malheur et un accident*". Le soir même, Sébeille en personne était le témoin d'une incroyable confidence : "*elle est tombée là, elle n'a pas souffert*" (Lady Drummond).

- Quelques jours plus tard, c'est face au capitaine Albert que Gaston se "lâche" à nouveau, puis devant le journaliste Jacques Chapus.

- Gaston avait confié au Maire de Peyruis, Louis Jourdan : "*aquèlo pichoto landavo coume un lapin*" (cette petite courait comme un lapin). Après cette confidence, le maire, un des plus ardents défenseurs de Gaston dans les jours qui suivirent la tuerie ("*Si Gustave était arrêté, la moitié de la population serait en ébullition*", avait-il déclaré à un journaliste le 14 août 1952), avait complètement changé son fusil d'épaule au moment du procès.

- Gaston a également attiré l'attention avec sa découverte mensongère de l'éclat de crosse près du corps de la petite fille.

- Enfin, il a surpris le docteur Dragon par son attitude au moment où le médecin lui demandait de l'eau. Pourtant, il devait bien avoir de l'eau à l'intérieur de sa maison, dans un récipient quelconque. Le docteur n'a pas été invité à l'intérieur de l'habitation, il s'est lavé à la pompe. A-t-on voulu lui cacher quelque chose, la présence d'un vêtement qui trempait dans une bassine par exemple ?

La tragédie de Lurs choqua et déconcerta de nombreuses personnes. Les Anglais n'avaient pas été tués pour leur argent, et le crime n'avait aucune cause d'ordre sexuel. Rien ne permettait de dire que le meurtrier était un psychopathe. Au contraire, les psychiatres, qui avaient examiné le vieux Dominici, reconnurent au tribunal que le vieil homme paraissait parfaitement normal. Un autre élément dérangeant était l'insensibilité avec laquelle les Dominici avaient tenté de brouiller les pistes. Ils se montrèrent plus qu'évasif face aux enquêteurs et aux journalistes qu'ils considéraient comme des intrus sur leur propriété.

Cependant, dès lors que leur front uni commença à se désagréger, il apparut qu'ils avaient laissé agoniser une petite fille près de chez eux sans lui porter le moindre secours. Cette indifférence aux souffrances humaines était peut-être la conséquence de la dureté de la vie en Haute-Provence. Pour survivre sur cette terre difficile, les paysans accumulaient de longues journées de travail solitaire, ce qui avait pour contrecoup la fierté, le silence et la suspicion envers les étrangers, caractères qui avaient gravement gêné les investigations policières.

Les Dominici étaient évasifs, pas habitués à communiquer, surtout avec des étrangers. Quand ils se mirent enfin à parler, la tâche des enquêteurs n'en fut pas vraiment facilitée. L'effondrement des loyautés familiales s'accompagna de la résurgence de vieilles rancœurs. Le flot des accusations, des aveux et des rétractations en apprit davantage aux policiers sur les jeux d'influence au sein des Dominici que sur les meurtres.

Yvette, après mille mensonges, décrit son activité de la journée du crime. Profitant de la voiture du boucher Nervi, elle s'est d'abord rendue à Oraison pour acheter des remèdes pour sa petite personne :

« Et non pour la malheureuse Elizabeth, tonnera Maître Delorme durant le procès. Vous, jeune mère de deux enfants, vous n'avez pas fait un pas vers la pauvrette agonisante... Vous vous êtes contentée de vous préparer pour vous rendre à Oraison, acheter des remèdes à la pharmacie... Non pour l'innocente expirante... C'était pour vous ! Je flétris publiquement cette abominable sécheresse de cœur, et sans doute de courage, et ne puis me résigner à trouver une excuse à ce comportement qui n'a pas de nom ! »

De retour, elle s'est arrêtée à la ferme de ses parents, où elle a pris le repas de midi en leur compagnie. Elle est retournée à la Grand-Terre aux alentours de 16h00, accompagnée de ses parents, pour "*voir les corps*". Son père, présent à la ferme Dominici dès 07h00, vraisemblablement appelé par sa fille pour venir orchestrer le "*festival de mensonges*", comme dit Young, avait déjà dû voir les corps.

Gaston, en allant au procès, était persuadé d'aller accomplir une simple formalité pour ensuite être libéré. Mais au fil des jours, il se rendit compte que l'affaire tournait de plus en plus mal pour lui, et c'est alors qu'un tournant se forme au cours des dernières audiences. Gaston a alors tenté de passer la vitesse supérieure en mettant sérieusement en cause Gustave et Zézé au cours du passage du célèbre « *Je ne te demande pas de dire que je suis innocent mais de dire qui était avec toi dans la luzerne* ». La force et l'insistance de ses paroles, sans citer de noms, déclenchent le trouble chez Gustave au bord de parler, mais sauvé par le gong grâce au juge.

Lors de la contre-enquête Il dira plus tard, et à plusieurs reprises :

« C'est Gustave qui a fait le coup. C'est Gustave et Roger Perrin qui ont fait cette triple besogne. Je ne veux pas payer pour quelqu'un d'autre. »

Et il donne ce détail troublant « *du mouchoir* », pour empêcher la fillette de crier, qu'auraient employé Gustave et Zézé. Mais pourquoi n'a-t-il pas dit cela avant sa condamnation à mort ? Sa réponse reste immuable :

« Parce que je croyais que les avocats les auraient fait avouer, que ce n'était pas à moi d'accuser mes fils… »

En effet, ses avocats n'ont pas repris la balle au bond.

Ajoutons ses réticences lors de la reconstitution où il ne fait rien qui concorde avec la réalité des constatations de l'enquête et où il refuse de refaire les gestes sur la fillette après avoir tenté de se suicider en sautant du pont. Pourquoi cet acte désespéré ? Pour ne pas continuer à endosser ce simulacre de reconstitution dont il ne voulait qu'en accepter une partie, la première avec les parents, et pas une autre plus horrible ? Si on met bout à bout toutes ses déclarations depuis le début des aveux jusqu'à celles au cours de la contre-enquête, on trouve une certaine logique de la part du patriarche, à bien vouloir se sacrifier mais pas au point d'être condamné à mort à la place, ou à cause, de Gustave.

Zézé n'a jamais accusé son grand-père. Gustave l'a accusé le premier puis s'est rétracté. En revanche, Clovis a toujours maintenu ses accusations. Il serait normal que le vieux l'accuse à son tour pour se venger. Mais il ne le fait pas. C'est parce qu'il sait que Clovis n'est pour rien dans ces meurtres. A aucun moment, Gaston ne jette le doute sur un étranger à sa famille. De même, jamais Clovis, Gustave et Yvette n'ont essayé de mettre en cause quelqu'un d'extérieur au cercle familial. Rien que cette constatation de bon sens aurait dû faire réfléchir les partisans de l'innocence des Dominici.

Le père Lorenzi a refusé de venir témoigner au procès comme témoin de moralité de Gaston, au prétexte qu'il ne pourrait rien dire de plus. Si le père Lorenzi avait su Gaston innocent, il aurait volé à son secours comme chrétien et comme homme. L'homme d'église, qui s'était engagé dans la résistance pour y défendre des valeurs, n'aurait pas laissé Gaston subir un châtiment injuste. Il savait se mouiller pour les causes qu'il croyait bonnes et justes tout comme il savait se taire sans accuser pour celles qu'ils savaient mauvaises et injustes.

Clovis et Gustave forment un premier tandem qui, par la suite, se disloque. Le fils aîné apporte un soutien évident à son frère dès le premier jour. Lorsqu'il arrive à la Grand-Terre, le matin des meurtres, en compagnie de ses collègues de travail, il va aussitôt à la rencontre de son frère. Gustave lui avoue qu'il pense que la petite fille vit encore. Surpris que son frère n'ait pas fait venir un médecin pour tenter de sauver l'enfant, il se rend, en compagnie de Boyer, vers la Durance et découvre le corps. S'est-il penché sur le petit cadavre comme il l'affirme ? S'est-il contenté d'examiner l'enfant en demeurant à quelques pas ? On comprend pourquoi il ne tient pas à ce que Roure, Drac et Boyer s'approchent de la fillette. S'ils s'aperçoivent qu'elle vit encore, la première question qui leur viendra à l'esprit sera :

« Pourquoi Gustave n'a-t-il pas aussitôt pris sa moto pour aller chez un médecin ? »

Clovis songe avant tout à protéger son frère. La fillette ne gémit plus, ne bouge plus :

« Elle est morte » dit-il aux autres.

Ils n'ont pas entendu sa conversation avec Gustave, ils ne peuvent donc qu'accepter le diagnostic de Clovis. De retour à la Grand-Terre, il intime l'ordre à son frère de se taire : ne jamais dire que l'enfant vivait encore. Rassuré par ce frère dont l'appui lui est salutaire, Gustave lui confie qu'il a entendu des cris après les coups de feu, des cris d'horreur, et qu'il ne s'est pas levé. Clovis lui conseille aussi de ne pas parler de cet évènement.

Gustave l'a-t-il informé plus amplement ? Clovis est-il retourné avec son frère sur les lieux du drame avant l'arrivée des gendarmes pour se faire une idée de la situation, et peut-être même pour finir le ménage ? Dans l'affirmative, Clovis ne réagit guère différemment des autres membres de sa famille. Comme les autres, il a dissimulé, il a menti, et montre que lui aussi ne s'encombre pas de compassion pour les victimes. Clovis accuse lui aussi et n'a pas toujours dit l'exacte vérité dans cette affaire. Mais il n'a pas accusé son père le premier. Il a attendu d'être certain que Gustave ait parlé pour le faire à son tour.

La connivence entre les deux frères apparaît clairement à plusieurs moments : dès le 05 août au matin, ensuite lors des dénonciations et des aveux, puis lors de l'instruction, et enfin lors du procès. L'accusation du vieux a-t-elle été envisagée par eux depuis longtemps dans l'hypothèse où les choses tourneraient mal ? Lui ont-ils donné le poids nécessaire pour que les autorités ne regardent pas trop près du côté de Gustave ? Ils ont eu tout le temps pour construire un récit pour envoyer leur père en prison. Pourtant, ils n'ont aucune explication du fait que leur père est sorti, muni d'une arme, dans la nuit. Est-il possible qu'ils se soient concertés en laissant cette circonstance inexpliquée ? Cela aurait mérité quelques éclaircissements complémentaires. Curieux ces fils qui, en seize mois, ne se sont pas posé plus de questions.

Clovis aurait pu dénoncer son père avant tout le monde ou continuer à se taire. S'il s'était rétracté, comme le lui demandaient ses frères et sœurs, il ne serait pas resté grand-chose du dossier d'accusation. Clovis a agi comme s'il voulait « assurer » la condamnation de son père. Il doit bien exister quelques raisons. Il a été avancé un motif d'héritage, une terre que Clovis convoitait. Ce motif pour envoyer son père à la guillotine n'est pas sérieux. La raison la plus simple est que Gaston est seul coupable, Clovis se contentant de dire la vérité. Pourquoi pas, mais je pense que ce n'est pas aussi simple que cela.

Il y a longtemps que Clovis connaît la vérité et redoute le jour où elle éclatera. Pendant longtemps, il ne dit rien car personne n'est vraiment inquiété. Mais il constate à un moment que son frère est sur le point de sombrer. Et si la motivation de Clovis était

Gustave ? Il accuse le père pour protéger le frère, et maintient fermement cette position pour ne pas voir la justice abandonner Gaston et revenir vers Gustave. Ce faisant, il protège son frère, même après les revirements de ce dernier.

Un autre personnage a une place difficile à cerner dans cette affaire : Roger Perrin. Faute à ses nombreux mensonges, personne n'a pu établir avec certitude sa présence à la Grand-Terre la nuit des crimes. La désignation précise du vélo utilisé par Zézé pour se rendre à la ferme n'a pas été menée à bien. Aucune confrontation n'a été conduite entre lui et Clovis sur ce point important.

Mais il est tout à fait plausible que Zézé, seul chez lui, ait décidé d'accompagner son oncle pour lui tenir compagnie durant la nuit. Le témoignage de Paul Maillet situant Gustave dans la luzerne va dans ce sens. Nous pouvons ajouter les mises en cause de Gaston durant l'instruction et pendant le procès. En cachant la visite de Gustave à la Serre dans la soirée du 04 août, Roger Perrin ne permettait pas de supposer que son oncle avait pu l'emmener avec lui sur sa moto. Pourtant, il était seul dans une ferme isolée. On pouvait avoir besoin de lui pour surveiller l'éboulement et qu'il était un habitué de la Grand-Terre où il a été élevé. Sa mère, elle-même, a toujours dit que si son frère avait trouvé Roger seul ce soir-là, il l'aurait emmené coucher chez lui. Et c'est certainement ce qui s'est produit.

Gaston Dominici a orienté l'enquête sur son petit-fils puisqu'il a dit au juge d'instruction au mois de février 1954 :

« J'ai l'impression que le criminel pourrait être mon petit-fils, Roger Perrin, c'est un rouleur. »

Au mois de décembre 1954, lorsqu'il est entendu pour la première fois par le commissaire Chenevier, il a été formel dans ses accusations contre lui. La seconde fois, en présence du juge

Batigne, il s'est montré réticent mais n'en n'a pas moins confirmé sa présence à la Grand-Terre dans la nuit du 04 au 05 août.

Enfin, l'attitude de Zézé n'est pas celle d'un homme qui craint une grave accusation. Au cours des confrontations avec Gustave, Yvette et Gaston, elle incite à penser qu'il connaît le rôle de chacun dans cette affaire. Mis en présence de son grand-père, il n'a pas hésité à l'insulter. Il a donné l'impression aux enquêteurs qu'il pouvait le confondre. Son aisance ne s'est pas démentie en face de Gustave et Yvette. Gustave a reconnu que la déposition de son neveu fut bien l'expression de la vérité. En reconnaissant ce témoignage, espère-t-il empêcher son neveu d'apporter d'autres précisions ?

J'ai la conviction que c'est au sein des Dominici que le crime trouve sa source. De la masse des mensonges qui ont été prononcés dans cette affaire se dégagent des faits reconnus par les intéressés eux-mêmes et peu contestables dans leurs grandes lignes :

- Gustave, Gaston et Yvette entendent des coups de feu dans la nuit et personne ne bouge.

- Gustave se rend à l'éboulement et, malgré les tirs de la nuit, ne jette pas le moindre coup d'œil au campement.

- Il découvre Elizabeth après avoir fait un détour de quelques mètres qui ne s'imposait absolument pas.

- Il revient sur la route informer le motocycliste Olivier, mais ment sur le lieu précis de la rencontre.

- Il reconnaîtra par la suite que la petite était encore vivante et qu'il n'a pas fait appel aux secours.

- Il reconnaîtra aussi plus tard qu'il avait entendu des cris, que les Anglaises étaient passées à la ferme et surtout, qu'il avait déplacé le corps de Lady Anne.

- Il a effectué un ramassage de douilles sur les lieux du crime.

- Il finit par accuser son père. Clovis fait de même par la suite.

- Gaston nie puis finit par avouer devant Guérino hors audition.

- Il met par la suite en cause son fils. Pas un commando ou des pseudos résistants ! Non, il met en cause son propre fils.

- Yvette, face aux déclarations de Maillet sur la présence de Gustave dehors, dans la luzerne, met également en cause son beau-père.

- Gustave se rétracte, accuse, puis se rétracte de nouveau.

- Lors de la contre-enquête, Gustave prétend qu'il n'a pas été entendu par le juge le 13 novembre et que certaines signatures figurant sur les PV sont des faux.

Cela fait beaucoup pour une famille qui se dit innocente de tout…

Gustave… Voilà un homme qui n'a cessé de tordre la vérité dans tous les sens, mais ça ne suffit pas pour être convaincu d'assassinat. On peut mentir pour se protéger, pour protéger quelqu'un ou les deux à la fois. Mais mentir à ce point montre que l'on a des choses à cacher.

Gustave a affirmé avoir entendu des coups de feu sans avoir fait le rapprochement avec les campeurs. Il a expliqué aussi qu'il avait vu les Anglais se préparer pour la nuit. On peut s'étonner de l'absence totale de concertation avec son père. Ceci est aussi valable pour Yvette qui a commencé par dire n'avoir appris la présence des Anglais qu'à 21h00, avant de concéder avoir vu les Drummond descendre de leur voiture au moment de leur arrivée. Prétendre ne pas avoir compris qu'une atteinte contre ces gens était en cours est pour le moins inconcevable. Ceci vaut également pour Gaston qui quitte paisiblement sa ferme au matin à la tête de son troupeau de chèvres. Gustave raconte qu'il s'est déplacé vers l'éboulement, être passé à côté du campement sans prêter attention à ses occupants. Il a découvert ensuite, après un détour inexplicable, le cadavre de la fillette. A ce moment, il est insensé qu'il ne fasse pas de rapprochement avec les personnes qu'il a vues la veille au soir.

Les doutes s'accumulent avec :

- le témoignage de Jean-Marie Olivier.

- le déplacement d'un lit de camp vers les 04h00 du matin.

- le ramassage de douilles sur le terrain.

- la déclaration de Paul Maillet qui révèle la découverte d'une enfant encore vivante.

- l'audition de Jean Ricard qui fait apparaître un déplacement du cadavre de Lady Drummond.

- Gustave qui reconnaît avoir entendu des cris, avoir appris que les Anglaises étaient venues chercher de l'eau à la ferme, s'être levé plus tôt qu'il ne l'avait dit, avoir déplacé le corps de la mère de famille.

Est-ce que ce sont les actes d'un homme totalement étranger, lui et sa famille, à une affaire de cet ordre ? Evidemment non.

L'ensemble de ces éléments constitue une lourde charge que l'on n'aurait pas trouvée chez des personnes étrangères au crime. Celles-ci auraient eu des réactions différentes, auraient tenté de donner l'alerte après avoir entendu les coups de feu, ne serait-ce qu'en informant un automobiliste de passage sur la route, et ce sans attendre 06h00 du matin. Elles auraient secouru une enfant encore vivante, auraient signalé ce fait, n'auraient pas modifié les lieux, déplacé un cadavre. Surtout, elles ne se seraient pas accusées réciproquement, insultées, menacées, ne sortant jamais de leur cercle familial. Des fils innocents n'auraient pas accusé un père innocent. Ce dernier n'aurait pas avoué un triple crime dans un moment de relâchement.

Qui peut croire à de faux procès-verbaux établis par des officiers de police judiciaire et par un juge d'instruction ? A un café drogué ? A des coups portés à Gustave dans les locaux du palais de justice de Digne qui l'auraient forcé à mentir et accuser son père ? Dans ces conditions d'interrogatoire, pourquoi le jeune fermier n'a-t-il pas fait l'aveu de sa propre culpabilité ? Comment concevoir que l'homme n'ait pas fait état de ces violences policières devant le magistrat instructeur ? Ce même Gustave qui a utilisé un certificat médical pour échapper à un interrogatoire le 07 août 1952, n'aurait pas fait constater des traces de coups ? Il n'aurait pas profité de la présence des journalistes pour révéler des aveux sous la contrainte ?

II. La mort d'Elizabeth, cœur du mystère ?

La mort d'Elizabeth constitue la part innommable de cette affaire et en est la clé essentielle. Une chose est sûre : Elizabeth a été tuée à coups de crosse parce que le meurtrier n'avait plus de munitions. Sinon, pourquoi l'assassin aurait réservé un tel traitement à l'enfant alors qu'il suffisait de tirer sur elle ?

Gustave dira avoir découvert le corps de la fillette vers 05h30. Or, au lieu de prendre sa moto sur le champ, comme il l'avait fait la veille pour l'éboulement sur la voie ferrée, et d'aller donner l'alerte ou prévenir un médecin, il est d'abord revenu en informer sa femme et sa mère. Et elles aussi, au lieu de porter secours à la petite fille, iront alors se poster à l'entrée de la ferme sur la route pendant que Gustave retournera sur le bivouac. Il apparaît donc qu'à la Grand-Terre, on savait et on n'avait pas l'intention ni de faire quelque chose pour Elizabeth ni d'aller donner l'alerte. Malgré tout, la mort de la fillette suscite encore de nombreuses interrogations.

S'est-elle enfuie jusqu'au talus où le meurtrier l'a rejointe ou bien a-t-elle été portée ?

S'il y a eu transport de l'enfant inconsciente jusqu'au talus, avec une volonté de s'écarter du bord de la route par souci de discrétion et une manipulation préparatoire de son corps avant les coups mortels, la préméditation apparaît. Nous sommes alors devant un assassinat précédé d'une réflexion, d'une décision pesée, d'une concertation possible si plusieurs personnes sont présentes et/ou apportent une aide. Nous ne sommes plus en présence d'un crime perpétré dans la foulée des premiers meurtres sous l'emprise d'une folie passagère. C'est là que se situe le cœur de l'affaire, son noyau dur.

En effet, une ou des inculpations sur ces éléments auraient conduit les condamnés à l'échafaud : assassin, co-auteurs ou complices. Le droit pénal ne fait pas de différence entre eux. Le complice risque une peine identique à celle qu'encourt l'auteur principal.

Elizabeth a été témoin du meurtre de ses parents. Il fallait donc la supprimer, l'empêcher de parler, de dire qu'elle a reconnu les gens chez qui elle avait été cherchée de l'eau avec sa mère quelques heures auparavant.

Le commissaire Constant et le docteur Dragon sont originaires du pays. Ils connaissent bien les sentiers de leur région. Pour eux, si l'enfant avait fui devant son assassin, ses pieds nus auraient dû être égratignés voire écorchés.

Si elle avait couru pendant soixante mètres la nuit, pieds nus et en pyjama dans une campagne inconnue, elle aurait été retrouvée couverte d'égratignures, son pyjama déchiré et ses pieds abîmés en passant sur le pont du chemin de fer couvert « *de pierres à arêtes tranchantes* » selon les termes du commissaire Constant.

Sa plante des pieds n'était pas abîmée, ainsi que l'a établi le Docteur Dragon qui, le premier, a examiné son cadavre. Son pyjama n'a présenté aucune trace de terre, aucune déchirure. Les plis de ce vêtement ont été observés par le capitaine Albert:

« Il semble que le corps d'Elizabeth a été glissé, soutenu à gauche par le bras et la jambe. »

Cette analyse expliquerait un pyjama et une plante des pieds intacts, confirmant qu'Elizabeth n'a pas couru mais a été portée. Mais qui a transporté son corps inanimé ?

S'est-elle arrêtée de courir pour se mettre à genoux et attendre son assassin ?

Elizabeth a été frappée alors qu'elle était couchée. De l'avis des médecins légistes, si elle avait été debout, les coups de crosse n'auraient jamais pu causer de si grands ravages dans la boîte crânienne. Le commissaire Constant donne son analyse :

« Si le meurtrier avait rejoint Elizabeth, on ne peut admettre qu'elle se soit allongée sur le sol complaisamment pour y recevoir les coups. »

Ces coups se situent sur le front. Dans ces conditions, Il est évident qu'ils ont été portés alors que la fillette était allongée sur le dos, probablement sans connaissance. Inconsciente, mais depuis combien de temps ? Elizabeth ne s'est pas couchée complaisamment devant son meurtrier. Le premier réflexe d'une personne consciente, face à un agresseur qui va la frapper, est de se protéger le visage avec ses mains et/ou ses bras, en plus de résister si on veut la maintenir au sol. Or, l'autopsie le démontre, Elizabeth « *ne porte pas de traces de résistance ou de lutte* » en dehors des blessures sur le front et d' « *une excoriation de la région mastoïdienne droite.* »

Quoi penser de l'éclat de bois trouvé près de son corps ?

Monsieur Robert Eyroux, cantonnier municipal, en date du 30 janvier 1953, déclare :

« En procédant à la levée du corps de la fillette, j'ai remarqué la présence d'un morceau de bois à dix centimètres de la tête de la jeune victime. Ce morceau de bois était dans l'herbe et je l'ai ramassé. Je l'ai montré aux personnes présentes notamment à Messieurs Esparriat, Orsatti, mon camarade Figuières et à

Dominici père. Nous avons pensé qu'il devait s'agir d'un éclat de crosse d'une arme. »

Cet objet n'adhérait pas à la tête d'Elizabeth, et par conséquent, ne pourrait avoir voyagé avec le corps dans l'hypothèse où elle aurait été frappée ailleurs, puis transportée sur le talus. Sous la tête, Sébeille constate la présence d'une forte tache de sang, preuve qu'elle a bien saigné sur le talus, preuve matérielle qu'elle a bien reçu les coups de crosse à cet endroit. Il est néanmoins possible qu'elle ait reçu un premier coup qui l'aurait assommée, et qui aurait permis son transport en toute tranquillité.

Est-ce ce premier coup qui a occasionné la plaie de la région mastoïdienne droite ?

La blessure au niveau de l'oreille a laissé une plaie de 1 cm x 1 cm x 1 cm de profondeur. La hausse près de la crosse de la carabine, sur le modèle de la Rock-Ola, fait exactement cette dimension et ce volume. Cette commotion n'a pu être faite avec une balle provenant d'un calibre de guerre aux effets dévastateurs. Elle a certainement été occasionnée par un swing latéral. Qui a donné le premier coup ? A-t-elle été tenue par quelqu'un pendant qu'un autre l'assomme ?

Qui est l'auteur des coups fatals ?

Elizabeth a été achevée par des coups sur le crâne, en forme de V, parfaitement symétriques, portés avec précision et une grande force. Au moins deux ont été portés de chaque côté du front, au-dessus et de côté de chaque arcade sourcilière. Ils n'ont pas été portés dans la précipitation, démontrant que le tueur s'est calmement et correctement positionné de part et d'autre de la tête, agissant avec des gestes très réfléchis et une parfaite maîtrise digne d'un bûcheron par exemple. Zézé avait l'habitude de ces gestes en abattoir. Gaston et Gustave également pour fendre du bois.

Il est probable qu'elle ait été achevée au petit jour quand ils se sont aperçus que le premier coup ne l'avait pas tuée. Pour porter ces coups avec une telle maîtrise, il fallait une bonne visibilité. Pour ma part, je pense qu'il s'agit d'un meurtre collectif, impliquant tous les occupants de la Grand-Terre, où un seul a donné les coups mais où tous ont participé de près ou de loin pour la décision à prendre.

Et la différence de rigidité cadavérique entre les parents et leur enfant ?

Le docteur Dragon a relevé l'absence de « rigor mortis » sur la fillette entre 08 et 09h00 du matin. Par contre, il constate que la rigidité cadavérique des époux Drummond est complète. En aucun cas le décès de cette enfant n'a pu avoir lieu en même temps que ses parents, soit vers 01h00 du matin. Il est impossible, y compris dans le cas d'un enfant, que 08h00 après sa mort, la raideur ne soit pas présente. Cela serait aussi valable pour un délai plus court après le décès.

En effet, environ trois heures après la mort, la raideur apparaît, commençant principalement par la nuque. Cette enfant est donc décédée bien plus tard, sans doute vers 05h/05h30. Le témoignage du docteur Dragon n'a pas retenu outre mesure l'attention du président Marcel Bousquet lors du procès. Peut-être heurtait-t-il trop la thèse officielle ?

Au vue de « *la matière cérébrale qui a conservé sa consistance et dont la configuration extérieure est normale avec de petites suffusions sanguines à la surface des circonvolutions frontales* », beaucoup de spécialistes d'aujourd'hui pensent qu'Elizabeth a pu survivre plusieurs heures. Rappelons que les médecins qui ont examiné Elizabeth n'étaient pas légistes de formation, mais généralistes, requis pour la circonstance. Les scientifiques ajoutent que la fillette aurait pu mourir par étouffement en inhalant son propre sang, ce qui pourrait expliquer les « ronrons » dont a parlé Gustave.

Aussi, trois questions se posent :

- A-t-elle été frappée aux environs de 01h15/01h30 et laissée pour morte ?

- A-t-elle agonisé pendant plusieurs heures ?

- A-t-elle été achevée suite aux ronronnements constatés par Gustave ?

L'explication donnée par Gaston Dominici est-elle irrecevable ?

Le coup qu'il prétend avoir asséné aurait atteint l'enfant au sommet du crâne. La petite fille était allongée sur le dos lorsqu'elle a été frappée. Donc, son explication n'est pas recevable. Mais d'autres interrogations tournent autour de son rôle dans la mort de la fillette :

- A-t-il participé à l'assassinat de la petite ?

- En est-il l'auteur principal ?

- A-t-il donné l'ordre d'exécuter la fillette ?

Pourquoi Gaston n'est-il jamais allé au bout de ses accusations contre Gustave et Zézé ?

Si le vieux Dominici ne parle pas, c'est parce qu'il ne le peut pas. En mettant en cause son fils et son petit-fils, il pourrait être dénoncé par eux et risquerait gros. Pourtant, ça le démange, il montre les autres du doigt, il voudrait bien dire des choses... mais il se tait.

Gaston, Gustave et Roger sont juridiquement à égalité et se tiennent solidement et réciproquement. Tous garderont le silence sur la mort la fillette. Ils ne peuvent pas dire ce qui s'est réellement passé au risque d'être tous emportés par une déferlante.

La mort d'Elizabeth a été soigneusement tenue imprécise. Gaston n'a pas voulu mimer son assassinat lors de la reconstitution. Gustave et Clovis ne donnent jamais aucun détail sur la fin de la fillette au prétexte que Gaston n'a pas voulu en parler et, du coup, cela les rend ignorants de ce qui s'est passé pour la tuer. Qui peut croire qu'aucun des deux n'a pu ou voulu savoir les circonstances exactes de cette mort ? A-t-on cherché à épargner d'autres acteurs impliqués dans cet assassinat, acteurs qui auraient pu être Gustave et Zézé parti de la Serre avec son oncle qui avait besoin de lui suite à l'éboulement ?

Comment elle a réagi quand elle a vu et entendu ses parents se faire abattre ?

Il a été établi, par les dires de ses parents et des proches de la famille, qu'Elizabeth était très sensible au point de s'évanouir à la moindre contrariété. On peut supposer qu'elle a été prise de panique. Dès lors :

- S'est-elle évanouie à la vue du massacre de ses parents ? C'est envisageable.

- A-t-elle été transportée vers le talus, inconsciente ? C'est plus que probable.

Rien ne prouve que la fillette ait pu être capturée vivante dans la voiture. On n'a pas trouvé d'empreintes digitales, dont celles de la fillette qui occupait la place arrière. C'est bien que quelqu'un les a effacées avec les siennes. Et s'il y avait les siennes, c'est bien qu'il les a laissées.

Elizabeth est peut-être restée dans la voiture, en a été sortie assez rapidement de force et assommée car elle ne se serait pas laissé tuer sans la moindre réaction. Cette hypothèse est valable à la condition que les portes arrière n'aient pas été fermées, configuration qui aurait empêché une ouverture de l'intérieur comme l'avait noté le président Bousquet. Je vois mal les Dominici attendre jusqu'à l'aube pour aller la chercher dans la voiture. Qu'auraient-ils fait d'Elizabeth pendant ce temps ? Ils l'auraient laissée pendant plus de trois heures à attendre ? Il aurait alors fallu la surveiller avec le risque de voir quelqu'un rappliquer, alerté par les coups de feu. Situation ingérable.

A-t-elle été exécutée près de la voiture ?

Je n'y crois pas. Son transport, avec de telles blessures au front, aurait laissé des traces de sang sur le chemin. L'hémorragie aurait été importante. Par contre, elle a pu recevoir le coup au niveau de l'oreille dès son éviction de la voiture.

Quoi penser de l'attitude de Gaston à chaque évocation de la mort de la fillette ?

Le commissaire Prudhomme a déclaré :

« Il (Gaston) m'a dit avoir poursuivi la fillette, avoir tiré une balle dans sa direction et l'avoir manquée. Il l'avait rejointe près de la Durance, sur le talus et l'avait assommée d'un coup de crosse. C'est le seul moment du récit où Gaston Dominici m'a semblé être ému. Il a paru s'excuser en disant qu'à cet instant il ne savait plus ce qu'il faisait. Il m'a paru manifester de l'émotion en me racontant comment il avait frappé la fillette. »

Durant le procès, pendant la déposition de Sébeille, au moment où il en arrive au meurtre de la fillette, l'attitude du vieux se modifie. Madeleine Jacob en dresse le portrait :

« Il semble que ses yeux s'enfoncent profondément dans ses orbites. Lentement, on le voit osciller d'avant en arrière. Lentement, et puis moins lentement, et puis plus vite. Gaston Dominici subit visiblement un choc nerveux. Il n'extériorisera pas autrement que par ce balancement insupportable, douloureux, commun à qui souffre physiquement. Le rappel de la mort de la petite Elizabeth a provoqué en lui quelque chose que ne saurait faire naître le récit de la mort des parents Drummond. »

Quelque chose lui échappe. Il ne sait plus. Peut-être se souvient-il d'avoir frappé Elizabeth avec le canon de la Rock Ola, au moins une fois. Son trouble se creuse. Il doute, et n'ose accuser son fils Gustave d'infanticide. Dans son esprit, il ne peut être jugé par tous pour cela. Cela, c'est à Gustave de répondre.

Car Zézé n'a certainement pas tué, tout au plus porté la fillette, sinon il n'aurait pas autant crâné devant les policiers et son grand-père lors de leur dernière confrontation. Gaston n'a peut-être pas tué la fillette, mais il a dû tout endosser pour ne pas compromettre Gustave. « *Mieux vaut un vieux qui ne risque pas la guillotine qu'un jeune* ». Cette phrase résume-t-elle la vérité ?

Pour moi, cette enfant a été frappée avec la carabine quelques minutes après ses parents. Elle est dans un premier temps assommée près de la voiture, d'un coup laissant une trace dans la région de l'oreille. Elle est transportée à l'abri des regards sur le talus. Ils croient tous qu'elle est morte, et ce n'est que plus tard qu'ils se rendent compte qu'elle vit encore. Gustave n'a prévenu Olivier qu'à partir du moment où il a été certain qu'Elizabeth était enfin morte. Au moment où il interpelle le motocycliste, venait-il à peine de finir sa triste besogne ?

III. Les possibles scénarios

Evidemment, il est difficile de se prononcer après tant d'années. De suite, il faut écarter un crime prémédité : le ou les tueurs ont montré beaucoup d'imprudence en venant tirer plusieurs coups de feu en pleine nuit, au risque d'attirer des curieux. Par ailleurs, une seule arme ayant servi, comment être certain que trois personnes allaient être tuées à coup sûr, et que l'une d'elles ne serait pas en mesure de s'échapper ? Le faible nombre de munitions emporté, le chargeur retrouvé vide, ne plaident pas pour une tuerie organisée.

La bride d'aluminium vendue par Joseph Chauve et la nature même de l'arme, identique à celles remises aux gendarmes durant l'enquête, penchent pour un homme de la région.

Cette affaire est probablement un enchaînement tragique de malentendus, de bêtise sur fond d'incompréhension et d'alcool, qui se transforme en massacre avec la mort de deux adultes et celle préméditée d'une petite fille, le côté impardonnable de l'affaire. Avec les moyens dont disposent aujourd'hui la police et la gendarmerie, le crime de Lurs aurait été élucidé en quinze jours, peut-être moins. Il est même permis de penser que Gaston, en l'état du dossier, aurait sûrement été acquitté de nos jours. Maintenant, est-il possible de répondre aux questions suivantes :

- Qui, précisément, a fait quoi ?
- Quel est le mobile ?

- Comment s'est déroulée la tuerie ?

- Quelles sont les circonstances de la mort d'Elizabeth ?

En accusant Gustave pour sa participation possible au crime, Gaston s'accuse aussi. Pourquoi ?

Parce que jamais il n'a accusé Clovis d'avoir participé au crime. Ce qui prouve que Gaston savait qui y était et qui n'y était pas, puisqu'il a fait la différence entre Gustave et Clovis au point de toujours épargner ce dernier.

Quel a été le rôle de chacun dans la fin d'Elizabeth ?

Les Dominici pouvaient craindre le pire de la justice. De quoi imposer un silence de plomb à tous ceux qui savaient, y compris le vieux Dominici, qui aurait eu peu d'espoir d'obtenir une grâce dans de telles conditions. On comprend mieux le refus du vieil homme d'apporter les précisions qui lui étaient demandées par les magistrats, la provocation de Roger Perrin ou les rétractations de Gustave craignant les révélations de son père. Tous se tenaient par la main. Et c'est là que se trouve le noyau dur de l'affaire.

Comment comprendre l'attitude de Gaston qui a insisté auprès de Gustave, durant le procès, pour lui arracher la révélation de sa présence dans la luzerne en compagnie de Zézé ?

Le risque de voir le fils dévoiler une nouvelle version des faits était bien plus dangereux pour tout le monde. Le coup de théâtre aurait été énorme. Gustave aurait alors pris place en première ligne. Un supplément d'information aurait-il permis de faire toute la lumière ? Rien n'est moins sûr. Mais Gustave a résisté aux exhortations renouvelées de son père et n'a pas voulu se poser en accusateur, contraint qu'il aurait été alors de dévoiler sa propre implication. Gustave n'avait aucune intention de partager un tel fardeau et était, de plus, soutenu par son entourage.

Et pour la Rock-Ola ?

Personne n'a songé à rechercher pourquoi le meurtrier a éjecté une cartouche sur deux. Sébeille et Périès ont estimé que, connaissant mal le fonctionnement, Gaston a réarmé la carabine à chaque fois alors qu'il s'agissait d'un mécanisme automatique. Pourtant, l'expert a relevé sur les cartouches intactes de légères traces de percussion. Il s'agissait donc d'un autre incident. Mais lequel ? La réponse n'est pas au dossier, puisque la question n'a pas été posée à un armurier. Il semble que le meurtrier se soit servi de cartouches dont le calibre ne correspondait pas exactement à celui de l'arme, bloquant par conséquent la répétition. Mais faute d'une expertise, il ne s'agit là que d'une hypothèse.

Pour que la carabine ait été jetée dans la précipitation, ce ne peut être qu'après que la fillette fut achevée. Il y a eu des cris et des coups de feu de gros calibre dans une nuit calme. De crainte d'être surpris après tout ce bruit qui aurait pu alerter quelqu'un, il fallait vite dissimuler l'arme et surtout ne plus la garder en mains. Le seul endroit qui soit à proximité est connu des gens du coin, sinon comment savoir que la profondeur du trou d'eau était susceptible d'y cacher une arme.

Le side-car, véhicule réel ou imaginaire ?

Je crois que cette histoire a été inventée tout simplement pour justifier la présence de gens dans la cour de la ferme vers 23h30 ou pour colmater la présence des Dominici dehors à cette heure-là. Si les Dominici ont vu passer un témoin vers 23h30, pour parer à son témoignage, ils inventent un side-car. Ils étaient couchés, et Gaston leur a répondu de sa fenêtre. Le vieux Dominici avoue une première fois être sorti à 23h30 pour se rendre à l'éboulement. A cette même heure, Gustave aurait été vu dehors. Donc, il est important pour les Dominici de dire qu'ils ont vu le side-car depuis chez eux et qu'ils étaient couchés. Au même horaire, Yvette éclaire sa chambre pour s'occuper de son fils. Il y a bien quelque-chose qui s'est passée à cette heure pour que tous leurs propos concordent. Et voilà neutralisé le témoin de 23h30. Et voilà aussi pourquoi ils ont parlé, dès leur premier témoignage, de ce fameux side-car. Et si ce véhicule n'était autre que la moto de Gustave, revenant de la Serre après avoir récupéré Zézé ?

Autre hypothèse, le neveu de Gaston, Léon, revient de la fête de Digne à moto et il passe devant la ferme avant minuit. Et si c'était lui le fameux side-car ? D'après Chenevier, Yvette lui aurait dit qu'elle était descendue parler à des gens, alors qu'ils ont toujours dit qu'ils étaient dans leur chambre. C'était peut-être pour cacher le passage du neveu et l'éventualité d'avoir été aperçu depuis la route en grande conversation. Mais le lendemain, les Dominici réalisent que s'ils ont été vus dehors, ils ne pourraient plus dire qu'ils dormaient. On met donc le scénario au point, mais on oublie de préciser de quelle nationalité était ces étrangers en side-car. Sébeille fait la remarque à Gaston qui s'agace et menace de l'assommer avec sa canne. Pas mal le coup des étrangers, on peut toujours dire qu'on a rien compris à ce qu'ils demandaient. L'alibi en place, ils ne leur restaient plus qu'à avertir Léon pour ne pas être ennuyé à cause de ce crime : il ne fallait pas qu'il dise s'être arrêté chez eux ce soir-là.

Existence ou non de la fameuse mare de sang ?

Dans tous les cas, elle n'est pas démontrée. Sur le plan des gendarmes, on ne voit pas de mare de sang alors qu'ils ont pris la peine de dessiner les taches. Elle ne figure pas non plus dans leur PV de constatations. Elle n'a pas été photographiée alors que les taches de sang sur la route l'ont été. Sébeille n'en parle pas dans ses observations. Pourquoi les gendarmes auraient-ils pris la peine de dessiner des taches de sang en travers de la route, taches de petites dimensions, et auraient-ils négligé de reproduire une mare de sang ? Cette dernière, si elle a existé, aurait été provoquée par une hémorragie du foie (le rapport d'autopsie précise que le poumon baignait dans son sang). On peut supposer que Sir Jack s'est effondré devant le puisard dans un premier temps, avant de se relever et de traverser la route.

Comment le meurtrier aurait pu faire un tir si précis depuis l'autre bord de la route, de nuit, même avec un clair de lune intense ?

La visibilité cette nuit-là, malgré une pleine lune assez marquée, ne permettait pas une vision nette au-delà de quelques mètres. Mais les traces de sang sur la route ne sont pas rectilignes mais en zig-zag, et elles obliquent vers la gauche. Cela peut correspondre à des traces laissées par un homme qui titube. La douille retrouvée quatre ans plus tard près de l'endroit où gisait Jack Drummond, expertisée comme provenant de la Rock-Ola, semble confirmer que le tireur a pu suivre le blessé pour l'achever.

Sir Jack a-t-il pu être transporté de l'autre côté de la route ?

Un corps inerte, c'est lourd. Traverser une route au risque de voir surgir une voiture alors qu'on porte un cadavre, c'est un risque insensé alors qu'il était possible de transporter le corps vers le ravin, comme pour Elizabeth.

Pourquoi si peu de sang autour du corps de Sir Jack ?

Jack Drummond a reçu deux balles dans le dos. Il s'est écroulé dès la première qui lui a traversé le poumon. Il a abondamment saigné comme le prouve la tache près du puisard signalée par le docteur Dragon. Il s'est péniblement relevé pendant que sa femme était abattue, a traversé la chaussée pour fuir, et il s'est écroulé de l'autre côté de la route après avoir été atteint par le deuxième projectile. Il est possible que, par la suite, son corps ait été « arrangé » pour qu'on ne le voie pas. Ce qui interroge, c'est qu'aucun épanchement de sang sous son corps, dans le fossé, n'a été constaté :

- ou bien il n'y avait pas de sang, ou très peu, ce qui pose souci car, avec les deux plaies qu'il avait, son sang aurait dû s'écouler et, dans cette hypothèse, on peut penser qu'il a saigné ailleurs.

- ou bien il y avait du sang, mais cela n'a pas été relevé dans les constatations. Et ce point pose aussi problème car là, tout peut être supposé. Il faut ajouter que ce détail n'a pas été noté non plus sur les autres cadavres.

La famille Drummond était-elle sur le départ ?

Sur le fait que Lady Drummond se déshabillait avec sa fille, Gustave les a vues et a fait le commentaire suivant :

« Ben dis donc, elles ne se gênent pas celles-là. »

Si ce témoignage est exact, et on voit mal dans quel intérêt il aurait inventé ce détail, il faut bien en déduire que Lady Anne s'est déshabillée puis s'est rhabillée, à moins de penser que son ou ses assassins auraient pris la peine de lui remettre sa robe.

Au moment de sa mort, Anne Drummond était vêtu d'une robe, et cet élément présente une grande importance. Il est difficile d'imaginer une dame du rang de Lady Anne dormir vêtue d'une robe, allongée sur un lit de camp. Surtout pour rejoindre le lendemain leurs amis les Marrian avec un vêtement froissé. Lady Drummond a dû se coucher sur un lit de camp sous une couverture et en petite tenue : elle portait des sous-vêtements et un tricot de peau blanc. L'hypothèse est qu'elle se serait rhabillée :

- soit parce qu'elle était importunée par des voyeurs qui passaient et repassaient.

- soit parce que la famille Drummond venait de décider de quitter les lieux après une première querelle entre Sir Jack et un ou plusieurs membres de la famille Dominici.

Mais ils n'ont pas eu le temps de prendre la fuite.

Qui a été abattu en premier ?

Malgré l'avis de nombreux spécialistes, il est difficile d'interpréter, de manière certaine, l'ordre des tirs et leurs trajectoires. Cependant, on peut admettre qu'Anne Drummond était quasiment allongée lorsqu'elle fut atteinte par les projectiles en haut du tronc. Il n'existe pas non plus d'éléments objectifs permettant d'affirmer que deux tireurs auraient été en action avec deux armes différentes.

Partons de l'hypothèse où Jack Drummond tente de fuir et reçoit le premier tir dans le dos, près du puisard. Les cris de Lady Anne créent l'inversion de l'ordre des tirs, ce qui permet à Sir Jack de se relever entre temps. Il y a urgence pour le tireur de faire cesser ces hurlements. Le nombre de coups portés sur elle démontre bien que le tueur a tiré tant qu'elle a crié. La dernière balle au cœur l'a faite enfin taire. Sinon, pourquoi tirer trois fois sur une femme désarmée et qui ne crierait plus depuis le premier coup ? Donc, ces cris ont dû capter toute l'attention du meurtrier pendant le temps qu'ils ont duré. Sinon comment imaginer que le tueur ait laissé Jack Drummond se relever, partir de l'autre côté de la route sans réagir aussitôt ? S'il n'avait pas été préoccupé par les cris de la femme, il aurait achevé l'homme dans la foulée.

De plus, Lady Anne a dû s'écrouler au sol, et non sur un lit de camp. Ils étaient en bon état : pas de pied cassé ou d'armature déformée par le poids d'un corps qui leur tombe dessus. D'ailleurs, ils n'étaient pas troués ni souillés par du sang.

Qui a tiré ?

Gustave, lorsqu'il se confie à Maillet, déclare :

« Si tu avais vu (comme moi j'ai vu), si tu avais entendu (comme moi j'ai entendu) ces cris d'horreur, je ne savais plus où me mettre. »

Il s'exprime comme un témoin, un homme terrorisé par une scène épouvantable et que l'on imagine bien se prendre la tête entre les mains. Je ne crois pas qu'il essaie de manipuler son interlocuteur pour le voir répéter une confidence qui pourrait se retourner contre lui. Quand Maillet veut relancer la conversation, Gustave l'éconduit sèchement à plusieurs reprises. Preuve que le fils Dominici, à ce moment, est conscient d'en avoir trop dit. Si Gustave était responsable des meurtres, son premier souci aurait été de surtout ne rien dire qui puisse faire penser qu'il aurait pu être présent.

Concernant Gaston, les aveux faits au gardien Guérino sont intéressants. J'imagine mal que Gaston, à ce moment, ait pu tricher et pourquoi il l'aurait fait. Quel bénéfice pouvait-il trouver, que ce soit pour lui ou pour un membre de sa famille ? Car ses aveux ont été le début de ses ennuis.

Le vieux Dominici, préoccupé par l'éboulement, décide d'aller y faire un tour. Pourquoi se munirait-il d'une arme de guerre ? Il a fort peu de chances de rencontrer un gibier à poil ou à plumes et encore moins de l'abattre au clair de lune. Il ne resterait plus grand-chose de l'animal si celui-ci était tué avec la Rock-Ola.

L'assassin avait-il l'intention d'abattre les parents lorsqu'il s'est saisi de la carabine ?

Je ne pense pas mais rien ne permet de l'affirmer. Il ne connaissait pas le fonctionnement de la Rock-Ola, étant donné que la culasse a été réarmée manuellement provoquant l'éjection d'une cartouche. Et Gaston a manipulé la culasse manuellement le jour de la reconstitution. De plus, il ne chassait plus depuis longtemps au point de ne pas connaitre les armes récentes.

Et pourquoi pas Zézé ?

Contre lui, encore moins d'éléments apparaissent. Certes, il a beaucoup menti, ce qui tend à montrer qu'il avait des choses à cacher. Clovis a tenu les propos suivants à une de ses sœurs :

« Tant vaut-il mieux que ce soit lui qui est vieux, qu'un jeune innocent. »

Il faut entendre le mot « innocent » comme un substantif employé pour désigner quelqu'un d'un peu limité, pas dégourdi. Mais tout ceci est un peu léger pour en tirer des enseignements définitifs. Par ailleurs, son attitude devant son grand-père, comme devant son oncle et sa tante, a montré que Zézé était à son aise lors des confrontations, non pas parce qu'il est innocent, mais il sait très bien qu'aucun de ses proches ne peut parler car tous se tiennent par la main, notamment pour la mort d'Elizabeth.

Quid de Gustave et Clovis ?

De lourdes charges s'accumulent contre Gustave qui est suspecté depuis longtemps. Il a dû subir la garde à vue et la prison, et ce n'est pas le cas de Clovis. Lui n'est pas mis en cause. Il n'a aucune raison d'accuser un innocent pour se protéger. Mais est-il allé jusqu'à charger son père dans le but de protéger son frère ? C'est possible comme le démontrent ses nombreux mensonges, notamment pour la carabine, la connivence entre les deux frères pour mentir sur le lieu d'exposition de l'arme, et ses multiples versions le jour où son père lui a avoué les meurtres des Anglais.

Qui étaient présents dans la luzerne ?

Les grands moments du procès tournent autour de l'épisode de la luzerne où des personnes s'y trouvaient pendant la nuit du crime. Ou bien Gaston jette un indice aux enquêteurs sur le rôle de son fils et de son petit-fils, ou bien il était présent et était accompagné d'un ou plusieurs protagonistes dont le rôle mineur ne lui permettait pas de les mettre en cause, au risque de les voir se retourner contre lui.

Quel est le mobile ?

Je ne crois pas que les coups de feu soient tirés sur l'instant car il est inconcevable que quelqu'un soit arrivé sur le campement puis ait ouvert le feu sans raison. La dispute n'est imaginable que si elle est consécutive à un comportement qui a suscité la colère de Sir Jack. Un vol à main armée qui aurait mal tourné ? Les Dominici n'étaient pas des bandits de grand chemin. Et pour voler quoi ?

Quels sont les certitudes et les arguments mettant en cause les Dominici, et eux seuls ?

- L'assassin vient de la Grand-Terre où deux pantalons ont été lavés au matin du 05 août.

- La fuite de l'enfant dans une direction opposée à la ferme.

- L'attitude de tous les habitants de la Grand-Terre et leurs multiples mensonges.

- Pour l'arme, il paraît impossible qu'elle ait été ailleurs qu'à la Grand-Terre. La façon dont s'est passé le drame montre que l'assassin devait l'avoir à sa disposition. Zézé a dû l'emporter avec lui lorsque son oncle est venu le chercher à la Serre, arme dont le propriétaire semble être Clovis. D'ailleurs, que fait celui-ci lorsque le commissaire Sébeille lui présente ? Il est pris d'un saisissement.

- Tous s'accusent entre eux en ne nommant jamais personne d'autre.

- L'enchaînement par lequel les policiers sont arrivés à fissurer le fameux mur du silence : accusations de Gustave, confirmation de Clovis, effondrement de Gaston non pas au moment où il est pressé de questions mais devant le gardien Guérino.

Néanmoins, pas mal de zones d'ombre persistent :

- La justice a rendu son verdict, mais les aveux de Gaston ne correspondent pas exactement aux constatations, et il a avancé aussi un mobile impensable.

- L'attitude de Gustave, et dans une moindre mesure celle de Roger Perrin, sèment le doute dans les esprits.

- Les comportements incohérents des Dominici permettent toutes les hypothèses en l'absence de preuve. Cette histoire est constituée de mots, de mensonges, de propos sans cesse contredits. Elle a même certainement débuté avec des mots de colère prononcés dans des langues différentes qui ont appelé le sang.

- Il n'existe aucune preuve matérielle de culpabilité contre quiconque. Rien ne permet non plus d'affirmer que les choses se sont passées comme l'a retenu la cour d'assises de Digne.

Dès lors, je ne me projetterai pas sur une analyse avec Gaston comme seul coupable. Je n'y crois pas, tout simplement. Aussi, j'ose m'avancer sur deux hypothèses :

- Gaston innocent mais Gustave et Zézé coupables.
- Gaston coupable avec d'autres complices restés impunis.

Pour ces possibles scénarios, je débuterai à chaque fois avec la même introduction :

Gustave revient de Peyruis où il vient de voir Faustin Roure. L'éboulement survenu suite à sa négligence est important et le préoccupe. Son déplacement à moto le démontre. Il est probable que Roure lui conseille une surveillance nocturne par quelques passages renouvelés. En rentrant, il passe devant la ferme de la Serre où il constate que son neveu Roger, dont il est très proche, est seul. Il peut avoir besoin de lui pour la surveillance de l'éboulement. Zézé est ravi. Il ne restera pas seul et ce sera peut-être l'occasion d'un tour de braconnage. Cela tombe bien, son oncle Clovis entretient une Rock-Ola qu'il laisse à la Serre. Il ne lui en voudra pas s'il lui emprunte. Il la ramène donc à la Grand-Terre. A leur arrivée à la ferme, Yvette les informe que les Anglaises sont venues chercher de l'eau.

1er scénario :

Le soir tombe. Gaston est couché. L'oncle et le neveu s'ennuient. Peut-être que quelques verres d'alcool aideront à passer le temps ? La pleine lune éclaire la nuit. Il est temps d'aller faire un tour à l'éboulement. On prend la carabine, des fois que l'on tombe sur une opportunité de braconner.

Sir Jack est debout. Il vient d'aller uriner. Il voit deux hommes armés d'un fusil passer près du campement. La vue de cette arme l'inquiète, surtout pour la sécurité de sa femme et de sa fille. Et ceci le met en colère et il le fait savoir. Gustave et Zézé se font invectiver. Surpris tout d'abord, ils se replient.

Les Drummond se concertent et décident de lever le camp. Miss Drummond remet sa robe. Mais les deux autres reviennent, mécontents. Un vif échange débute dans des langues différentes. Puis on en vient aux mains. Une bagarre oppose Gustave à Sir Jack qui tombe et se blesse la main contre le pare-chocs. Lady Anne se met à hurler. Zézé, porteur de la carabine, s'affole et tire.

Sir Jack constate que la situation est désespérée et cherche son salut dans la fuite. Une première balle l'atteint dans le dos. Il s'écroule à proximité du puisard. Lady Anne continue de crier et est achevée. Jack Drummond trouve la force de se relever et traverse la route en titubant. Voyant cela, Zézé le suit et l'achève d'une seconde balle dans le dos qui sera fatale au scientifique Anglais.

Elizabeth, témoin du meurtre de ses parents, hurle. Elle est capturée dans la voiture et se débat avec l'énergie du désespoir. Impossible de l'abattre, le chargeur est vide. Gustave la tient et Zézé l'assomme avec la carabine, d'un violent coup qui la blesse au niveau de l'oreille.

Gaston entend des éclats de voix et des détonations depuis sa chambre dont la fenêtre est ouverte. Il se lève et rejoint son fils et son petit-fils à l'extérieur. Il constate la mort des parents et aperçoit la petite évanouie. Les trois hommes la croient morte. Il faut dissimuler les cadavres. Les détonations et les cris ont pu alerter quelqu'un. De plus, il n'est pas impossible qu'un véhicule puisse passer à tout moment. On recouvre Lady Anne d'une couverture et son mari d'un lit de camp. La petite est transportée par Zézé vers le talus.

Yvette et Marie sont informées des évènements. Zézé est renvoyé chez lui avec le vélo de Gustave. Dès lors, ce dernier ne va pas cesser d'opérer des va et vient entre les lieux du crime et la ferme. On cherche à effacer toutes les traces qui pourraient conduire la police vers la Grand-Terre. Yvette dirige les opérations. Son père et Clovis doivent être avertis : leur aide et leurs avis peuvent être précieux. Les réunions se multiplient à la ferme.

Gaston est parti garder ses chèvres. L'aube commence à poindre. Dans un de ses nombreux passages sur les lieux du crime, Gustave constate qu'Elizabeth vit encore. Que faire de la fillette ? Elle ne peut pas rester vivante. On ne peut pas courir le risque qu'elle parle. Nouveau conciliabule à la Grand-Terre, mais sans Gaston. Il est décidé de l'achever. Il faut faire vite, les ouvriers de la SNCF ne vont pas tarder à arriver.

Gustave récupère la carabine. Inutile de prendre des munitions, il est trop dangereux de tirer des coups de feu alors que le jour se lève. Gustave place la tête de la petite fille comme s'il allait fendre du bois. Il se positionne calmement et correctement, agissant avec des gestes très réfléchis et une parfaite maîtrise.

La carabine se brise sous les coups violents portés sur la fillette. L'arme est jetée dans un trou de la Durance. Mais il constate que celle-ci n'est pas suffisamment à l'abri des regards. Son père est de retour à la ferme. On informe le vieillard des dernières décisions prises. Il est décidé qu'il faut récupérer l'arme. Gaston et Gustave vont patauger de longues minutes dans la Durance pour tenter de mettre la main dessus. Ils n'y parviennent pas et ils n'ont plus le temps. On s'adaptera au besoin. Leurs pantalons sont maculés de boue et de terre. On continuera le nettoyage autour de l'Hillman, si l'on peut, avec l'aide de Clovis.

En quelques minutes, toute une vie de labeur est réduite à néant... pour rien. En quelques minutes, de simples paysans se sont transformés en bêtes féroces.

2nd scénario :

Etrangers en vacances, les Drummond s'installent au bord d'une route pour passer la nuit. Le lieu est peu propice, mais la circulation routière de 1952 n'est pas celle d'aujourd'hui, et il ne s'agit que d'une halte de quelques heures avant de reprendre la route pour rentrer à Villefranche-sur-Mer en passant par Aix-en-Provence.

De leur côté, les Dominici ont d'autres préoccupations. Un glissement de terrain risque de leur coûter une petite fortune si le train du lendemain a du retard. C'est Gustave qui possède le champ dont l'arrosage excessif est à l'origine de l'effondrement. C'est lui qui, depuis 1940, exploite la propriété. Gaston, jugeant déjà en temps normal Gustave fainéant voire incompétent, le met devant ses responsabilités et le laisse se débrouiller tout seul pour la surveillance de l'éboulement.

Des vacanciers d'un côté, des paysans de l'autre. Un monde les sépare. Et pourtant la rencontre va se produire. Gustave et Zézé multiplient les allées et venues sur la route et le chemin qui mène au pont pour la surveillance de l'éboulement, et peut-être une curiosité excessive à l'égard de Miss Drummond. Tout cela importune Sir Jack et l'empêche de trouver le sommeil. De plus, Zézé est porteur d'une carabine, objet qui doit surprendre et inquiéter l'homme de science Britannique.

Il se lève et interpelle en Anglais Gustave et Roger. Ceux-ci subissent la colère de Sir Jack. Stupéfaits, les jeunes fermiers rentrent à la Grand-Terre. Les éclats de voix ont alerté Gaston qui descend de sa chambre. Il reçoit les explications des deux éconduits et se met en colère. Un étranger ose les engueuler sur leurs terres ! Il leur prend la carabine des mains et se dirige vers le campement, suivi des deux autres.

Pendant ce temps, les Drummond décident de lever le camp. Miss Drummond remet sa robe. Mais voilà qu'apparaissent de nouveau les gens de la ferme. La dispute éclate, les mots fusent, les uns en Anglais, les autres en Provençal. Jack Drummond fait front et la machine s'emballe. Jack tente d'arracher la carabine des mains de Gaston qui le repousse violemment. Drummond se blesse à la main sur le capot de la Hillman en chutant. Sa femme se met à crier. Gaston se retourne et lui envoie une balle. Elle s'écroule à terre, blessée au bras. Elle hurle de douleur.

Voyant la tournure des évènements, Sir Jack s'enfuit et reçoit une première balle dans le dos et tombe près du puisard. Gaston achève ensuite Lady Anne car elle crie toujours. Le vieux voit Sir Jack qui se relève et s'engage sur la route en titubant. La fuite est devenue sa seule issue et le drame, à ses yeux, irréversible. Gaston le rejoint et lui envoie une seconde balle dans le dos.

Elizabeth a tout vu depuis l'intérieur de la voiture, tout entendu. Elle s'est mise à hurler, à paniquer. Elle cherche refuge dans le plus petit recoin de l'Hillman, son seul rempart avec l'extérieur, là où est le danger. Gustave va la chercher. Elle se débat de toutes ses forces, mettant ainsi un désordre indescriptible à l'intérieur du véhicule entrainant avec son rapt, papiers et objets divers vers l'extérieur. Elle est finalement extirpée de la voiture et assommée par Gaston avec la Rock-Ola, occasionnant une blessure à l'oreille.

L'enfant est transportée inconsciente jusqu'au talus, avec une volonté de s'écarter du bord de la route par souci de discrétion. Zézé porte la petite, Gaston la carabine. Gustave les suit. Après réflexion, la décision d'éliminer ce témoin est pesée. Gaston l'ordonne et confie cette sale besogne à Gustave. Il ne faut pas qu'elle parle. On place la tête de la petite fille correctement. Le fils Dominici achève la petite par de violents coups de crosse au front avec une parfaire maîtrise. Finalement, c'est comme fendre du bois. La carabine est jetée dans un trou de la Durance. Mais mal. Il faudra revenir quand il fera jour pour mieux la dissimuler ou la récupérer. Ce sera en vain. Les corps des parents sont camouflés, l'un par une couverture, l'autre par un lit de camp.

Roger est renvoyé chez lui avec le vélo de Gustave, avec lequel il reviendra le lendemain, et que le capitaine Albert trouvera appuyé contre le mûrier. Le père et le fils Dominici rentrent ensuite à la Grand-Terre. Il faudra penser à nettoyer les pantalons. Celui de Gaston est maculé de boue et de terre. Pareil pour celui de Gustave mais avec le sang d'Elizabeth en plus.

Dès lors, Gustave ne va pas cesser d'opérer des va et vient entre les lieux du crime et la ferme. Il fouille la voiture, ramasse des douilles et déplace le corps de Lady Anne. Ce qu'il cherche aussi, c'est un appareil photographique car, la veille au soir, il est fort possible que Lady Anne ou sa fille aient pris des photos de la ferme où elles se sont rendues. Il est essentiel qu'aucun membre de la famille ou du lieu de leur habitation ne soient visibles sur un quelconque document. Il est déjà établi qu'aucun d'entre eux ne sait rien non seulement du drame mais de ses victimes, ne les avoir qu'entrevues et ne pas s'en être soucié. Il est certain que les policiers vont se diriger en premier lieu vers la Grand-Terre, lieu le plus proche de la tuerie. On demandera à Clovis, quand il arrivera, d'aider au nettoyage autour de la Hillman.

Plus tard, Gustave se rend compte que la fillette vit encore. Un de ses bras bouge encore et elle « ronronne ». Gustave remonte au bivouac mais est surpris par l'arrivée d'Olivier. C'est Clovis qui constatera qu'Elizabeth est enfin morte, certainement étouffée par son propre sang. Mais mieux vaut que personne ne s'en approche.

La vérité se trouve-t-elle dans ces deux scénarios ? Je ne me prononcerai pas là-dessus et pour une bonne raison : je ne sais pas. Je voudrais bien avoir raison mais… Ils me paraissent néanmoins cohérents.

Il y a toujours trois tombes, côte à côte, à l'ombre des grands arbres du cimetière classé de Forcalquier. Trois corps retrouvés un matin d'été y reposent. Gustave, Roger, Gaston, lequel ? La combinaison des coupables est impossible à définir. Est-il encore possible de gagner au loto des assassins ? Maintenant, s'il est un devoir que nous devons rendre aux trois victimes de Lurs, c'est le respect.

Sources

Cinéma :

-L'Affaire Dominici (Claude Bernard Aubert - 1973)
-L'Affaire Dominici (Pierre Boutron - 2003)

Forums :

-L'Affaire Dominici, le crime de Lurs
-Samuel Huet : Affaire Dominici, du côté de Lurs
-Criminocorpus, musée d'histoire de la justice, des crimes et des peines

Bandes dessinées :

-L'Affaire Dominici (Pascal Bresson et René Follet – Glénat – 2010)

Télévision :

-La tragédie de Lurs (Orson Welles – Associated Rediffusion – 1952)
-L'Affaire Dominici (Cinq Colonnes à la Une – 08 avril 1960)
-L'Affaire Dominici (Les Dossiers de l'Ecran – 09 septembre 1980)
-L'Affaire Dominici : ses mystères, ses impasses, ses mensonges (Jean-Charles Deniau et Madeleine Sultan – 28 novembre 2003)

Radio :

-L'Affaire Dominici : une histoire de famille (Affaires sensibles – France Inter – 2020)

-L'Affaire Gaston Dominici (Hondelatte raconte – Europe 1 – 2022)
-Au cœur de l'affaire Dominici (Franck Ferrand – Europe 1 – 2012)

Bibliographie :

-L'Affaire Dominici, 20 ans après le drame de Lurs, toute la vérité (Charles Chenevier – Productions de Paris – 1973)
-Dominici, c'était une affaire de famille (Jean-Charles Deniau et Madeleine Sultan – L'Archipel – 2004)
-Notes sur l'affaire Dominici (Jean Giono – Gallimard – 1955)
-Un matin d'été à Lurs (Jean Laborde – Robert Laffont – 1972)
-Dominici non coupable, les assassins retrouvés (William Reymond – Flammarion – 1997)
-L'Affaire Dominici (Collectif – Série Dossier Meurtre – Alp et Cie – 1991)
-L'affaire Dominici, la vérité sur le crime de Lurs (Edmond Sébeille – Plon – 1970)
-Affaire Dominici, la contre-enquête (Jean-Louis Vincent – Vendémiaire – 2016)
-Affaire Dominici, hypothèses pour un massacre (Eric Guerrier – L'Harmattan – 2021)
-Dominici, et si c'était bien lui (Gabriel et Pierre Domenech – Presses du midi – 2004)